KB053307

나는 더 이상
호구로 살지 않기로 했다

나는 더 이상 호구로 살지 않기로 했다

내 인생의 주인으로 사는
51가지 기술

스티브 챈들러 지음
장한라 옮김

벗글
빛처럼 빛나는글

우리는 되고 싶은 사람이
될 수 있다

내가 초등학교 4학년 때, 한 무리의 여자아이들이 반 아이들에게 쪽지를 돌렸다. 나와 어울리지 말라는 내용의 쪽지였다. 그렇게 시작된 놀림과 괴롭힘의 나날은 몇 년 동안 이어졌다. 그러니까 나는 별로 호감을 살 만한 사람이 아니었다는 뜻이다.

그 어린 나이에 나는 우울증 진단을 받았고, 우울증 치료제인 프로작을 복용했으며, 화학적 불균형이 있다는 얘기를 들었다. 당뇨병 환자가 인슐린을 처방받듯 나 역시 약물 치료를 받아야만 했다. 완전 엉망진창이었다. 당시 나는 이루지 못한 짝사랑의 고통과 친구가 없다는 외로움에 줄곧 시달렸다. 나는 외톨이였고 사랑받지 못했다.

그렇지만 학창 시절 내내 나는 모범생이었다. 성적은 언제나 상위권이었고, 나를 가르친 선생님들은 언제나 뛰어난 학업 성과를 칭찬

했다. 부모님도 나를 무척 자랑스럽게 여기셨다. 주변 사람들은 내가 분명 크게 성공할 것이라며 입을 모아 말했다. 그러니까 나는 내 뛰어난 지능과 내가 이뤄낼 수 있는 성과를 통해서 스스로의 가치를 찾았다는 뜻이다.

이렇듯 나는 스스로를 타인의 호감을 사기 어려우며 사랑받을 만한 사람이 아니라고 여겼다. 또 내가 이루는 성과가 나의 가치를 만든다고 믿었다. 그래서 어디서든 최고의 자리에 오르는 데 집착했다. 모든 일에 지나치리만큼 열심이었다. 세상에 증명해 보여야 한다는 생각이 한 사람에게 얼마나 대단한 의욕을 불어넣을 수 있는지는 정말로 놀라웠다.

스물다섯 살이 되던 무렵, 나는 경쟁이 치열하기로 악명 높은 할리우드 업계에서 가장 젊은 에이전트 자리에 올랐다. 최고의 사람들만 모이는 파티와 행사에 빠짐없이 참석했으며, 유명 인사들과 어울려 시간을 보냈다. 대학을 졸업한 지 몇 년 안 된 사회생활 새내기로서는 엄청난 수입을 올린 것은 물론이다.

다만 한 가지 문제가 있었다. 얼마나 많은 돈을 벌었든, 누구와 데이트를 했든, 대외적으로 어떤 성취를 이뤘든 간에, 나는 여전히 똑같았다. 그리고 나는 그 '나'를 지독히도 싫어했다.

나의 추진력은 내 안의 강력한 자기비판에서 나왔다. 겉으로 드러나는 '나는 이 모든 것을 거머쥐고 있어'라는 태도는, 바로 내 안의 거대한 불안감을 감추고 있었다.

또한 나는 계속해서 막연한 희망을 품고 있었다. 내가 아닌 누군가가 또는 무엇인가가 짠 하고 나타나서 만족감, 마음의 평화, 행복처럼 내가 갈망해온 것들을 드디어 안겨주지 않을까 하는 그런 희망.

하지만 그런 일은 일어나지 않았고…….

모든 것이 산산이 무너지기 시작했다. 스물여섯 살 때였다. 더 이상 업무 스트레스를 감당할 수 없다는 이유로 근사한 직장을 그만두었다. 퇴사는 나를 더더욱 깊은 우울증에 빠뜨렸다. 성공가도를 달리는 에이전트라는 역할이야말로 나의 정체성이자 자존감의 원천이었기 때문이다. 딱히 무어라 진단을 내리기 어려운 자가면역질환에 시달리기 시작했고, 가족들과도 갑작스레 사이가 멀어졌다.

그때 내가 의지하던 단 하나가 있다면 그건 바로 약혼자였다. 그 남자만이 답이었다! 그 사람은 나의 구세주였다. 많은 것을 잃었지만, 머지 않아 나는 그의 아내가 될 참이었다. '그렇다면 됐어.' 그의 아내라는 역할을 새로운 정체성으로 삼을 수 있을 터였다. 이는 확실한 사실이었다. 결혼식을 여섯 달 앞두고 그가 내게 갑작스런 결별을 선언하기 전까지는 말이다.

나는 완전히 희생양이 된 기분이 들었다. 어느 날 밤에 욕실의 차가운 타일 바닥에 들러붙어 마음을 편안하게 하려고 애쓰면서 스스로에게 물어보았다. '왜 이런 일이 나에게 벌어지는 거지?' 이 질문을 하는 순간 머릿속에 번뜩이며 떠오르는 것이 있었다……. '잠깐만! 모든 일들의 공통분모는 바로 나잖아. 만약 이 모든 상황이 벌어진 데에 내 몫도 분명히 있다면, 그 상황을 바꾸는 데 어쩌면 내가 어느 정도 영향력을 행사할 수 있을지도 몰라.'

바로 그 순간이 내 인생을 희생자의 삶에서 주인의 삶으로 뒤바꾼

전환점이었다. 나는 '왜 이런 일들이 나에게 벌어지는 거지?'라는 질문은 멈추었다. 그 대신, '왜 이런 일들이 나를 위해 벌어지는 거지? 여기서 내가 배울 수 있는 것은 무엇이고, 어떻게 하면 이 상황을 변화시킬 수 있지?'라고 질문했다. 이런 질문들을 하기 시작하면서, 나는 스스로를 다시 발명하는 과정에 돌입했다. 원치 않는 일을 만들어내며 내 발목을 붙잡던 낡은 이야기들을 떨쳐내면서 말이다. 나는 스스로를 책임지기로 결심했다. 자기 연민에 빠지는 대신에, 자신과 인생 전반에 대해 그동안 지녔던 신념들을 바꿔나가기 시작했다.

그 결과, 내 삶은 정말로 뒤바뀌었다. 요즘 나는 만족감, 마음의 평화, 행복, 사랑 등 갈망해왔던 감정들을 느끼고 있다. 내 안에서 스스로 그 감정들을 만들어낸 덕분이다. 항우울제 복용을 끊은 지도 거의 10년이 되어가며, 내가 너무나도 사랑하는 분야에서 일하고 있다. 가족과는 멋진 관계를 맺고 있으며, 내가 '정신적인 가족'이라고 부를 만큼 친구들과도 돈독하게 지낸다.

나는 특별한 사람이 아니다. 초능력도 없다. 나는 단지 깨달았을 뿐이다. 우리가 할 수 있는 가장 강력한 선택이란 바로 '스스로를 어떤 사람으로 정의 내리는가'라는 사실 말이다.

당신이 이 책을 펼친 이상, 바로 지금 당신에게도 강력한 선택을 할 기회가 왔다.

당신은 자기 자신을 어떻게 정의하고 싶은가?

스스로의 낡은 이야기를 계속 믿을 생각인가? 다른 사람이 바뀌기만을 기다리거나, 백마 탄 왕자가 찾아와 당신이라는 감옥에서 당신을 끄집어내주길 바라는가? 당신이 원하는 것을 갖지 못한 이유를 부모님이나 당신이 속한 사회에서 찾으면서 불평만 늘어놓을 텐가? 꿈을 이루기에는 때가 너무 늦었다거나, 상황이 너무 어렵다고 끊임없이 후회할 셈인가?

이 질문들에 아주 조금이라도 '그렇다'고 답하고 싶은 충동이 들었다면, 이 책을 읽어보라. 삶의 주도권을 잡아 희생자의 삶에서 주인의 삶으로 변화하는 방법을 스티브 챈들러가 알려줄 것이다. 그는 당신이 스스로를 다시 발명할 수 있게끔 마음속에 불을 지펴줄 것이다. 그리고 그것이 생각만큼 (또는 이전에 당신이 했던 것만큼) 어려운 일이 아님을 보여줄 것이다.

3년 전, 나는 그를 개인 코치로 고용하며 인연을 맺었다. 스티브는 내가 업무에서 익숙함을 느끼는 안전지대를 벗어나 새로운 도전을 할 수 있게끔 용기를 불어넣어주었다. 불과 한 달 만에 그는 업무에 관한 내 가치관을 온통 바꿔놓았다. 그는 내가 너무 좁은 세계에 갇혀 있다는 사실을 간파했으며, 내 가능성이 크고 강력하다는 사실을 일깨워주었다. 도전을 감행하는 일은 당연히 겁이 났다. 그렇지만 그는 계속해서 이야기해주었다. 용기란 두려움이 없는 상태가 아니라, 그 두려움을 고스란히 느끼면서도 개의치 않고 앞으로 나아가는 마음가짐이라고.

그리고 이 책을 통해서 스티브는 당신에게도 똑같은 변화를 만들어낼 것이다. 그는 낡은 패러다임 안에 당신을 가둬놓았던 약점에 밝은 빛을 비추어 이를 만천하에 드러낼 것이다. 강력하며 장난기 어린 그만의 방식으로 말이다. 그렇게 스스로를 진정으로 마주하는 법, 그리고 삶에 대한 장악력을 일깨워줄 것이다.

단단히 준비하시라. 이제 작은 물에서 노는 일과는 작별할 것이다. 당신이 어떤 사람인지에 관한 낡디낡은 이야기 속에서 빠져나올 시간이다. 인간관계와 사회생활에서 마음이 따뜻한 리더로 거듭날 시간이다. 그간 두려움이 많아 미처 좇지 못했던 꿈과 목표를 이루기 위한 여정을 시작할 때다. 진실과는 거리가 먼, 허구적인 정체성이 만들어낸 감옥에서 당신 자신을 해방할 시간이다.

자, 바로 지금이 자기 자신을 다시 발명할 때다!

크리스틴 해슬러
『아무리 애써도 찾아오는 피로감 *Expectation Hangover*』의 저자

2장
호구를 위한 자존감 수업

3장
아무 말 대잔치에 놀아나지 마라

4장
더 이상의 호구 흑역사는 없다

〰〰〰〰〰〰〰〰〰〰〰〰〰〰〰

1장

하마터면 호구로 살 뻔했다

호구 : 범의 아가리라는 뜻으로, 매우 위태로운 처지나 형편을 이르는 말.
　　　어수룩하여 이용하기 좋은 사람을 비유적으로 이르는 말.
　　　운동 바둑에서, 바둑돌 석 점이 둘러싸고 한쪽만이 트인 그 속.
　　　- 『표준국어대사전』 중에서

1

내 삶의 주인이 되려면

우리가 자기 정신의 주인의 되는 법을 배우기 위해서는 주인이 되면 어떤 모습이고 어떤 기분인지를 머릿속으로 분명하게 떠올려보는 것이 확실히 도움이 된다.

몇 년 전, 내 딸 마지와 스테파니는 학교에서 내준 노래 숙제를 연습하고 있었다. 마지는 초등학교 6학년이었으며, 교내 합창단에서 솔로 파트를 맡아 「미녀와 야수」의 주제곡을 연습하고 있었다. 그리고 중학생인 스테파니는 학예회 연습을 하고 있었는데, 머라이어 캐리의 「히어로(Hero)」라는 곡을 공연할 예정이었다.

두 아이 모두 내게 자기들이 연습한 노래를 들어달라고 부탁했다. 나는 딸들의 노래를 들어보았고, 음악적으로 아주 훌륭하다고 말해주었다. 아이들은 목소리도 좋고 음정도 정확했다. 그런데 한 가지 빠진 것이 있었다. 정신에 생명을 불어넣는 바로 그 힘 말이다.

나는 노래에 완전히 몰입하려면 마음에 여유가 있어야 한다고 아이들에게 일러주었다. 그리고 연습량을 늘리는 것을 권했다. 충분한 시간 동안 연습함으로써 노래의 주인이 되는 마음가짐에 이를 수 있을 터였다. 그 노래가 온전히 자기 것이라고 느낄 때까지, 각자의 안에서 자연스럽고 강력하게 흘러나올 때까지 연습하라고도 했다.

마지는 자기 방 벽에 종이 한 장을 붙여두고, 노래를 한 번 부를 때마다 표시했다. 마지는 계속, 계속, 계속해서 노래를 불렀다. 스테파니도 연습에 연습을 거듭했다. 그렇지만 스테파니의 노랫소리는 여전히 머뭇거리는 구석이 있었고, 지나치게 조심스러웠으며, 너무 억눌려 있었다. 아무튼 둘 다 연습을 멈추지 않았다.

드디어 마지의 공연 날이 되었고, 마지는 훌륭한 노래를 선보였다. 자신의 솔로 대목에서 마지는 단연 돋보였다. 열정과 힘을 가지고 노래를 불렀기 때문이다. 충분한 양의 연습이 마지에게 주인의식을 불어넣어준 것이다. 반면 무대에 올랐던 다른 소녀 소년들은 마치 조심성 많은 작은 로봇들 같았다.

다음은 스테파니의 학예회 차례였다. 스테파니는 노래를 부를 때 여전히 고전을 면치 못하고 있었다. 지금까지의 연습으로는 무대에 설 만한 수준에 이르기 어려웠다.

나는 한 가지 아이디어를 떠올렸다. 비디오 가게에 가서 중고 비디오를 하나 골랐다. 재니스 조플린의 삶을 담은 음악 다큐멘터리였다. 마침 그 비디오에는 운 좋게도 내가 갔던 공연 실황까지 수록되어 있었다. 몬터레이 팝 음악 페스티벌에서 재니스가 자신의 밴드인 '빅 브라더(Big Brother)', 그리고 '더 홀딩 컴퍼니(The Holding Company)'와 함께 선보인 공연이었다.

당시 나는 몬터레이에 있던 미군 부대에서 군복무를 하고 있었다.

공연이 열리던 늦은 오후, 나는 앞쪽에서 네 번째 줄에 앉아 있었다. 재니스가 "Ball and Chain"이라는 곡을 공연하며 음악계를 뒤흔든 날이었다. 그 역사적인 장면은 「몬터레이 팝(Monterey Pop)」이라는 영화에 기록되어 있다. 영화에는 관객과 함께 공연을 지켜보던 마마 캐스 엘리엇이 재니스를 향한 경외감에 가득 차서 입을 쩍 벌리는 장면도 나온다.

그날 재니스는 정말 끝내줬다. 그전에도 그 뒤로도 나는 그처럼 멋진 장면을 본 적이 없다. 요즘 나오는 거칠고 분노로 가득 찬 여성 로커들 중 어느 누구도 재니스와 같은 정신을 발현하지 못한다. 재니스는 분노로 가득 찬 게 아니었다. 그녀는 열렬히 불타올랐던 거니까.

나는 스테파니와 마지에게 그 비디오에 담긴 "Ball and Chain" 공연 실황을 틀어주었다. 다 같이 그 장면을 보았는데, 나는 온몸에 소름이 돋았고 눈물을 쏟았다.

나는 정신의 주인인 사람들을 볼 때면 언제나 같은 기분에 휩싸인다. 젊은 시절의 엘비스 프레슬리 모습을 볼 때도 그런 기분이 들었다. 정말 미쳤다고밖에 표현할 수 없는 열정적인 축구선수 척 세실의 모습을 볼 때도 그런 기분이 들었다. 독감에 걸린 채 농구 경기를 뛰면서도 경기장의 그 어떤 선수들보다 돋보였던 마이클 조던의 모습을 볼 때도 같은 기분이었다. 우드스톡 페스티벌에서 앨빈 리와 '텐 이어즈 애프터'를 보았을 때도 마찬가지 심정이었다. 또 파바로티가 부르는 "Nessum Dorma"를 들을 때는 노랫소리에서 느껴지는 기쁨과 풍부한 성량 덕분에 가슴이 터질 것만 같았다. 영화 「애꾸눈 잭」에서 열연을 펼친 말론 브랜도와 「어 퓨 굿 맨」에 출연한 잭 니

컬슨의 모습을 볼 때도 그러했다. 레너드 코언 감독이 찍은 다큐멘터리 「뷰티풀 루저스」에서 버피 세인트 마리가 "God Is Alive, Magic is Afoot"을 부르는 모습을 보면서도 같은 감정이었다. 정신의 주인인 사람이 눈앞에 있으면 나는 항상 이렇다.

정신의 주인들은 가지고 있는 모든 것을 건다. 곤란한 상황에 대한 두려움을 모두 잃어버린 그 들은 일말의 거리낌도 없다. 다른 사람들이 어떻게 생각할지에 대한 걱정은 모조리 벗어던진다.

재니스 조플린이 노래 부르는 모습을 보면서 스테파니의 눈이 조금 커졌다. 그 작은 체구의 여성이 뿜어내는 열정과 자유로움, 그리고 힘은 죽은 사람마저 벌떡 일으킬 만큼 강력했다. 재니스의 노래가 끝나자 비디오 화면은 "우아!" 하고 감탄하는 마마 캐스의 모습을 비춰주었다. 스테파니 역시 "우아!" 하고 감탄사를 내뱉었다.

진짜 히어로

비디오테이프를 꺼내면서 나는 스테파니에게 이렇게 말했다. "살다 보면 정말로 마음먹고 뭔가를 시도할 기회라는 걸 깨닫는 순간이 찾아오지. 너는 노래를 잘 부르는 아이야. 나는 네가 무대 위에서 노래를 아주 잘 부르리라고 확신한단다. 네가 할 일은 스스로 결정을 내리는 것뿐이야. 그걸 위해 얼마나 도전하고 시도할 건지 말이야. 너라는 사람은 네가 생각하는 것과는 전혀 다르단다. 너는 네가 원하는 어떤 사람이든 될 수 있어. 노래를 부를 때면 너는 재니스 조플린을 떠올리게 될 거야."

학예회 공연이 열리던 날 밤은 아주 즐겁고 마음이 가뿐했다. 나는 재니스 조플린에 대해 스테파니에게 일장연설을 늘어놓았던 일은 거의 잊은 채, 관객석에 앉아서 스테파니가 공연하고 노래 부르는 모습을 즐길 뿐이었다.

몇몇 공연자들이 각자의 재능과 개성을 무대 위에서 선보인 다음, 스테파니 차례가 다가왔다. 스테파니는 시디에 담긴 "Hero" 노래 반주를 틀고, 코러스를 불러줄 공연자들과 함께 등장했다. 스테파니는 검은 드레스를 입고 무대 위에 올라 노래를 시작했다. 체육관 객석에 자리 잡은 스테파니의 친구들은 박수를 치고 환호성을 지르며 응원했다.

처음 노래를 시작할 때 스테파니의 목소리는 조금 작았으며 긴장된 기색이 느껴졌다. 부드럽게 첫 소절을 불러나가면서 음정은 정확히 맞아떨어졌다. 스테파니는 이따금씩 관객을 둘러보며, 때로는 약간 수줍어하며 미소 지었다. 노래가 점점 무르익으면서, 나는 스테파니의 내면에서 무언가가 바뀌는 것을 알아차릴 수 있었다. 마지막 소절을 향해 가는 동안 하이힐 차림의 스테파니는 무대 앞으로 한 걸음씩 걸어 나왔고, 얼굴에는 더 이상 쑥스러운 웃음기가 보이지 않았다. 목소리는 점점 더 우렁차게 나왔으며, 객석의 관객은 더 이상 안중에도 없는 듯했다. 오로지 노랫소리만이 공연장을 가득 메웠다. 내 눈에는 점차 눈물이 차올랐고, 심장이 빠르게 뛰는 것이 느껴졌으며, 마음이 벅차올라 목이 메었다. 그리고 이런 생각이 떠올랐다. '스테파니가 온 마음을 다하고 있어. 진심을 다해 도전하고 있다고.'

마지막 코러스 대목에 접어들 때 스테파니는 노래를 완전히 장악하고 있었다. 혼을 다해 부르는 스테파니의 노래가 관객석에 울려 퍼졌다. 이전에는 들어본 적 없는 노랫소리였다. 객석에 있는 아이들이 벌떡 일어서서 손을 치켜들며 환호성을 지르기 시작했다. 그렇지만 스테파니의 목소리는 환호성을 뚫고 솟구쳤다. 그 모든 것을 넘어서서, 그날 가장 힘차게 이어진 관중의 박수갈채 속에서 노래가 마지막에 이를 때까지, 오로지 자기 자신만을 위해 울려 퍼진 노래였다.

노래가 끝나자 아이들뿐만 아니라 어른들까지도 일어서서 기립박수를 보냈다. 꽤 오랫동안 접하지 못했던 순간, 인간의 정신이 타오르는 순간을 지금 막 접했다는 사실을 깨달으면서 말이다.

나는 친구들과 가족들을 바라보며 감탄했다. "우아!" 나는 아주 깊이 감명받았다. 나는 스테파니에게 재니스 조플린을 보여주었고, 그러자 스테파니는 내게 스테파니를 보여주었다.

당신 내면에도 존재한다

———

올리버 웬들 홈스는 이렇게 말한 바 있다. "대부분의 사람들은 자신만의 음악을 내면에 간직하고 무덤에 묻힌다." 그의 말이 맞았다. 대부분은 그렇다. 사람들이 각자의 음악소리를 세상에 내보이지 못한 채 세상을 뜨는 까닭은, 그 음악을 들어보지 못해서가 아니다. 대부분의 사람들은 그 음악이 자기 안에 있다는 사실조차 모르기 때문이다.

스테파니가 자신의 정신을 찾게끔 만든 요소는 주변 환경 자체에 있지 않다. 재니스 조플린의 공연 영상을 본 일이 스테파니를 일깨운 것이다.

당신은 자신 안에 자리 잡고 있는 정신과 좋은 친구가 될 수 있다. 원할 때면 언제든지 말이다. 정신은 항상 그곳에 머물러 있으니까. 당신이 지니지 못한 무언가를 스테파니가 지녔던 게 아니다. 스테파니에게 없는 것은 마찬가지로 재니스 조플린에게도 없다.

다음에 누군가에게서 타오르는 정신을 발견한다면 마냥 경탄만 하지 마라. 당신 자신의 정신을 어떻게 하면 좋을지를 생각하라. 남의 정신을 부러워하지 말고 당신의 정신을 만들어내라.

자기 자신과 대화를 나눠라. 그리고 차츰 당신의 정신에 대해 생각해보라. 무언가 위대한 일을 해내는 사람을 볼 때마다, "나도 저렇게 해낼 수 있어!"라고 말해보라. 대부분의 사람들은 이렇게 반응한다. "와, 나라면 절대 저렇게 못할 텐데 말이야." 그런 사람들은 부정적인 말을 통해서 깊고 확실한 신경 회로를 닦아나가는 셈이다. "절대 저렇게 할 수 없어"라고 말함으로써, 그들은 자신이 별로 뛰어난 것 없는 그렇고 그런 축에 끼어 있다는, 그러니까 자기는 그저 그런 평범한 사람이라는 환상을 만들어내고 스스로 그 속에 갇히는 것이다.

당신이 지닌 능력에 대해 말하는 방식을 바꾸면, 당신은 달라질 수 있다. 다른 사람들에게서 발견하는 위대함은 당신 내면에도 존재한다. 당신 안에서 위대함을 찾을 수 있다고 나는 약속한다. 당신이 어떤 사람이든, 지금껏 당신이 발명하고 만들어온 자신이 어떠하든 간에 말이다.

스테파니는 재니스 조플린 안에서 자신의 모습을 보았다. 당신은 스테파니 안에서 당신의 모습을 볼 것이다. 언젠가는 내가 당신 안에서 내 모습을 볼 것이다. 인생에 대한 비결은 바로 이렇게 한 사람에게서 다른 사람에게로 전해진다.

2

사는 게 힘들어 죽겠다고?

언젠가 텔레비전에서 '게토레이' 음료수 광고를 보았다. 광고는 마이클 조던이 이렇게 말하는 것으로 끝났다. "인생은 스포츠다……. 마셔버려라."

그때 내가 다른 사람들의 자가용에서 꽤 자주 보았던 스티커가 생각났다. "인생에 되는 일이 뭐 하나 없으니, 그냥 죽으련다." 나는 이 스티커 문구를 교육 도구로 활용했었다. 이 문구는 효과가 가장 강력한 축에 든다. 희생자의 인생철학 속에 자리 잡은 핵심적인 약점을 또렷하게 드러내기 때문이다.

첨단기술과 관련된 대기업에서 약 100명의 수강생을 대상으로 워크숍을 진행할 때였다. 칠판에 "인생에 되는 일이 뭐 하나 없으니, 그냥 죽으련다"라는 글귀를 쓰자, 수강생 가운데 한 사람이 소리쳤다. "아하! 제 커피 잔에 쓰여 있는 말이에요!"

"그렇단 말씀은…… 저 인생철학을 담은 커피를 매일매일 드신다는 뜻이죠?" 내가 물었다.

"뭐, 그런 셈이죠." 수강생이 대답했다.

"자, 그럼 어디 한번 살펴봅시다." 내가 말했다. "이 강의가 끝나고 나면, 당신은 그 커피 잔을 싫어하는 사람에게 주고 싶다는 생각이 들 거예요."

'인생에 되는 일이 뭐 하나 없으니, 그냥 죽으련다'라는 문장은 희생자의 신념체계에서 핵심을 완벽하게 드러낸다고 할 수 있다. 또한 희생자의 사고방식이 어째서 언제나 피로감과 낮은 성취로 이어지는지에 대한 실마리가 담겨 있다. 그리고 희생자가 타인이 아니라 스스로 만들어낸 패배주의적 사고의 결과물인 까닭도 알 수 있다.

자, 재미로 한번 살펴보자. 그 스티커 슬로건의 첫 번째 구절이 일종의 진리를 담고 있다고 해보자. 인생에 되는 일이 뭐 하나 없다는 말에, 또는 그와 비슷한 종류의 말들에 동의한다고 해보자. 인생은 어렵다, 인생은 불공평하다, 인생은 우리를 닳아 없어지게 할 것이다, 인생은 고군분투나 다름없다 등등.

만약에 동의한다면, 뭐가 그렇게 그리 '그냥 죽을' 정도인가? 삶이 그렇게나 어려운 것이라면, 그런 삶에서 벗어나는 데 왜 부정적인 걸까?

그러니 이 말에는 모순이 있다. 이 인생철학 속에는 딜레마가 자리 잡고 있다. 스티커에 쓰인 문구는 다시 말하자면 이런 뜻이다. "나는 여기가 마음에 들지 않아. 그리고 그보다 더 끔찍한 건 내가 여기를 떠나야 할 거라는 사실이야." 또는 이런 뜻이라고 할 수도 있을 것이다. "나는 여기서 일하는 게 싫어. 그리고 그보다 더 끔찍한 건 직장에서 내가 해고될 수도 있다는 사실이야." 그리고 놀랍게도 아주 많은 사람들이 바로 이와 같은 사고방식을 지니고 있다. 인생에 대해서, 일자리에 대해서, 결혼에 대해서, 그리고 모든 것에 대해서 말이다.

그러나 두뇌는 우리가 두 가지를 동시에 사고하게끔 허락하는 법이 없다. 인간의 뇌란 정말이지 마법 같은 생체 컴퓨터다. 확실한 자극이 되는 어떤 신호를 보낼 때면, 뇌는 우리에게 에너지를 보내준다. 그렇지만 뭔가 자기모순적인 메시지를 보내면, 뇌는 우리에게 브레이크를 건다. "어이쿠야!" 뇌와 몸에 자리 잡은 세포들이 일제히 합창하는 것이다. 두뇌와 신체는 그 모순점에 항의하며 시위를 벌인다. 생체 컴퓨터가 원하는 것은 조화로운 논리이기 때문이다. 두뇌는 언제나 일체성과 완성을 추구한다.

인생은 나쁜 것이며, 그리고 죽음도 나쁜 것이라는 명제는 비논리적이다. 사실 인생이 정말로 엉망이라면, 그 스티커에는 이렇게 쓰여 있어야 마땅하다. "인생에 되는 일이 뭐 하나 없지만, 다행히 우리는 죽는다!" 어쩌면 끝에 조그만 스마일 표시를 덧붙일 수도 있겠고 말이다. 그리고 그 밑에 전화번호까지 추가하면 사람들에게 도움이 될지도 모른다. "1-800-케보키언(사람들의 '죽을 권리'를 주장하며 말기 환자들의 안락사를 도움으로써 미국에서 사회적인 반향을 일으켰던 의사—옮긴이)" 이만하면 꽤나 참고가 될 수 있을 것이다.

3

우리는 누구나 다중인격자다

정신은 우리 안에서 약하게 타오르는 불꽃과 같다. 그 불꽃은 펌프를 타고 산소가 공급되어 활활 타오르는 순간이 찾아오기를 기다리는 중이다. 외부 요인이 펌프를 작동시키지는 않는다. 바로 우리가 한다. 우리는 원할 때면 언제든 펌프를 작동할 수 있다.

바로 이것이 심호흡을 하면 우리가 놓인 상황이 한결 나아 보이는 이유다. 심호흡은 두려움을 옅어지게 하고, 정신을 집중할 수 있게 하며, 몸의 긴장을 풀어준다. 결과적으로 생각이 유연해지고 정신이 풍요로워진다. 영어에서 '영감을 불어넣다'라는 말이 '숨을 들이쉬다'라는 뜻이기도 한 이유다.

이와 반대로 심호흡을 하지 않으면, 정신은 질식사에 이르고 말 것이다. 변화를 멈춘 채 침체되어 있다면 정신은 죽음을 맞이할 것이다. 내가 어떤 사람인지, 그리고 어떤 사람이 될지에 대해 생각을 닫고 있으면, 정신이 숨 쉴 수 없다. 고치 속에 갇힌 셈이랄까.

어릴 때 나는 끔찍한 천식에 시달렸다. 천식에 걸리면 숨을 편안하게 쉬기가 힘들다. 거의 매일 밤 나는 똑같은 꿈을 꾸었다. 꿈속에서 우리 아버지는 무언가를 두고 나를 꾸짖었는데, 그 말에 반박하기 위해 소리를 지르려 했지만 목소리가 나오지 않았고, 소리를 내뱉을 만큼 충분히 호흡하지 못했으며, 내 말들은 목이 졸린 사람이 간신히 내는 속삭임처럼 겨우겨우 흘러나올 뿐이었다. 꿈에서 나는 질식하고 있었다. '나는 이런 사람이야'라는 생각 속에 나는 갇혀 있었다. 나는 내가 겁쟁이라고 생각했다. 언젠가 아버지한테 겁쟁이라는 말을 들은 적이 있었는데, 이후 나는 그 말을 철석같이 믿었다.

어쩌면 이런 점 때문에 너새니얼 브랜든 박사는 아이에게 말할 때 주의해야 한다고 부모들에게 당부하는지 모른다. 아이는 어떤 말이든 단숨에 믿어버린다. 게다가 그 믿음을 영원히 가져간다. 아이에게 부모란 마치 신과 같다. 부모에게는 절대적인 권력과 권위가 있다. 만일 부모님이 당신에게 게으르다고 말한다면, 그건 단순한 하나의 의견에 멈추지 않는다. 게으르다는 말은 당신을 게으른 사람으로 만든다.

우리는 어린 시절에 형성한 자아 개념 속에 영원히 갇혀 지낼 수도 있다. 하지만 그 자아란 별거 아닌 외부 요인에서 비롯됐음을 깨닫는 순간부터, 어린 시절에 겪은 고통은 점차 아물고 흉터만 남게 된다. 우리의 마음이 어떻게 작동하는지 완벽하게 이해하고 나면, 결코 변할 수 없으리라 생각했던 것이 한낱 과거의 산물이 되고 말 것이다. 우리는 언제든 크리스마스 날 아침의 어린아이처럼 될 수 있다. 완전히 새로운 가능성을 품은 선물을 열어보는 그런 어린아이 말이다. 완전히 새로운 자아를 만나는 것이다.

나는 운이 좋은 편이다. 왜냐하면 자존감 코치라는 직업 덕분에 사람들이 자신을 새로 발명하는 모습을 날마다 접하기 때문이다. 최근에 만난 고객 가운데 필이라는 사람이 있었다. 그는 주요 공기업에서 일하는 상급 관리자였다. 필은 노력을 거듭한 끝에 자신이 20년 가까이 갇혀 있던 자아의 상을 바꾸는 데 성공했다. 그것은 자신이 변화할 수 있다는 점을 이해함으로써, 그리고 노력함으로써 가능했다. 이전에 필은 변화의 가능성을 절대 이해하지 못했다. '나'라고 하는 치명적인 신화를 어떻게 극복할 수 있는지 전혀 알지 못했다. 일본의 저명한 심리치료사인 모리타 쇼마의 "노력이란 곧 행운이다"라는 말의 뜻을 전에는 미처 몰랐다.

나는 필의 컨설턴트로 활동하면서, 그가 팀 회의를 진행하거나 직원들에게 약속을 하는 모습을 보았다. 그는 서서히 사람들의 의욕을 고취하고, 겸손하며, 강력한 지도자가 됐다. 그는 자기가 늘 꿈꿔온 바로 그런 사람으로 거듭났다. 그리고 한 주 한 주 지날 때마다 그는 훨씬 더 성장하는 법을 익혔다. 그의 성장과 성숙은 곧 그의 행복이었다.

사람들은 변화한다. 사람들은 행복해진다. 행복은 우리가 배우고 통달해야 할 대상이다. 이것은 인생 코치인 데버스 브랜든이 자신의 저서 『행복 단련법 The Discipline of Happiness』에서 혁신적인 워크숍을 진행하면서 언급한 내용이기도 하다.

성격은 까면 깔수록 양파 같은 것

———

내 직계가족 가운데 다중인격장애로 인해 고통을 겪은 사람이 있다. 그녀는 어린 소녀 시절에 성적으로 신체적으로 잔혹하게 학대받은 경험이 있다. 그녀가 겪은 학대의 면면들이 마침내 밝혀졌을 때, 이 사실을 전해 듣는 것은 나에게도 크고 버겁게 느껴졌다. 그러고 나서 학대의 흔적이 남은 그녀의 사진들을 보았을 때, 내가 들은 얘기보다도 훨씬 끔찍한 일들이 벌어졌다는 사실을 알게 되었다.

다중인격장애를 앓는 대부분의 사람들과 마찬가지로, 그녀도 평생 동안 병을 잘못 진단받은 채 살아왔다. 그리고 30대에 접어들어서야 그녀가 앓고 있는 병의 실체가 밝혀졌다.

어린 시절에 겪은 학대에 맞서기 위해 그녀가 발명해낸 인격들은, 내가 접한 것 가운데 가장 놀라운 인간의 창조물이라고 할 만했다. 내 앞에 자리한 한 사람의 똑같은 몸에서 서로 다른 목소리, 서로 다른 얼굴, 즉 서로 다른 사람들이 튀어나오는 모습을 봤을 때 내 심장은 빠르게 뛰었으며 얼굴 표정에서 놀라움을 감추지 못했다. 병원에 입원해 진단을 받으면서, 그녀가 지닌 각각의 인격체들이 서로 다른 뇌전도파를 나타낸다는 사실이 밝혀졌다. 어떤 인격체의 경우에는 다른 인격체에서 나타나지 않는 신체적 특질들이 발견됐다. 어떤 인격체는 전혀 다른 목소리를 냈다. 그중에 어린아이들의 목소리도 있었다. 어린아이 인격의 목소리를 들었을 때, 그 소리가 다 큰 여성이 어린아이를 흉내 내는 목소리가 아니라 실제 어린아이의 목소리와 완전히 똑같다는 사실에 나는 깜짝 놀랐다.

궁지에 몰릴 때면 인간의 두뇌는 놀라운 일들을 벌인다. 두뇌는 일종의 생체 컴퓨터로, 거의 마법에 가까운 일을 해낸다. 그래서 그녀의 경우에는, 두뇌가 고통을 덮는 흉터를 만들어내고 거기에 인격체라는 이름을 붙여준 것이다. (낯설지 않은 이야기라고? 우리 역시 마찬가지 과정을 거쳤으니까!)

그녀는 장애를 처음 진단받고 나서 마음 아픈 여러 고비를 넘기고, 또 치료를 위한 다양한 시도를 거쳤다. 그동안 위기 상황에서 인간의 정신이 발휘하는 창조성에 차츰 깊은 경외감을 느끼기 시작했다.

어린 소녀 시절 그녀는 혼자 감당할 수 있는 수준을 넘어선 끔찍한 학대를 견뎌야만 하는 상황에서 어떻게든 벗어나기 위해, 자신의 자아를 쪼개어 새로운 인격체를 탄생시켰다. 이는 발전된 형태의 자기최면이었다. 뒤이어 자아를 분리하고 발명해내는 일이 계속되었고, 이렇게 인격을 만들어내는 일에 뇌가 능숙해지고 나자, 비교적 사소한 위기를 겪을 때조차 새로운 인격체가 만들어졌다.

다중인격장애가 '질병'으로 명명되는 경우는, 그 증상이 성인에게서 나타나며 스스로의 힘으로 통제하기 어려울 때다. 그래서 처음에는 생존을 위해 만들어낸 성취가 끝내는 무시무시한 문제가 되고 마는 것이다.

다행스럽게도 우리 가족의 경우, 인간이 생존하기 위해 벌이는 기적이 다시 한번 삶 속에 찾아왔다. 질병을 치료한 그녀는 영웅적인 모험을 떠났다가 돌아온 살아 있는 증거가 되었다. 그녀의 인생 역정은 행복을 향해 가는 여정이란 환경이 어떻든 간에 얼마든지 계속될 수 있다는 사실을 보여주었다.

그래서 어떤 이가 사람들이란 본래 모습에서 한 치도 변하기 어렵다고 주장할 때면, 나는 조금 우습다는 생각마저 든다. 사람이 정말로 그렇게 변하지 않던가?

다른 사람이 되는 순간

다중인격은 사람들이 얼마나 강력해질 수 있는지를 보여주는 하나의 극적인 사례라 할 수 있다. 우리는 우리가 원하는 그 어떤 사람으로도 변할 수 있다. 우리는 살아가면서 스스로를 발명해낸다. 다만 이 사실을 미처 모르고 지나갈 뿐이다.

만약에 내가 당신 팔에 아기를 안겨준다고 하자. 그러면 어떤 일이 벌어질까? 아기를 받자마자 당신은 목소리가 바뀌고, 얼굴 표정도 변하며, 입에서 나오는 단어들도 전혀 달라질 것이다. 바로 내 눈앞에서 말이다. 지켜보는 사람 시각에서는 참으로 이상할 정도로 말이다. 얼굴 표정은 마치 고무처럼 자유자재로 바뀌면서, 새된 소리로 아기를 어르고 달래며 말도 걸 것이다.

자, 이렇게 당신이란 사람이 변하지 않았는가! 당신이라는 사람이 이렇게 사소한 방식으로 바뀔 수 있다면, 더 큰 변화도 만들어낼 수 있다.

내가 소년 시절에 앓던 천식 증상은 내면의 평화로운 중심을 찾아 숨 쉬는 법을 익혀나가면서 말끔히 사라졌다. 좀 더 자세히 밝히자면, 홀로 서는 법을 익히고 말할 때의 자아를 만들어냄으로써 천식 증상을 없앴다. 스스로를 겁쟁이로 여기는 시각이 이따금 다시 모습을 드러내기도 했지만, 그 역시 점차 줄어들었다. 마치 수영장에 돌멩이를 던지면 돌멩이가 점점 작아지다가 사라지듯이 말이다. 나는 내가 어떤 사람인지에 관한 낡은 이야기 속에 더 이상 갇혀 있지 않다. 나는 언제든 새로운 필름을 카메라에 넣고, 새롭게 시작할 수 있다는 사실을 배웠다.

내가 정말로 되고 싶은 사람

당신은 연습을 통해서 원하는 어떤 사람으로든 거듭날 수 있다. 당신의 내면에는 다른 모습의 수많은 놀라운 당신이 기다리고 있다.

사람들이 영화관에 가는 걸 좋아하는 이유 중의 하나는, 우리가 좋아하는 배우들이 인간의 창조성을 극한으로 발휘하는 모습을 감상할 수 있기 때문이다. 영화관을 나서면서 우리는 이렇게 말하곤 한다. "메릴 스트립은 정말 놀라웠어" 또는 "로버트 드니로 완전 대단했지" 또는 "맷 데이먼은 너무 감동적이야"라고. 우리는 그 사람들이 이뤄낸 성취를 두고 마음 깊은 곳에서 감탄한다. 그 배우들은 인간적인 '존재'를 창조해낸 것이다.

인격 또는 성격은 그러한 존재와 정반대편에 서 있다.

성격은 우리를 안전하고 확실한 생활 패턴 안에 꽁꽁 가둔다. 아마도 중학교 시절 즈음에 다 만들어버린 그런 생활 패턴 말이다. 우리의 '항구적인' 성격 가운데 대부분은 두려움 때문에 형성된다. 부끄러움에 대한 두려움, 체면을 잃는 것에 대한 두려움, 쿨하지 못한 찌질한 모습으로 보이는 것에 대한 두려움.

다 큰 어른들도 두려움이 많다. 그래서 남들에게 들통나지 않게끔 한결같이 거짓된 모습을 연기하면서 지내기도 한다. 그렇지만 당신의 내면을 넓혀주고, 또 훨씬 강하게 만들며, 어제보다 오늘 더 활기차게 살아가도록 하는 것은 거짓 모습이 아니다. 진짜 모습으로 살아가는 일만이 당신에게 그런 힘을 준다. 따라서 잠재력을 진심으로 대하고, 자신의 정신에 솔직해져야 한다. 당신의 정신은 날개를 펴고 날아가기를 원한다. 영원하며 최종적인 자아라고 이름 붙인 독방 안에서 외롭게 죽어가는 것은 원치 않는다.

그러니 성격이라는 것을 내던져버려라. 전부 놓아버려라. 당신과 당신의 꿈만이 서로 소통하게끔 만들어라. 그 사이에 그 어떤 만들어진 인격이나 성격도 끼어들 수 없게끔 하라.

그동안 굳게 붙들고 있던 항구적인 정체성이라는 요소를 내려놓고, 당신이 누구든지 될 수 있다는 사실을 직시하라. 그러면 '당신이 되고 싶은 사람'은 '지금의 당신이라는 사람'보다 훨씬 더 중요해질 것이다. 바로 그 순간이 당신의 인생에서 아주 결정적인 순간이다.

4

나다워야 한다는 강박에서 자유로울 것

인간의 성격이라는 신화를 부수고 나아가는 것은 곧 진정한 기쁨을 얻는 일이다. 그리고 이는 누구나 할 수 있다. 우리가 스스로를 얼마나 많이 통제하고 있었는지를 깨닫기 시작하는 순간부터 말이다.

내 친구인 재니스 모터를 처음 만난 것은 그녀가 교회에서 노래를 부르던 때다. 당시 나는 그 교회 목사님의 손님으로 예배에 참석했는데 재니스는 이제 막 시카고에서 피닉스로 이사 온 참이었다. 그녀는 복음 성가 음반을 냈을 만큼 사람의 마음을 뒤흔드는 목소리를 지니고 있었다.

예전에 나는 세미나를 열었을 때 그녀에게 부탁해 휴식 시간 전에 노래 한 곡을 청했다. 그녀가 부른 노래는 마이클 조던이 출연한 영화 「스페이스 잼」의 삽입곡이었는데, 제목이 '내가 날 수 있다는 걸 믿어요(I Believe I Can Fly)'였다. 재니스의 노랫소리는 특정한 인격에서 나오는 것이 아니라 인간의 정신 그 자체에서 뿜어져나왔다. 그녀가 자신만의 정신을 한껏 느끼는 모습을 접한 사람들은 마음이 온통 뒤흔

들리곤 했다.

당신은 날 수 있다고 믿는지? 여러 설문조사 결과에 따르면, 대부분의 사람들은 하늘을 나는 꿈을 꾼 적이 있다. 무의식 깊은 곳에서는 우리가 이곳 땅에 붙박여 있지 않다고 생각하는 모양이다. 물론 대다수 사람들은 지치고 처진 기분으로 살아가지만, 한편으로는 순수하게 하늘로 한껏 날아오르는 삶을 비밀스럽게 염원한다. 하늘을 나는 일이 꿈속에서 벌어지는 까닭은, 꿈속의 우리는 자신이 진정으로 원하는 게 무엇인지 알기 때문이다. 정신분석학자 지그문트 프로이트는 꿈이란 마음이 만들어내는 바람이라는 데 동의했다. 당신의 가슴은 당신이 정말로 어떤 사람인지 알고 있다. 당신은 하나의 천사다. 윌리 넬슨의 노래 가사에서 시적으로 표현된 것처럼, 당신은 "땅에 너무도 가까이 날고 있는 천사"다.

하늘을 향해 힘차게 날아오르는 삶은 움직임을 나타내는 말들로만 만들어낼 수 있다. 발명가이자 시인인 버크민스터 풀러도 이렇게 말하지 않았는가. "나는 동사가 된 것 같다!" 그리고 이 강력한 문장을 통해서, 그는 인간의 잠재력이 지닌 값진 비밀을 드러냈다. 정신의 주인들은 그들이 동사라는 사실을, 순수한 행동의 말이라는 사실을 알고 있다. 반면 희생자들은 자신들이 동사가 아니라 마치 명사와 같다는 생각에, 그러니까 변하지 않는 사물이라는 생각에 여전히 사로잡혀 있다.

성격이라는 것은 단순한 환영에 지나지 않는다. 우리는 성격을 마음대로 바꿀 수 있다. 예를 들어 "아버지, 국세청에서 나온 사람이 아버지를 찾고 있어요"라는 아들의 말을 듣고 현관문으로 향하는 당신과, "아버지, 제니퍼 로페즈라는 여자 분이 아버지를 만나러 왔대요"라는 말을 듣고 문밖으로 나가는 당신은 서로 다른 '나'다. 희생자들이 성격이라고들 일컫는 것은 단지 습관과 버릇이 쌓여서 만들어진 것에 불과하다. 그러니 당신은 얼마든지 다른 '나'가 될 수 있다.

심리학자 마틴 셀리그먼 박사는 학습된 낙관주의에 대해 20년 동안 광범위한 연구를 진행했다. 무려 50만 명 이상의 어린이와 성인들을 연구한 결과, 과학적으로 확실한 두 가지 사항을 밝혀냈다.

- 낙관주의는 무엇을 하든지 간에 작업의 효율을 훨씬 높여준다.
- 낙관주의는 학습을 통해 배울 수 있다.

이와 같은 결과는 동시대의 수많은 다른 위대한 심리학자들의 연구를 뒷받침해주었다. 이들의 연구가 공통적으로 말하는 바는 이러했다. 즉 '늙은 개에게 새로운 재주를 가르칠 수는 없다'며 오래된 생각은 고치기 어렵다는 식의 두려움과 막연한 미신은 폐기해도 좋다는 것이다.

자신만의 낙천적인 정신을 찾아내어 소유하는 법을 익힌 사람들은 점차 성격에 대한 관심을 줄이는 대신, 자기가 세운 목적에 더욱 관심을 두기 시작한다. 그 사람들은 스스로 책무를 만들고 지키는 일을 즐긴다. 그 사람들은 바로 자신이 행복한 삶을 만드는 기초적인 벽돌이라고 여긴다.

이에 비해 낙천적인 정신에 이르지 못한 사람들은 목표를 세우는 일에 그다지 흥미가 없다. 그리고 자신의 고유한 정체성이라는 과도 한 환상에 계속 시달리면서 고생할 뿐이다.

찌질하다는 꼬리표

———

주인은 책임을 다하기 위해서라면 그때그때 즉석에서 자신의 성격을 바꾼다. 반면 희생자는 자신의 성격을 지키기 위해서라면 그 어떤 책임도 저버린다.

희생자는 책임에 대해 마치 오가는 감정처럼 얘기한다. 이를테면 "나는 예전만큼 그 사람한테 책임감을 느끼지는 않아"라는 식으로 말이다. 그리고 그것이 잘못됐음을 누가 지적하면, 희생자는 다시금 이렇게 말할 것이다. "나는 있는 그대로의 모습으로 살아야 하는걸." 그들은 성격이 책임감보다 우선시되기를 바란다.

우리가 성격에게 보내는 엉뚱한 충성심은 평생에 걸쳐 엄청난 고통과 혼란을 안겨줄 것이다.

내게는 재능 있는 음악가이자 작사가인 오랜 친구가 있다. 언젠가 친구에게 음성 파일로 된 주인-희생자 세미나 강연을 보내주었는데, 그가 편지를 보내왔다. 이 편지는 한 사람이 원래 품고 있던 생각에 실수가 있다는 사실을 발견하고 나면 얼마나 빨리 변화할 수 있는지를 잘 보여준다. 이는 변화를 위해 수년 동안 치료를 받는다든지 하는 얘기가 아니다. 변화가 즉각적으로 일어날 수 있다는 얘기다.

너는 마치 황무지에 버려진 사람이 보내는 최후의 처절한 비명 소리

를 똑똑히 들었겠지. 그리고 마치 정신을 구해주기 위해 달려온 적십자처럼, 내 도움 요청에 답을 주었지……. 나는 일주일 내내 사무실에서 네가 보내준 강연을 듣고 또 듣고 있어. 존재의 핵심을 곧바로 찌르는 그 목소리를, 그리고 내게 꼭 필요했지만 미처 알지 못했던 것들을 가르쳐주는, 또 예전에 알고 있었지만 '어른이 되면서 점차 까먹고 만' 그런 사실들을 일깨워주는 목소리를 말이야. 내게 가장 강력한 충격을 준 것은 이 얘기였어. '나는 나 자신의 모습으로 살아야 해'라는 사고방식이, 얼마나 큰 비용을 치르게끔 만드는지 깨닫게 해주는 그 지혜로운 이야기 말이야. 네가 이 이야기를 그렇게 힘차게 하기 전까지는 한 번도 생각해본 적 없는 것이었어. 그 어떤 대가를 치르더라도, 절대로 '나 자신의 모습으로 살아서는' 안 된다고 하는 얘기는 정말 눈이 번쩍 뜨이게 하는 말이었지. 사실 따지고 보면, '나'라는 것은 선택하기 나름인 거잖아. 책임감을 중요한 가치로 놓고 '나'를 바꾸라는 말은 정말 좋은 자극이고 큰 힘이 되어주었어. 이전에는 줄곧 '내'가 우선이고 책임은 그다음이라고 생각해왔으니까. 그렇게 나는 '내' 모습을 지키느라고 엄청난 출혈을 감수했던 셈이잖아, 내 책임을 저버리면서 말이야. 너의 세미나는 마치 지옥에서 나를 벗어나게 하는 탈출구 같았어.

만약 당신 자신에게 한 가지 성격만 있다고 말한다면, 이는 곧 행동의 범위를 스스로 제약하는 것이다. 스스로에게 '수줍음이 많다'거나 '게으르다'거나 '겁이 많다'거나 '체계적이지 못하다'는 꼬리표를 붙인다면, 당신은 놀라운 일을 해낼 수 있는 능력을 꽁꽁 가둬버리는 셈이다. 위대한 사람으로 거듭나는 길을 애초에 지워버리는 것이다.

그리고 당신이 갇혀 살아갈 고치를 스스로 만드는 것과 다름없다. 그렇게 되고 나서 당신을 자유롭게 할 어떤 환경이 만들어지기를 고대하더라도 소용없다. 당신은 그런 환경을 만드는 힘이 어디에서 나오는지 조차 이해하지 못하지 않는가.

그 힘이란 저기 어디 바깥에 있는 게 아니다. 힘은 당신 안에 있다.

5

나를 비참하게 만드는 건
나 자신이다

주인이 문제를 바라보는 방식은 마치 보디빌더가 무게를 인식하는 방식과 같다. 즉, 더 많은 저항이 있을수록 삶의 의미가 생긴다. 그와 반대로, 희생자는 그 무게를 이겨내고 싶어 하지 않는다. 문제가 생기면 두려움에 떨면서 곧 삶이 자신을 배반했다고 여긴다.

슬프게도 문제를 해결하는 데 쓰일 수 있는 똑같은 에너지를 희생자는 문제를 회피하는 데 쓴다. 문제를 머릿속에서 밀어내기 위해서는 꾸준한 정신적인 노력이 필요하게 마련이다. 의식 속에 자리 잡은 스포트라이트를, 인생이 아니라 다른 부차적인 것들에만 끊임없이 빛을 비추게 만드는 일은 정말로 큰 힘이 든다.

브라질의 현자 카를로스 카스타네다는 이런 말을 했다. "우리는 스스로를 비참하게 만들거나 강하게 만든다. 그렇게 할 때 필요한 힘은 동일하다."

희생자의 비참한 삶을 들여다보면, 마치 문제를 회피하는 것만이 일생일대의 과업이라 느껴질 정도다. 그리고 문제를 회피하는 과정에서 자신이 피한 불행보다 더 큰 불행을 만들기도 한다. 희생자는 흔히 문제 자체가 자신들을 비참하게 만든다고 생각하는데, 그건 사실과 다르다. 자부심을 깎아내리고 자존감을 망쳐놓는 것은 문제 자체가 아니라 스스로가 선택한 의도적인 회피다.

희생자가 반드시 피해야 한다고 가장 먼저 생각하는 것은 바로 부끄러움이다. '사람들이 나를 어떻게 생각하겠어?'라는 생각은 희생자의 마음속에서 가장 먼저 자동으로 튀어나오는 질문이다.

부끄러움을 피하려는 습관과 다른 사람들의 평가를 만성적으로 걱정하는 일은 대개 중학교 무렵에 시작되어 그 뒤로 계속된다. 그렇게 해서 신경 회로가 만들어지며, 시간이 흐를수록 확고해진다. 이것은 곧 대부분의 사람들은 자신의 항구적인 정체성을 중학교 시절에 형성한다는 뜻이다.

그런데 이 작업을 우리가 의도적으로 했던가? 당연히 아니다! 10대가 디자인한 인생이라는 사실을 알고도 이를 선택할 사람이 어디 있겠는가? 하지만 놀랍게도 그게 바로 우리가 저지른 일이다. 우리가 그렇게 노력해온 인생이라는 건 사실 10대가 만들어낸 것이다! 그러니 당연히 인생이 끔찍할 수밖에!

끔찍한 인생에서 벗어나기 위한 첫 번째 단계는 우리가 어쩌다가 이곳에 이르게 됐는지를 살펴보는 일이다. 마음을 가다듬고 '내가 누구인가'를 알아볼 필요가 있다. 그리고 그 '나'라는 가면이 사실은 얼마나 깃털처럼 가벼우며 혹 불면 날아가버릴 연약한 것인지도 말이다.

성격 안에 갇혀 있다고 느끼는 사람들은 더 깊은 내면에 강력한 정신이 자리 잡고 있다는 사실을 깨닫지 못한다. 그 사람들은 '자신이 누구인지'에 관한 너무나도 깊은 최면에 사로잡힌 나머지, 어떤 사람으로 거듭날 수 있는지를 전혀 모른다.

영국의 작가 콜린 윌슨은 좌절과 불만으로 점철되어 있던 10대 후반 시절 너무나 깊은 우울감에 시달리며 자살을 시도했다. 그는 청산가리 한 병을 손에 넣었으며, 자살을 감행할 준비를 했다. 그 독을 입에 털어넣으려는 순간, 목소리가 들려왔다. 자신의 평소 인격이 지닌 목소리와는 완전히 다른 목소리였다. 그 목소리는 그의 내면 깊은 곳에서 소리쳤다. "너 지금 뭐 하는 짓이야?!" 그래서 그는 청산가리 병을 다시 내려놓았다. 그 뒤로 자살 생각은 영영 사라졌다. 절체절명의 마지막 순간에, 일상적인 평범한 자아가, 바로 그 숨어 있던 강력한 자아 앞에 무릎을 꿇은 것이다. 오늘날 윌슨은 그 일을 떠올리며 농담을 던진다. "그때 깨달았던 거죠. 만약에 콜린 윌슨이 죽는다면 나도 죽겠구나! 그래서 그러면 안 되겠다고 생각했던 거예요."

너바나에게 부족한 한 가지

많은 사람들은 자신의 내면에 있는 그 힘찬 목소리를 들어본 적이 없다. 그 목소리는 우주만큼 거대하다. 대부분의 사람들은 자신이 지닌 모든 힘을 삶에 지친 일상의 목소리에게 습관적으로 넘겨주곤 한다. 일상의 목소리는 모든 사람과 모든 일에 일일이 반응한다. 그리고 일상적인 자아가 자신의 전부라고 생각한다.

다음은 어느 상품 중개인의 시체 옆에 남겨졌던 메모다. 그 사람은 권총으로 자살했다.

누군가는 이 일을 해야만 했다. 자의식만이 전부다.

그 사람을 다시 일으켜서 이 생각이 완전히 잘못되었다는 얘기를 해주기에는 늦어도 한참 늦었다. 사실 그를 고통에 시달리게 만들었던 '자아'라는 것은 피상적이며 나약한, 만들어진 일상의 자아에 불과했을 뿐인데 말이다. 의식의 사다리를 타고 더 높이 올라가면 더 많은 자아들이 기다리고 있었을 것이다. 그의 내면에는 삶의 아름다움을 일깨워줄 만한 자아들이 자리 잡고 있었겠지만, 그는 타성에 젖어 그러한 강력한 자아들을 깨닫지 못한 채 지냈으며, 그 자아들은 차츰 빛과 힘을 잃어갔던 것이다.

마크 엇카인드는 여러 유서를 연구한 저서 『혹은 죽거나 *Or Not To Be*』에서, 생애 말기의 커트 코베인이 보여준 자기파괴적인 사고방식과 그의 아내 커트니 러브의 정신의 주인의식을 대비하여 설명한다.

커트 코베인은 그런지 록 그룹인 너바나의 리드 싱어였다. 헤로인 중독은 그의 자살을 불러일으킨 주된 요인이었다. 그는 머리에 산탄총을 발사해서 자살했는데, 총상이 너무나 심각해서 경찰은 인적 사항을 파악하기 위해 별도로 지문을 확인했어야 했다.

그는 자기 연민으로 가득 찬 길고 시적인 유서를 가족과 팬들에게 남겼다. 아내인 커트니 러브는 이 유서를 자신의 콘서트에서 관객들에게 읽어주곤 했다.

러브는 코베인의 유서를 공개된 자리에서 읽으면서, 그의 유서 사이사이에 자신의 말들을 끼워 넣었다. 그녀는 그 유서를 읽을 때마다 점점 강인해졌고, 자살이라는 비극의 두 번째 희생자가 되는 것을 강하게 거부했다. 만약 코베인에게 음악이 그렇게 지긋지긋한것이었다면 왜 그걸 그만두겠다는 간단한 생각을 하지 못했는지 질문하면서, 러브는 자신의 분노와 정신의 힘을 분명히 보여주었다.

그녀는 코베인의 편지를 두고 '편집자에게 보내는 편지'라고 부르며 놀렸다. 그리고 관객들에게 크게 소리 치면서 유서 읽기를 마무리했다. "코베인에게 이렇게 말해주도록 하죠. 그가 '얼간이'라고 말이에요, 알겠죠? …… 그리고 그에게 사랑한다는 말도 해줍시다."

코베인은 우주에서 가장 작고 또 가장 고통스럽다고 알려진 물질 안으로 작게 구겨져 들어갔던 것이다. 바로 '나'라는 물질 안으로 말이다.

6

아무것도 하지 않는 삶

최근에 나는 큼지막하고 반짝이는 편지 봉투를 받았다. 미국의 유명한 자기계발 전문가 겸 강연자에게서 온 것이었다. 편지에는 "당신은 옷을 갈아입는 것만큼이나 별다른 노력 없이 손쉽게 몸을 바꿀수 있다"고 호언장담하는 내용이 담겨 있었다.

그 강연자는 언젠가 자기 책들은 사실 읽을 필요가 없다고 말한 적이 있었다. 어렵게 책을 읽는 것 대신 매일매일 아주 잠깐씩만 책 속에 있는 단어들을 훑어보면서 책을 '호흡하는' 게 가능하다고 말했다.

내가 사는 미국이라는 나라는 (성장과 번영을 꿈꾸며 이곳에 처음 정착한 이민자들이 품고 있던) 열정적인 노동 윤리에서 한 걸음 진화했다. 편안함에 집착하는 수동적인 태도를 지닌 대중이 귀찮은 일들이 모두 사라진 삶을 추구하는 단계에 접어들었다.

노력과 의지력을 극도로 꺼리는 현상이 벌어지고 있다. 새로 선보이는 거의 모든 자기계발 프로그램들은 "이 프로그램은 의지력과는 아무런 상관이 없다!"고 앞다투어 신신당부한다. 신이시여, 감사합니다! 그렇다면 기꺼이 듣도록 하지요. 책도 기꺼이 사고 말입니다.

희생자는 "의지력이라는 건 아무 소용도 없잖아!"라고 울부짖는다. 하지만 그걸 어떻게 알 수 있을까? 희생자는 의지력을 시험해본 적조차 없는데 말이다.

어제 차를 타고 운전하는 도중에 나는 외국어를 배울 수 있는 새로운 방식에 대한 라디오 광고를 들었다. 새로운 사이버 외국어 교육 시스템을 홍보하는 라디오 진행자는 그 시스템의 장점을 이렇게 꼽았다. "거의 아무 노력도 하지 않고 스스로 스페인어를 익혔다니까요!" 그 사람이 소리쳤다. "여러분이 할 일은 그저 헤드폰을 쓰고 듣는 것뿐입니다!"

광고를 들으면서 나는 진행자가 자신의 스페인어 실력을 선보이지 않았다는 사실을 눈치챘다. 그리고 짐짓 열정적인 척하고는 있지만, 그의 목소리는 사실 누가 들어도 진정성이 떨어진다는 걸 대번에 알 수 있었다. 그는 그저 대본을 따라 읽을 뿐이었다. 새로 익힌 언어 실력이 얼마나 되는지를 알아보기 위해 그를 정글과도 같은 멕시코의 마약 조직 속에 집어넣는다면 아주 재밌는 일이 벌어질 거라는 생각이 들었다.

만약 미국에 사는 모든 사람들이 노력하는 것을 피하기 위해 온갖 수단과 방법을 다 동원한다면 어떤 일이 벌어질까? 그리고 행복의 비결이 사실은 바로 그 노력에 있다면?

"할 필요가 없다고요?"

———

고백할 사실이 하나 있다. 인생의 초반 35년 동안 나는 더 쉽고 완만한 길을 찾는 데 온통 시간을 보냈다. 스스로에게 동기 부여를 하는 법에 관한 다른 책(『꿈을 이루어주는 101가지 특별한 선물 *101 Ways to Motivate Yourself*』)에서 더 상세히 밝혔듯이, 나는 그 쉽고 완만한 길을 걸어오면서 다소 모순적이면서 해방감을 안겨주는 깨달음을 얻었다. 스스로에게 더 너그럽고 쉬운 길을 허용할수록 인생은 더욱더 어려워진다는 깨달음이었다.

대학을 졸업하고 나서 몇 년 뒤 나는 미군에 입대했다. 좀 더 많은 자기 훈련이 필요하다는 판단에서였다. 여기서 내가 어떤 실수를 저질렀는지 알겠는가? 당시 나는 미처 알지 못했다.

그러니까 나는 자기 훈련이라는 말을 충분히 심사숙고하지 못하는 실수를 저지른 것이다. 내 머릿속에서는 그 '자기'라는 말이 자동으로 삭제되었던 것이다. 그래서 누군가 다른 사람이 내게 자기 훈련을 시켜줘야 한다고 판단했고 말이다!

몇 년에 걸쳐 나는 자기계발에 도움을 준다는 수많은 책을 사서 읽었다. 진정한 자발성이라는 것이 무엇인지를 깨닫기 전까지, 나는 노력 없이도 자기계발을 할 수 있다는 내용의 비디오와 책들을 끊임없이 찾아다녔다. 내 책장에 꽂혀 있던 책들의 전형적인 제목은 이런 식이었다. 『잠을 자는 동안 부자가 되는 법 *Grow Rich While You Sleep*』. 그 책을 쓴 작가는 그 책의 독자들이 어떤 사람인지를 분명히 알고 있었다. 왜냐하면 나부터도 그 책을 펴보지도 않은 채 바로 사왔으니까 말이다.

영상 속에 숨은 암시를 통해 무의식에 영향을 끼친다는 테이프들도 구입했다. 그것들이야말로 최소한의 노력만 하면 되는 테이프였으니 말이다. 적극적으로 집중해서 이야기를 들을 필요조차 없었다! 그냥 주변 아무 데나 틀어놓으면 그걸로 끝이었다. 완벽했다.

'자, 누가 와서 나를 강하게 만들어줬으면. 어서 서두르라고.'

나는 암시적이며 단언적인 말들과 이미지 트레이닝을 중심으로 하는 자기계발 프로그램에 이끌렸다. 그것들이 인기를 끄는 주된 이유는 바로 그 아무 노력이 필요 없다는 특징 때문이었다. 그와 같은 암시들은 그저 같은 말을 계속해서 되풀이하는 것이 전부다. 심지어 그렇게 말하기 위해서 그 말의 내용을 반드시 믿지 않아도 된다. 그리고 아무것도 하지 않아도 괜찮다. 이리저리 돌아다니면서 중얼거리기만 하면 된다. 그렇게 하면 힘들이지 않고도 변신할 수 있다.

그러고 나서 나는 이미지 트레이닝이 성공의 비법이라 말하는 책과 강연들에 빠져들었다. 마음을 가라앉혀주는 음악을 틀어놓고, 눈을 지그시 감은 채 머릿속으로 영상을 떠올리면 된다. 그게 전부다. 당신의 미래를 떠올려보라. 미래의 당신 모습이 바로 저기, 두 번째 보이는 별 뒤편에 있다.

"그런데 저는 아무것도 할 필요가 없는 건가요?" 언젠가 한번은 이미지 트레이닝 워크숍 강사에게 이렇게 물어보았다.

"그럼요, 아무것도 안 해도 됩니다." 강사는 답했다. "그저 눈만 감으세요. 당신의 미래가 찾아올 겁니다."

"아무 노력도 하지 않아도 괜찮은가요?" 나는 다시 물었다.

"할 필요가 없죠!" 강사가 답했다. "이 프로그램은 의지력과는 무관하니까요. 이건 믿음의 문제입니다. 믿음은 지구상에서 가장 아름다운 것이죠. 당신에게 필요한 건 믿음과 신념뿐이에요. 그리고 당신은 그 모든 것을 지니고 있어요. 눈을 감고 진심을 다해 그것을 믿는다면, 당신은 그것을 손에 넣게 되죠."

이 얘기들은 정말 이상적으로 들렸다. 믿음, 희망, 그리고 소원을 떠올리는 일이야말로 내 전공 분야라고 확신할 수 있었다. 나는 『피터 팬』에 등장하는 피터 팬과 웬디를 떠올렸다. 그리고 부모님이 계시는 안방 창문에 대고 "나는 어른이 되지 않을 거야!"라고 소리친다면 얼마나 멋질까를 상상했다. 그리고 부모님이 내게 사소한 노력이라도 요구한다면, 그냥 날아가버리면 그만일 터였다.

세상 밖으로 나오고 싶어 한다

시간이 지나면서 나는 점점 더 업무에 매진하게 되었다. 그럴 때 내 마음을 끈 것은 "더 열심히 일하지 마라. 더 똑똑하게 일해라!"라는 주장을 펼치는 책과 프로그램들이었다. 나는 그 주장이 마음에 들었다. 왜냐하면 내가 세운 목표들 가운데 몇몇은 정말로 노력을 해야만 이룰 수 있을 것처럼 보였으며, 내 역량으로 그것들을 해낼 수 있을지 걱정스러웠기 때문이다.

지난 50년 동안 인류가 스스로에게 한 가장 큰 거짓말은 아무 노력 없이도 성공할 수 있다는 얘기다. 노력은 언제나 고통스러우며, 그다지 가치 있는 것이 아니고, 그렇기 때문에 되도록이면 회피하는 것이 능사라는 바로 그 거짓말 말이다. 이는 안일한 은퇴나 다름없으며, '스스로에게 안락함을 선사할 의무가 있다'는 선언이었다. 동시에 생각이 짧은 멍청이들만이 주어진 나날들 속에서 진정으로 힘을 쏟고 있다는 주장이기도 했다.

그 모든 주장은 거짓말이었지만, 인간의 생체 컴퓨터 안에 바이러스처럼 퍼졌다. 그리고 바이러스는 다음과 같은 말들을 통해 하나의 생체 컴퓨터에서 다른 생체 컴퓨터로 전염되었다.

"이봐 당신, 이 알약들 좀 먹어보라니까! 나는 이거 먹고 2주 만에 7킬로그램이나 뺐다고! 아무것도 할 필요가 없었다니까!"

어쩌면 내 생체 컴퓨터 안에 침투한 '노력하지 않기' 바이러스는 당신의 생체 컴퓨터에 이런 메시지를 속삭일 것이다. 이 종교적인 주술에 동참하자고. 이건 아주 멋진 일이니까. 하늘에 계신 분께서 당신을 위한 모든 것을 알아서 생각하실 터이니. 그러면 당신은 얌전히 수동적으로 그 말을 따르기만 하면 된다. 거기에는 어떤 노력도 필요치 않으며, 아주 수월하다. 내일이 되면 우리는 '쿨에이드' 음료수를 마시고, 머리 위에 비닐봉지를 뒤집어쓴 다음, 커다란 우주선을 타러 갈 것이다. 그냥 따라오면 된다. 정말 쉽다니까! 아무것도 할 필요가 없다. 심지어 그 비닐봉지도 남들이 다 알아서 묶어준다니까. 당신을 위해서 말이다.

어릴 때 천국이 무엇인지를 두고 어머니에게 이런저런 질문을 하던 일이 기억난다. 나는 네 살이었다. 어머니가 옷을 다리고 있을 때 그 옆으로 다가가 물었다.

"천국에 가면 어머니는 무언가 일을 해야 하나요? 집안일이라든 지 아니면 뭐 다른 일이라도요?"

어머니는 이렇게 답했다. "아니, 아무것도 할 필요 없어. 그게 천 국에서 아주 중요한 사실이지! 천국에서는 사자도 양과 함께 드러누 워 쉰단다."

"사자랑 양이 서로 싸우진 않나요? 잡아먹지도 않고요?"

어머니가 대답했다. "전혀 그렇지 않아. 진정제라도 먹은 것처럼 얌전하단다. 착한 아이들이지. 정말 아름다운 곳이야. 천국에서는 모든 것이 부드럽고 하얗단다. 그곳에는 구름이 펼쳐져 있는데, 드라 이아이스처럼 여기저기에 깔려 있어. 어느 누구도 일을 하지 않는단 다. 그래, 특히 너라면, 그곳이 아주 마음에 들 거야."

위대한 시인 윌리엄 버틀러 예이츠는 행복과 성숙이 곧 같은 것이 라는 사실을 깨달았을 때 인생의 돌파구를 찾았다. "행복은 이것도 저것도 아니에요." 예이츠는 이렇게 말했다. "행복은 곧 성장이고 성 숙이죠. 우리는 성숙할 때 행복해요." 당신 스스로도 이 점을 잘 느낄 수 있을 것이다. 스스로 성장하고 있을 때 우리는 행복하다. 그렇지 않은가? 그리고 당신이 이뤄낸 성장 가운데 노력 없이 생겨난 것은 하나도 없다.

나비가 번데기를 뚫고 나와 날아오르기 위해 애쓰는 모습을 담은 자연 다큐멘터리를 한번 보라. 그곳에서 노력을 찾아볼 수 있다. 나 비의 노력에 당신은 감동받을 것이다. 살아 있는 생명체에게 생기를 불어넣어주는 힘을 보게 될 것이다. 그것은 강력한 재발명의 힘이다. 「록키」라는 영화를 한번 보라. 노력과 즐거움 사이에 숨어 있는 연결고리를 발견할 것이다. 영화 속의 특정 장면에서 당신이 어떻게 반응하는지를 주의 깊게 관찰하라. 어디에서 소름이 돋는지, 언제 눈물을 흘리는지를 살펴보라. 그와 같은 눈물은 용기와 노력에 대한 반응으로 나타나는 것이다. 우리는 등장인물이 편안함과 안락함을 영위하는 장면에서 눈물을 흘리지 않는다. 그 영화를 볼 때 당신이 왜 목이 메는지에 관심을 기울여보라. 그것은 당신의 잠재적인 자아가 당신에게 뭔가 전할 말이 있다는 신호다. 그 자아는 당신 스스로의 번데기 안에 갇혀 있는 나비다. 그 나비는 세상 밖으로 나오길 원한다.

7

당신 아이라서가 아니다

나는 결코 입담 좋은 판매원이 아니다. 그렇지만 내 세미나를 '파는' 일에서만큼은 대단한 성공을 거두었다. 내 생각에 그 이유는 이 주제를 향한 나의 열정이 강연을 듣는 청중에게 곧바로 전해졌기 때문인 듯하다.

그렇지만 가끔 사람들은─교육에 관한 결정권을 쥐고 있는 관리자들이라든지 CEO 등은─이러한 정신의 주인의식이 무엇인지 이해하지 못한다. 그런 사람들은 이 정신 이야기가 신비주의 노선을 취하는 뉴에이지류의 '안일한' 교육일 것이라 상상하는 모양이다. 그래서 강연을 듣고 나면 직원들이 내면의 간디를 접촉하고, 방 안에서 맨발로 춤을 추며, 그렇게 두 번 다시 경쟁력 있는 사원으로 돌아오지 못하리라고 말이다.

그래서 나는 그런 부류의 최고경영자들에게 강력하고 경쟁력 있는 미국식 은유를 활용하곤 한다.

"혹시 자제 분들이 운동 경기를 한 적이 있나요?" 나는 이렇게 묻는다. 그러면 거의 언제나 그렇다는 답이 돌아온다.

"그렇다면 아이가 경기하는 모습을 봤을 때 어떤 감정이 들었는지를 상상해보세요. 자, 소프트볼 팀에서 활동하는 딸이 있다고 칩시다. 그 딸아이가 경기에 나갔을 때, 아이를 목청껏 응원하고, 아이가 속한 팀의 구호를 외칠 때 드는 기분이 분명 있을 거예요. 경기를 보러 가기 전에 얼마나 피곤한 상태였는지는 여기서 전혀 문제가 되지 않습니다. 그 순간의 기분이 이전의 모든 피로감을 씻어내니까요. 바로 그 기분이 정신의 주인의식입니다. 딸아이를 위해서 당신이 내면에 만들어낸 주인의식이죠. 제 강연은 당신의 삶을 위해서 어떻게 그런 정신을 만들어낼 수 있는지를 가르쳐드립니다."

"음, 잠깐만요." 최고경영자가 말한다. "한번 봅시다. 소프트볼 경기를 하는 내 딸아이를 응원하는 이유는 그 아이가 내 자식이기 때문이겠죠. 제가 느끼는 감정은 그런 상황에서라면 다른 아버지들도 충분히 느낄 법한 감정이에요. 단지 그럴 만한 상황에 놓였을 뿐이라고요."

"아니에요, 그렇지 않습니다." 나는 답한다. "그 감정은 당신이 만들어낸 거예요. 바로 그게 당신 스스로가 만들어낸 정신의 주인의식입니다. 딸아이의 팀을 열성적으로 응원하는 데 쓰인 에너지는 스스로 생겨난 거예요. 팀원들의 정신도 마찬가지고요."

"글쎄요, 저는 그렇게 생각하지 않는데요." 최고경영자는 말을 이어간다. "제 생각에 그 감정은 자식들을 대할 때면 자연스럽게 생겨나는 감정이에요. 제 혈육인 아이가 경기하는 모습을 보면서 말이죠."

"그건 혈육과는 아무 상관이 없어요." 내가 말한다. "그 감정은 우리 모두가 각자의 정신과 맺고 있는 연결고리와 관계된 것입니다."

"동의할 수 없군요." 그가 말한다.

"그렇다면 한 가지 질문을 드리겠습니다. 당신이 그렇게 응원하던 바로 그 딸아이가, 몇 년이 지난 뒤에 사실은 친딸이 아닌 것으로 밝혀진다면 어떨까요? 어쩌면 아내 분이 당신이 생각하던 것보다 훨씬 뛰어난 유머 감각의 소유자일지도 모르고요. 다만 미처 그 사실을 얘기하는 걸 깜박했던 것이면 말입니다. 그렇다 해도 당신은 그 아이를 위해서, 누군가의 아이를 위해서, 몇 년 동안 응원해오지 않았나요! 그렇다면 응원을 펼치는 바로 그 쾌활한 정신은 과연 어떻게 생겨난 것일까요?"

이 대목에서 최고경영자는 다소 언짢은 기색을 띤다. 그렇지만 한편으로는 내 주장에 좀 더 마음을 연다. 그가 깨달았으면 하는 바는 우리 안에 어떤 종류의 정신이나 정신이 깃들었든 간에—학교 정신이든, 팀 정신이든, 순수한 정신이든—그것은 얼마든지 의도적인 창조를 통해서 만들어낼 수 있다는 사실이다. 우리 자신이 바로 그것을 책임지고 있다.

"혹시 개를 기르시나요?" 내가 묻는다.

"그렇습니다." 최고경영자가 답한다. "조그맣고 약한 녀석이지만, 우리 가족이 무척 아끼면서 기르죠."

"좋습니다." 나는 말을 이어간다. "당신이 기르는 작은 개가 길을 건너고 있는데, 이웃집에서 그 개를 향해 돌을 던지는 모습을 본다면 어떻게 하시겠습니까?"

"이웃이 그 행동을 후회하게끔 만들 거예요."

"그래요. 그렇다면 당신은 그 개에 대해서 꽤나 강한 주인의식을 지니고 있군요. 그 주인의식은 어디서 온 걸까요? 유전적인 것과는 아무 상관이 없을 거라 생각되는데요. 혈육과는 무관하니까요."

이제 그는 사실을 깨닫기 시작한다.

얼마 전 나는 한 친구에게 물어본 적이 있다. 그 친구에게 주인의식이란 어떤 의미인지를 말이다. 그는 곧바로 답을 해주었다.

프레드 나이프는 에미상을 네 번이나 받은 텔레비전 작가이자 배우이며, 작사가이고, 코미디언이다. 그는 글과 코미디를 통해 인간의 어리석음이 만들어내는 웃음을 보여준다. 그렇지만 그가 이제껏 해낸 가장 창조적인 작업은 바로 자기 인생 방향을 결정하는 작업이었다. 대부분의 사람들이 무언가 예상할 수 있는 범위 안에서 안전한 업무에 정착하는 반면 프레드는 언제나 자신의 정신을 좇아서 관습에 얽매이지 않는 글쓰기와 공연을 시도했으며, 그렇게 자신의 활동 반경을 끊임없이 넓혀왔다. 한 해 한 해 흘러갈수록 그는 자신의 진로에 대한 주인의식을 점차 드높여간다.

프레드는 이렇게 말했다. "무언가의 주인이 된다는 건, 그것이 자기 것이라고 선언하는 일이야. 자신의 몫을 요구하는 일이지. 네가 가치를 두며 보호할 대상으로 삼겠다는 뜻이야. 그 대상이란 결혼 생활일 수도 있고, 우정일 수도 있고, 기술일 수도 있고, 모험일 수도 있고, 성공일 수도 있고, 실수일 수도 있지. 우리는 그렇게 선언하면서 자신만의 가치를 만들어나가는 거야. 우리는 각자의 삶의 주인이 될 수 있어. 우리 삶을 마치 운명에 내맡긴 척하는 대신에 말이야."

무언가의 정신적인 주인이 되는 일, 그러니까 무언가를 완전히 창조적으로 소유하는 일의 힘을 일단 깨달으면, 점차 더 많은 상황과 대상을 장악할 수 있다. 자신의 삶을 흘러가는 대로 운명에 내맡긴 양 지내고 싶지 않다는 마음이 들 것이다. 살면서 마주하는 많은 외적인 환경은 마치 운명에 달린 것처럼 보일 수 있다. 하지만 뭐 어떤가? 당신의 정신으로 다시금 그 주위를 에워싼다면, 당신이 즐길 수 없는 환경적 조건 따위는 없다.

자신의 에너지와 정신을 장악하게 되면 책임을 지는 일의 긍정적인 측면을 알게 될 것이다. 책임감은 그간 오명을 입어왔다. 우리는 책임감을 죄와 비난과 연결 지어 바라본다. 그렇지만 높은 수준의 의식과 연관 지어보면 책임감은 아주 멋진 것으로 탈바꿈한다. 긍정적인 시각으로 바라볼 때 책임감은 아주 강력한 것이 된다. 그것은 바로 당신의 반응을 선택할 수 있는 능력이다. 책임감은 곧 우리의 반응 기술이자 반응 능력이다.

목표를 세울 때 완전히 책임을 지는 법을 배운다면, 당신은 아주 짧은 시간 안에 그 목표를 이룩할 것이다. 하나의 문제를 완전히 장악하는 법을 배운다면, 그 문제는 이제 없는 것이나 다름없다. 다만 우리는 책임감이 지닌 부정적인 측면에 너무 겁을 먹은 나머지, 신속한 반응의 시간을 가꾸는 순전한 즐거움을 놓치며 지낼 뿐이다.

지금 이 순간을 사는 것

완전한 집중이야말로 인간의 위대한 업적을 가능하게 하는 열쇠다. 그것과 대척점에 있는 집착은 모든 업적의 적이라고 할 수 있다. 이 내용을 받아 적어라. 이것이 당신의 삶을 바꿔줄 테니 말이다. 집착은 모든 업적의 적이다.

어떤 활동을 하든 간에, 집착은 당신의 발목을 잡으며 훼방을 놓는다. 요리를 하거나, 사랑을 하거나, 차를 운전하거나, 골프를 치거나, 정원을 가꾸거나, 그림을 그릴 때 등등 모든 일에 해당된다.

가장 높은 형태의 집중을 장악하라. 그 집중이란 바로 당신이 지닌 모든 것을 당신이 놓여 있는 상황에 기꺼이 쏟아붓겠다는 마음가짐이다. 지금 이 순간을 사는 것이다. 그렇게 하면 당신의 정신은 깨어나서 당신과 함께 즐거움을 누릴 것이다.

"삶 속으로 돌아와요!"
———

언젠가 어느 여성이 이런 얘기를 한 적이 있다. 일요일 오후부터 온종일 친구들과 카드놀이를 하며 보내서 기분이 별로라고 말이다. 사실 그날은 딸아이와 함께 놀고 싶었다면서.

"친구 분들한테 왜 싫다고 얘기하지 않았어요?" 내가 물었다.

"친구들 기분을 상하게 하고 싶지 않았거든요. 이전 주에도 벌써 저에게 같이 놀자고 물어봤었어요. 그때 고모가 아프셔서 병간호를 하느라 친구들하고 시간을 보내기 어려워 거절했거든요."

"그러면 지난주에는 카드놀이를 하고 싶었었나요?"

"그럼요. 우리 딸도 마침 집을 비운 참이었고요."

"카드놀이를 하고 싶었다면, 왜 안 했던 겁니까?"

"고모가 아팠으니까요. 저 말고는 병간호를 해줄 사람이 없었어요."

"왜요?"

"고모부가 골프 여행을 가 있었거든요. 그 이튿날까지는 돌아오지 않을 예정이었죠."

"당신은 왜 고모의 부탁을 거절하지 않았나요?"

"고모의 마음을 상하게 하고 싶지 않았으니까요."

"그렇다면 당신은 거절하는 일을 피하기 위해서라면 딸아이와의 관계도 희생할 의향이 있는 겁니까?"

"저는 어느 누구의 기분도 상하게 해서는 안 된다고 배웠어요. 언젠가는 저녁식사 도중에 텔레마케터에게서 전화가 걸려와서, 식사 자리를 떠나 30분 동안 그 사람과 통화한 적이 있어요. 단지 전화를 끊기가 어렵다는 이유만으로요. 그런데 통화가 끝나고 나서 자리로 돌아오니 기분이 안 좋았어요. 다른 가족들이 저를 빼고 식사를 마친 상태였거든요. 제가 낯선 사람과 통화하는 동안에 말이에요."

"당신에게는 그 텔레마케터가 가족보다 더 소중한가요?"

"당연히 그렇지 않죠."

"그렇다면 왜 그 텔레마케터에게 식사하는 중이라고 얘기하지 않은 거죠?"

"무례하게 굴어서는 안 되니까요. 그 사람 전화를 끊을 수가 없었어요. 저는 어느 누구와의 대화도 중간에 그만두지를 못해요. 그렇게 교육받고 자라왔거든요."

"가족과 식사하는 자리는 잘도 떠났잖아요! 당신은 자신에게 중요하다고 하는 사람들과의 자리를 언제나 떠나고 있어요. 그 사실을 직시해보세요. 그리고 싫다고 말하는 것도 연습해보세요. 하루 종일 말이에요. 싫어, 안 돼, 아니야, 싫어, 싫어! 이렇게 말이죠. 자기 삶속으로 다시 돌아와요!"

스프링클러 같은 내 머릿속

—

몇 년 동안 내 삶은 정처 없이 흘러왔으며, 경제적으로도 큰 혼돈에 빠져 있었다. 나의 본질적인 문제는 바로 주인의식이 부족하다는 거였다. 나는 병적인 집착에 시달렸다. 한 번에 수천 가지 일을 붙들고 있었다. 규칙도 방향도 거의 없다시피 해서(이 두 가지는 서로 동일하다, 정말로), 생각은 이리저리로 쉽게 흩어져버렸다. 내 의식이라는 것은 마치 정원에 있는 스프링클러 같아서, 물줄기를 안개처럼 내뿜는 분사구가 달려 있는 듯했다. 초점도 없고, 힘도 없었다.

나는 하루에도 오만 가지 생각을 했다. 내 감정이 생각을 통제하고 있었다. 어떤 감정이 들 때면, 내 생각은 즉시 그곳으로 향했다! 나는 지구상에서 가장 산만한 사람이었을 것이다. 나는 정말 얇게 흩어져 있어서, 누가 나를 본다면 속이 고스란히 들여다보일 정도였다.

그렇게 날마다 오만 가지 생각을 하자, 내 삶은 엉망이 되었다. 나는 마치 1달러짜리를 백만 개의 서로 다른 은행에 저금해놓은 백만장자나 다름없었다. 그런 식으로 사는 것은 전혀 체계가 잡히지 않은 생활 방식이어서, 어떤 것이든 내 주의를 쉽게 끌 수 있었다. 나는 그 어떤 것도 거절할 수가 없었다.

나는 코칭을 담당하는 고객에게서, 그리고 함께 일하는 동료에게서 많은 불평을 접한다. 이들은 이전의 내가 그러했듯 산산이 흩어진 채로 인생을 살아가는 사람들이다. 그 사람들은 마치 정신을 흩뜨리는 수많은 미세한 일 때문에 죽어가는 것 같다. 수많은 작은 상처에서 피를 흘리며 말이다. 그 사람들은 타인의 요구와 요청 탓에 진이다 빠진다고 하소연한다. 거절해서는 안 된다고 배우면서 살아온 바로 그런 삶 말이다.

당신이 되고자 하는 사람을 발명할 수 있는 능력은 '거절 근육'이라고 알려진 근육을 단련하고자 하는 마음에 달려 있다. 이 근육은 거의 잘 쓰이지 않는 근육이다. 이 근육을 한 번도 사용한 적이 없다면 막상 일이 닥쳤을 때 이 근육은 작동하지 않을 것이다. 일을 해내기에는 너무 약한 상태일 테니까. 그래서 동료나 가족 등이 어떤 부탁을 하더라도 당신은 버티지 못하고 손쉽게 끌려나갈 것이다.

수락 근육을 스트레칭하라

거절 근육을 키우는 열쇠는 우선 당신의 '수락 근육'을 키우는 데 있다. 당신에게 중요한 일부터 먼저 수락하는 습관을 들인다면 중요하지 않은 일을 거절하기가 점점 더 쉬워질 것이다.

목표와 우선순위 목록을 만드는 것은 당신에게 중요한 것을 수락하기 위한 하나의 방법이다. 좋아하는 일을 하고, 또 좋아하는 사람들과 보내는 시간을 구체적으로 확보하는 습관을 기르면 당신을 방해하려는 사람들에게 거절 메시지를 전하기가 아주 쉬워질 것이다. 인생은 춤이다. 그러니 이 춤을 건너뛰려 하지 마라.

토요일에 아들과 점심을 먹고 영화를 보러 가겠다는 계획을 한 주 앞서 세워놓으면, 누가 그날 가구를 옮기는 일을 도와달라고 부탁하더라도 이를 거절하는 것이 아무런 문제가 되지 않는다. "우리 아이와 약속한 일이 있는데 그걸 깰 수가 없네." 이렇게 말하면 사람들은 이해할 것이다.

아무런 목표도, 계획도, 약속도 없을 때 혼란이 시작된다. 당신이 전혀 신경조차 쓰지 않는 사람들이 당신의 시간을 죄다 빼앗아갈 것이다.

계획을 세우는 일은 이를 통해 스스로의 삶을 살 수 있다는 점에서 큰 가치가 있다. 계획을 세우면 더 강한 힘과 집중을 이룩하게끔 스스로를 끊임없이 다시 발명하고 만들어나갈 수 있다. 계획은 당신에게 책임감을 심어준다. 계획은 당신에게 가장 중요한 것에 집중하게끔 만들어준다. 그러니 계획을 세우면 브로드웨이에서 곧잘 울려퍼지는 뮤지컬 『오클라호마』 주제가 「나는 단지 거절하지 못하는 소녀일 뿐인걸(I'm Just a Girl Who Can't Say No)」을 주야장천 부르면서 돌아다닐 일도 없을 것이다.

스스로에게 다음과 같은 질문들을 던져보라.

나에게 가장 중요한 목표는 무엇인가?
그 목표를 위해서 나는 얼마나 많은 시간을 쏟고 있는가?

어떤 사람들이 내게 가장 소중한가?

나는 그 사람들에게 얼마나 많은 시간을 할애하는가?

우리는 우리의 생각대로 살게 된다. 재발명은 재발명을 위한 계획을 통해 시작된다. 계획은 그 자체로 당신의 가장 중요한 우선순위라고 할 수 있다. 매일매일 생각과 계획을 위한 시간을 확보해두어라. 처음에는 어색한 기분이 들 것이다. 마치 아무것도 하지 않는 것처럼 느껴질 것이다. 그렇지만 분명히 무언가를 하는 중이다. 당신은 예상했던 수준을 뛰어넘는 성과를 거두기 시작할 것이다. 계획을 세우는 시간은 완전히 열려 있고 창조적인 시간이기에, 그 결과로 무엇을 발견하게 될지를 미리 상상할 수 없다. 그래서 대부분의 사람들이 계획을 꺼리는 것이다. 미지의 세계에 대한 두려움 때문에 말이다. 그러나 당신은 머지않아 깨달을 것이다. 그 미지의 세계는 사실 바로 당신 편이었다는 것을. 그 세계는 당신을 해치지 않는다. 미지의 세계에서, 모든 좋은 것들이 생겨나고 만개한다.

8

그렇다고 이불 속이 안전할까

안전지대는 잠시 휴식을 취하는 공간이다. 우리가 평생 뿌리내리고 살 곳은 아니다.

더그 그랜트는 작업 중이던 공사현장에서 떨어지는 바람에 병원 신세를 지며 한동안 허리 아래가 마비된 상태로 지내게 되었다. 병원에 입원한 지 며칠이 지나자 간호사와 상담사가 찾아오기 시작했다. 그가 상황을 잘 받아들일 수 있도록 도와주려는 사람들이었다. 이들은 정신적으로 이 상황을 어떻게 받아들이면 좋을지를 조언해주려 했다.

"그 사람들에게 점점 더 화가 나더라고요." 세미나 도중 쉬는 시간에 그가 내게 말했다. "몸이 마비된 상황을 대하는 법을 배우라고 계속 요구했어요. 그건 전혀 내가 원하는 바가 아닌데도 말이죠. 나는 알고 있었거든요. 정말로 바라는 것에 정신을 완전히 집중해야 한다는 걸요. 그리고 내가 원하는 건 바로 걷는 거였고요."

더그는 자신이 원하지 않는 것 대신 진정으로 원하는 것에 집중한다면, 바로 원하는 것을 이룰 수 있는 길을 찾게 되리라고 확신했다.

"결국 나는 이렇게 통보했어요. 병원에서 내 마비된 몸을 '다루는' 법을 가르쳐주려는 사람을 또 보낸다면, 그 사람은 바로 자기 자신의 마비된 몸을 다루는 신세가 될 거라고 말이에요."

더그 그랜트는 병상을 떨치고 일어나 다시 걷게 되었을 뿐만 아니라, 세계 역도 선수권 대회에서 금메달을 거머쥐는 영광까지 누렸다.

더그는 말했다. "사고를 겪은 뒤에 건강과 운동에 열정을 품고 미치게 됐어요."

그는 자신의 '비극적인' 상황을 장악해버렸다. 그는 스스로를 주인으로 다시 발명했다. 주인들이란 모든 사물과 모든 사람을 자신의 스승으로 삼는 법이다. 심지어 실패에서도 배운다.

더그 그랜트는 최근에 내 세미나에 다시 한번 참석했다. 그리고 쉬는 시간에 찾아와 자신의 이야기를 내게 되새겨주었다. 세미나 도중 어떤 참석자의 질문에 내가 영 시원찮은 대답을 내놓았기 때문이다. 상황은 이러했다. 어떤 젊은 남성이 내게 물었다. 진짜로 고통을 겪는 상황이 찾아올 때, 주인의 사고방식과 희생자의 사고방식 사이에 어떤 차이가 있느냐고 말이다. 그리고 더그 그랜트야말로 고통에 관해서라면 전문가라 할 수 있지 않겠는가.

"다른 것은 전혀 생각하지 않고 고통에 대해서만 생각한다면, 절대로 아무것도 할 수 없을 거예요." 더그가 지적한 것은 바로 이 점이었다. "우선 고통을 있는 그대로 받아들이고, 그런 다음 당신이 원하는 것에 완전히 집중해야 합니다. 원하는 것에 더욱 집중할수록 고통은 점점 더 사소하며 중요치 않은 것이 되어갈 테니까요."

주인은 자신이 원하는 것에 집중한다. 희생자는 자신이 두려워하는 것에 집중한다. 그리고 이 둘이 취하는 태도는 모두 순수하게 내면에서 만들어진 발명품이다.

더그가 사고를 겪은 뒤, 간호사와 상담사들은 더그를 안전지대 안으로 옮겨서 마음을 안정시키려고 했다. 우리 사회는 안정과 편안함이야말로 최고선이나 다름없다고 생각한다. 대화나 협상 자리에서 우리는 종종 이런 말을 듣는다. "우리 모두 편하다고 느낄 만한 방법을 찾았으면 좋겠어요." 그렇게 말하면 양쪽 모두 그 '편안함'이야말로 더 이상 묻고 따질 것 없는 궁극의 가치라고 여긴다. 그런데 정말 그럴까?

아메바조차 도전을 즐긴다

사람들은 직장에서 은퇴할 날만 손꼽아 기다린다. 그러고 나면 엄청난 편안함을 누릴 것이라 상상하기 때문이다. 그렇지만 정작 은퇴한 사람들은 전보다 병원에 더 자주 가고, 더 많은 진단서를 끊으며, 때로는 우울증이 심해지기도 하고, 어떤 경우에는 일찍 죽음을 맞이한다. 인간의 본성이란 사실 편안함을 추구하지 않는다. 인간은 도전을 원한다. 모험을 바라는 것이다. 여기서 '인간'이라는 말을 '모든 생명체'라고 바꾸어도 아마 별 무리가 없을 것이다.

스튜어트 에머리에 따르면, 캘리포니아에서 아메바를 대상으로 진행된 놀라운 실험이 하나 있다. 그의 저서 『실현*Actualizations*』에서 소개한 그 실험은, 두 개의 탱크에 아메바들을 나누어 담은 뒤, 이 유기체들에게 가장 적합한 환경이 무엇인지 알아보기 위한 것이었다.

한 탱크에 담긴 아메바들에게는 완벽하게 편안한 환경이 제공되었다. 온도며 습도, 수면의 높이, 그리고 그 밖의 다른 조건들이 아메바가 살고 증식하기에 가장 적합한 수준으로 계속 유지되었다. 그리고 다른 탱크에 있는 아메바들에게는 끊임없이 충격이 가해졌다. 수심이라든지 온도, 단백질의 양, 그리고 온갖 요소들의 수치가 정신없이 오락가락하며 변화했다.

놀랍게도 후자처럼 훨씬 혹독하고 어려운 환경에 놓인 아메바들이 편안한 환경에 있던 아메바들보다 더 빠르고 강하게 자라났다. 연구자들은 이렇게 결론을 내렸다. 환경이 너무 완벽하게 갖춰질 경우, 이 때문에 생명체들이 쇠퇴하고 죽을 수 있다고 말이다. 반면, 역경을 극복해야 하고 도전이 필요한 환경은 생명체의 힘을 길러주고 생명력을 키워주는 것으로 밝혀졌다.

이 같은 연구 결과는, 전쟁이 벌어질 때마다 미국 국내의 자살률이 왜 항상 감소했는지를 설명해줄 수 있을지 모른다. 그리고 안락한 사회안전망이 모든 국민에게 보장되는 덴마크 같은 나라가 어째서 세계에서 가장 높은 자살률을 보여주는지도 말이다. 죽음과 안전지대는 서로 크게 다르거나 멀지 않다. 안전지대에서 죽음으로 넘어가는 것은 순식간이다. 틀에 박힌 안락한 생활과 무덤 사이의 거리는 겨우 몇 발짝밖에 안 된다.

9

보이는 게 전부는 아니다

내가 어릴 때 나의 우상은 우리 아버지였다. 아버지는 동년배 중에서 가장 큰 성공을 거둔 젊은 사업가 축에 들었다. 2차 세계대전에 참전한 전쟁 영웅이었던 아버지는 전쟁이 끝나고 집으로 돌아와 사업을 새로 시작했으며, 엄청난 활력을 내보이며 자신의 인생을 이끌어갔다. 얼마 전까지만 해도 아버지는 미국 중서부 지역의 수많은 공업 회사들을 이끄는 회장이자 최고경영자였다. 그는 에이비스 렌터카의 수장인 워렌 에이비스의 오른팔 같은 사업 파트너가 되었다.

내가 어렸을 때 아버지의 작은 전용기를 타고 펜실베이니아와 뉴욕에 있는 아버지 소유의 회사들을 방문한 기억이 있다. 그때 나는 우리 아버지가 미국 최고의 영웅이라고 생각했다. 사업 때문에 미국 곳곳으로 날아다닐 일정이 없을 때면, 아버지는 우리 집 건너편 농구장으로 와서 내가 친구들과 하는 농구 경기에 끼어서 함께 놀곤 했다. 거의 언제나 아버지가 이겼다. 그는 코트를 장악한 것처럼 경기를 했다.

"욕망이야." 아버지는 종종 내게 말했다. "욕망이 전부다. 욕망이 충분히 있다면, 너는 원하는 어떤 것이든 해낼 수 있어. 내가 장담한다. 정말 어떤 것이든지 가능해."

아버지는 나를 디트로이트 라이언스 팀이 경기를 펼치는 풋볼 경기장에 종종 데려갔다. 아버지는 그곳 풋볼 경기장에서 펼쳐지는 욕망의 힘을 강조했다. 아버지가 제일 좋아한 풋볼 선수는 도크 워커였다. 워커의 포지션은 후방에 있다가 공을 받아 달리는 러닝백이었다. 라이언스 팀이 결정적인 난관에 부딪혀 좋은 방어가 필요한 순간이 다가왔을 때, 라이언스는 경기를 잠시 중단하고 도크 워커를 시합에 투입했다. 그의 체구는 작았지만, 완벽한 방어를 위한 열정 덕분에 체격 따위는 아무 문제가 되지 않았다. 워커는 경기 진행 방향을 언제나 속속들이 꿰고 있는 것처럼 보였다. 그는 두려움이라고는 찾아볼 수 없는 공격적인 선수였다.

아버지는 내게 그런 더크 워커의 모습을 보여주는 걸 좋아했다. 당시 나는 지금 보는 풋볼 선수의 경기 방식이 마치 아버지가 인생을 사는 방식과 같다는 것을 알 수 있었다. 욕망을 품고 경기장을 누비던 워커의 모습이 말이다.

그리고 아버지의 인생에 예상치 못했던 일이 닥쳤다. 그런 일이 일어날 줄 누가 알았겠는가? 미국인들이 매일같이 보고 듣는, 안락함이 얼마나 추구할 만한 가치인지 매일같이 외치는 2천 가지 광고들과 어떤 연관이 있었던 걸까? 우리가 '오늘 당장 휴식을 취할 권리가 있어'라고 확신하는 데에는 뭔가 깊숙한 곳에 숨어 있는 문화적인 요인이라도 있는 걸까?

지금의 나는 '편안한 삶을 살라'고 속삭이는 목소리가 악마의 목소리라고 확신한다. "신경 끄고 정신줄을 놓아버리자고, 베이비"라며 속삭이듯 노래하는 마돈나의 유혹적인 목소리도 기억한다. 정신의 주인들도 때로는 유혹에 빠질 수 있다는 것은 고통스럽지만 사실이다. 주인도 가진 것을 완전히 잃을 수 있다. 엘비스 프레슬리를 보라. 말론 브랜도를 보라. 젊은 시절에는 주인으로 거듭났지만, 그 뒤로 폭식과 안락함의 희생자가 되어 살아간 사람들 아닌가. 추수감사절 퍼레이드에서 사용하는 행사 차량처럼 거대한 몸집으로 부풀어서 말이다. 한창때의 그들과는 상반되는 기괴한 모습이 아닐 수 없다. 순식간에 주인에서 희생자로 추락한 것이다.

우리 아버지는 40대라는 이른 시기에 은퇴했다. 모든 것을 그만두고 쉽게 쉽게 인생을 즐기며 살겠다고 결심했을 때에, 아버지는 엄청난 백만장자였다. 그리고 술독에 빠져 생을 마감했다.

아버지가 죽기 전에 보낸 마지막 20년 동안의 '편안한' 생활 속에서, 유일한 진짜배기 즐거움은 과거를 회상하는 일밖에 없었다. 그가 들려주는 이야기는 고난과 모험으로 가득 찬 영광의 날들로 되돌아가곤 했다. 살아온 이야기를 들려줄 때면 언제나 가장 힘들었던 도전들에 대해서 말하곤 했다.

나는 아버지를 무척이나 사랑했다. 지금도 아버지를 떠올리면 여전히 사랑하는 마음이 든다. 안락함에 젖어 죽음에 이르는 아버지의 모습을 지켜보는 것은, 내 소년 시절의 또 다른 우상이었던 엘비스 프레슬리의 똑같은 말로를 접하는 것과 비슷한 기분을 안겨주었다. 나는 두 사람 어느 누구도 비난하지 않는다. 나는 그 사람들을 존경한다. 그리고 그들의 전철을 밟지 않겠다고 스스로에게 다짐한다. (솔직히 고백하자면, 그들처럼 안락함에 빠져들려고 이미 시도한 적이 있다. 그러느라 거의 죽을 뻔했고 말이다.) 두 사람의 인생은 안전지대로 향하는 길이 어떤 것인지를 똑똑히 보여주었다. 그리고 우리는 둘의 삶을 통해 큰 교훈을 얻을 수 있을 것이다. 물론 얻지 못하는 이들도 있겠지만 말이다.

안락함에 취해 죽음에 이르려던 젊은 시절의 시도는 내게 무언가를 분명히 가르쳐주었다. 지금까지 살아온 가치가 있다고 느낄 정도로 그 깨달음은 컸다. 술과 마약을 처음 접할 때는 새로운 삶을 얻는 듯한 기분이 들었다. 아무 노력 없이도 정신을 만날 수 있는 방법이랄까. 처음에는 지루하고 따분한 의식 세계가 술과 마약 덕분에 뭔가 더 자유롭고 있는 그대로의 모습으로 변모하는 느낌이었다. 하지만 이건 애초부터 잘못된 화학적 거짓말이었다. 아주 큰 거짓말인 것이다.

중독은 죽음에 이르게 하는 치명적인 속임수 게임이다. 뭔가에 중독된 사람들은 점점 그 약물이 없으면 안 되는 상황에 이른다. 단지 중독되기 전에 느끼던 평범한 기분을 느끼기 위해서라도 약물에 의지해야 하기 때문이다. 그러니까 그냥 보통 기분 상태가 되려면 약물이 꼭 필요해진다. 평범한 사람들이 보내는 평범하고 꿀꿀한 하루를 보내기 위해, 중독자들은 엄청난 양의 약을 사들이고 많은 용량을 투여해야만 한다. 그래 봤자 평범한 기분을 느끼는 것뿐이지만! 예전에는 분명히 정신을 만날 수 있는 정말 멋진 지름길처럼 느껴진 방법이었는데 말이다.

이러한 일련의 중독 양상은 화학물질로는 가짜 정신밖에 만들 수 없다는 사실을 보여준다. 그건 진짜 정신이 아니다. 그리고 그것이 가짜 정신인 이상, 우리를 파괴하고 만다. 가짜 정신은 그동안 좇아온 것들을 아무 노력 없이 빠르게 얻은 것처럼 우리를 속인다.

순식간에 부자가 되는 것.

하늘을 나는 기분을 느끼는 것.

나는 행운아라고 생각하는 것.

보편적이며 핵심적인 원칙들은 노력 자체가 중요하다는 사실을- 심지어 아름답기까지 하다는 사실을-우리가 인지하기를 바란다. 그 노력 자체가 바로 행운이다. 그런 노력을 화학물질로 회피하려는 시도는 가장 암울한 역효과만 가져올 뿐이다.

사람들의 눈이 행복으로 반짝이는 순간에 어떤 이야기를 하는지 스스로 잘 관찰해보라. 그러한 눈빛은 대개 역경을 딛고 일어섰거나 도전을 감행한 이야기를 할 때 뿜어져 나온다. 처음 참가한 마라톤 경주, 회사에서 맡았던 첫 발표, 중요한 미식축구 경기, 아이를 출산하느라 고생한 일 등등, 모두 노력과 용기가 필요한 일들이다. 사람들을 흥분하게 만드는 일이 무엇인지 파악하는 건 흥미로운 작업이다.

또 안락함을 얘기하는 사람들이 전처럼 많지 않다는 사실도 잘 살펴보라. 만약에 내가 『인류의 안락함의 위대한 순간들』이라는 책을 썼더라면, 아마 아무도 그 책을 사지 않았을 것이다. 그 책이 웃기려고 작정한 책이라고 여기지 않는 한은 말이다. 그리고 어느 누가 봐도 그건 우스운 제목일 테고.

죽음의 순간을 맞이할 때, 더 편안한 삶을 살지 못한 것을 후회한 다든가, 현실을 외면하고 숨어들 만한 쉽고 안락한 안전지대를 찾지 못한 것을 후회하지는 않을 것이다. 당신은 더 많은 모험을 감행했더라면 어땠을까를 상상할 것이다. 더 크게 목소리를 냈어야 했다고 아쉬워할 것이다. 망설여지는 일도 더 많이 시도해봤어야 했다고, 스스로를 다시 한번 만들어내고 발명했어야 했다고.

10

한번쯤 떠나보고 싶은 여행길

희생자는 요즘에는 영웅적인 사람들이 없다는 말을 즐겨 한다. 그렇지만 한 발짝 물러서 보면 더 큰 그림이 보일 것이다. 잠재적으로 따져본다면 수많은 영웅들이 있다.

사람들은 누구나 영웅이 되는 여정을 떠날 수 있다. 게다가 인류 역사상 그 어느 때보다도 오늘날의 사람들은 자신을 찾아 떠나는 여정에 지대한 관심을 키워가고 있다. 그래서 그 어느 때보다도 더 사람들은 자신의 바람과 모험에 책임을 질 준비가 되어 있다. 영화 「오즈의 마법사」의 인기가 나날이 늘어가는 놀라운 현상을 떠올려보라.

『오즈의 마법사』는 라이먼 프랭크 바움이 쓴 책인데, 나도 어릴 적에 홀린 듯이 읽었던 기억이 난다. 이 책도 사람들에게 꾸준히 매력적인 작품으로 여겨진다. 사람들이라면 누구나 떠나보고 싶은 여정에 대한 은유가 담겨 있기 때문이다. 그 여정이란 타인에 대한 완전한 의존 상태에서 시작하여(어머니 배 속에서 시작한다고 할 수 있다) 타인으로부터의 짜릿한 독립으로 이어지는 길이다. 이러한 독립은 내면의 정신과 점차 단단히 결속함으로써 이루어진다.

왜 그렇게 많은 가정에서 여전히 「오즈의 마법사」를 보는 걸까? 다른 흥미진진한 영화도 널리고 널렸는데 말이다.

오즈의 마법사를 찾아서

「오즈의 마법사」 속 세계에서 옐로 브릭 로드를 따라 이어지는 여정은 사람들이 삶 속에서 펼치는 여정을 고스란히 반영한다. 대부분의 사람들은 그와 같은 마법사를 찾아 몇 년을 보낸다. 우리에게 필요한 지혜를 주고, 또 역시나 꼭 필요한 용기를 주며, 계속 살아가기 위해 필요한 심장을 줄 수 있는 그런 마법사 말이다. 영화에서 마법사는 주인공인 도로시와 친구들이 여행을 떠날 때부터 이미 지혜와 용기, 그리고 심장을 지니고 있었다는 말을 들려준다. 그것은 모두 각자의 내면에 있었다.

우리들 저마다의 여정은 어머니 배 속에 들어 있을 때부터 시작한다. 자궁 안에 있을 때 사람들은 완전히 의존적으로 살아간다. 가장 처음으로 분출하는 독립의 순간은 어머니 몸에서 분리되어, 문자 그대로 어머니에게서 물리적으로 독립하는 바로 그때다.

인생이라는 여정에서 맞이하는 두 번째 독립의 순간은 집을 떠나서 세상 속으로 들어가 사회생활을 하면서 스스로 밥벌이를 하기 시작하는 때다. 이 독립의 순간은 많은 사람들에게 매우 힘겹고 고달픈 것이어서, 되돌아가고픈 기분을 안겨준다. 그래서 어떤 사람들은 이렇게 '되돌아가는' 방법의 일환으로, 정서적으로 완전히 의존할 수 있는 짝을 구하기도 한다. 그러니까 부모 역할을 대신하는 일종의 대체물이라고나 할까. 그렇지만 이건 아무 소용이 없다. 어느 누구도 다 큰 어른을 위해 부모 노릇을 대신해줄 수는 없기 때문이다.

하지만 그런 식으로 의존하는 것이 우리에게 사실 전혀 필요 없다는 사실을 분명히 깨닫는다면, 그리고 독립을 향해 가는 여정에는 우리가 마주해야 할 훨씬 더 많은 단계와 발전이 있다는 사실을 알아차린다면, 우리는 여행을 계속할 것이다. 순수한 발전의 기쁨을 차곡차곡 누리고, 스스로를 다시 발명하면서, 여정을 이어갈 것이다.

수영하는 방법이라든지 자전거를 타는 방법 같은 것은 유전적으로 배울 수도 없으며, 세미나를 듣는다고 알게 되는 것도 아니다. 그런 지식은 지극히 개인적인 방법으로 터득할 수밖에 없다. 독립을 향한 여정을 계속하겠다는 지혜 또한 마찬가지다.

자기만의 방

가끔 어떤 사람들은 독립을 향한 여정의 초반에 놀라운 성과를 거뒀음에도 그 성과를 미처 인식하지 못할 때가 있다. 엘비스 프레슬리의 생애를 한번 살펴보라. 텔레비전에 처음 출연했을 때 엘비스 프레슬리는 기쁨으로 가득 찬 독립성과 용기를 선보이며 전 세계 사람들을 매료했다. 엘비스처럼 엄청난 에너지와 열정을 품고 노래를 부른 백인은 없었다. 엘비스처럼 많은 것을 내려놓은 채 무대 위에서 자유로운 정신을 선보인 백인은 없었다. (앨 졸슨이 시도한 적은 있다. 하지만 그런 공연을 선보이기 위해 앨 졸슨은 아프리카계 미국인처럼 분장해야만 했다.)

엘비스 프레슬리 이전에 무대에 올라 노래하던 백인 가수들은 마치 만화영화 「클러치 카고(Clutch Cargo)」에 나오는 등장인물들 같았다. 아주 수동적인 동작을 하며, 오로지 입만 살아 움직이는 등장인물들처럼. 그 가수들의 나약한 목소리로는 꽁꽁 언 마음을 녹일 수 없었다.

열세 살 때 엘비스 프레슬리의 모습을 처음 봤던 일이 기억난다. 미시건주의 한적한 교외 지역인 버밍햄에 살 때였다. 나는 거실 텔레비전 앞에 앉아서 토미 도시와 에드 설리번이 진행하는 프로그램에 등장한 엘비스 프레슬리의 모습을 보고는 깜짝 놀랐다. 과연 그렇게 크나큰 자유와 날것 그대로의 기쁨을 느끼고, 또 그것을 노래로 풀어낼 수 있는 사람이 또 있을까? 마치 고양이를 잡아먹은 한 마리 카나리아처럼 웃음 지으면서, 그렇게 다양한 모습과 에너지로 노래할 사람이 감히 엘비스 프레슬리 말고 누가 있겠는가? 그를 보면서, 인생은 내가 꿈조차 꾸지 않았던 새로운 가능성으로 가득 찬 것이 되었다. 그런 가능성을 펼칠 수 있는 건 어떤 사람일까?

나는 엘비스 프레슬리처럼 엄청난 정신의 주인으로 스스로를 발명해낸 사람을 본 적이 없다. 그는 노래를 장악했으며, 관중석을 장악했다. 그는 오존층을 뚫고 나갈 법한 목소리를 내면서, 짓궂은 기쁨에 겨워 능수능란하게 노래했다. 그는 우주를 부숴버리고야 말았다. (여기서 '우주'라는 말은 노래나 마찬가지인 셈이다. 그는 노래를 부를 때 우주를 손안에 거머쥔 사람 같았다.)

하지만 엘비스가 지니고 있던 정신은 금세 빛이 바랬다. 자신이 가지고 있는 게 얼마나 대단한지를 스스로 완전히 이해하지 못했기 때문이다. 그는 많은 다른 스타들처럼 독립을 향한 여정 속에서 지름길을 찾으려 했으며, 그 결과 선택한 것이 약물이었다.

마약과 술은 가면을 쓰고 용기와 정신인 척 연기를 한다. 사람들은 약의 힘으로 독립을 향한 여정을 이어갈 수 있다고 믿곤 한다. 약물은 일시적으로 그런 환각을 안겨준다.

그렇지만 마약과 술은 그 사람을 습격해서 여정의 행로를 순식간에 뒤바꾸어버린다. 마약과 술은 인간의 정신인 양 흉내를 낸다. 말하자면 엘비스 프레슬리 흉내를 내는 삼류 연예인과도 같다. 마약과 술은 정신 흉내를 내는 연기자들이다. 마약을 하거나 술에 취해 있으면 우리는 잠시 가짜 용기와 정신을 누린다. 하지만 이는 머지않아 치명적인 의존성을 새로이 탄생시킨다.

엘비스는 자신의 정신 안에서 인생을 시작했다. 그는 아주 영광스럽게 문을 박차고 나왔다. 그런 모습을 본 사람들은 그가 참으로 이상한 성격의 소유자라고 생각했다. 자신을 가둘 만한 아무런 인격체도 만들지 않았기 때문이다. 그와 음악 사이에는 아무런 허수아비도 서 있지 않았다. 음악은 엘비스 프레슬리라는 인간을 통과해 곧장 노래가 되어 흘러나왔다. 그의 초기 노래들을 들어보면, 그 노래들에 담긴 날것의 에너지와 음역대는 여전히 타의 추종을 불허한다. 하지만 군복무를 마친 이후 사랑하던 어머니를 잃고 그의 내면에 있던 정신의 빛이 차츰 꺼져가면서, 그는 미처 의식하지 못하는 새에 그간의 여정을 수포로 되돌려버렸다. 이는 아름다운 모습이 전혀 아니었다. 한창때의 엘비스 프레슬리 모습을 보고 깊은 감명을 받았던 사람들은 성의 없이 얼기설기 만든 그의 영화를 보고 당혹감에 휩싸였다. 약물 남용이며, 땅콩버터와 바나나를 넣어 기름에 튀겨낸 샌드위치 따위로 탁해지고 맥이 풀린 목소리를 들으면서 또다시 낙담하고 말았다.

그 많던 영웅들은 어디로 가버렸을까?

———

엘비스는 내가 살면서 가장 먼저 접한 영웅들 가운데 하나였다. 생생한 독립에 관한 비전을 내게 보여주었기 때문이다. 그는 방구석에만 처박혀 있던 사람들에게 정신의 본보기가 되어주었다. 아이젠하워 대통령이 집권하던 시기, 교외 지역에 틀어박혀 억눌려 있던 「오지와 해리엇의 모험(Ozzie & Harriot)」 시청자들에게 좋은 귀감이 되었다. (그 드라마에 등장하는 꼬마 리키마저도 엘비스의 모습을 보고 자기 스스로를 다시 발명할 정도였으니 말이다.)

희생자들은 우리 시대에는 더 이상 영웅이 없다며 한탄한다. 하지만 그건 사실이 아니다. 두 눈 크게 뜬다면 우리는 이전보다도 더 많은 영웅을 만나게 될 것이다. 매일매일 우리가 가장 처음 만나는 영웅은 바로 저기 거울 속에 있다.

희생자는 야구선수 베이브 루스나 케네디 대통령처럼 지나간 시대의 영웅들을 갈망한다. 그러나 오늘날의 영웅은 옛날 영웅에 견주어 하나도 뒤처질 것이 없다. 예전 영웅들은 미디어를 통해 포장된 이미지 덕택에 좀 더 이득을 볼 뿐이다. 옛날 영웅들이 고주망태가 될 때까지 술을 마시거나 여인의 뒤꽁무니를 쫓아다닐 때면 기가 막히게 모른 체를 하던 그런 미디어들 말이다. 그러니 베이브 루스야말로 내 영웅이라고 말하는 것은 마치 산타클로스가 내 영웅이라고 말하는 것만큼이나 천진난만한 얘기일 것이다.

내가 언제나 영감을 받으며 감탄했던 사람 하나는 이제는 고인이 된 배우 제시카 탠디다. 그녀는 독립적인 인간이 되기 위한 여정을 결코 멈춘 법이 없다. 80대에 접어들었을 때조차 그녀는 끊임없이 독립심을 길렀으며, 정신을 활짝 꽃피웠다. 대부분의 사람들이 노력을 회피하기 위해 나이가 드는 것을 핑계로 자기 연민에 빠지는 것과는 정반대로, 그녀는 언제나 새로운 모습으로 거듭났다. 자신을 재발명하는 일을 멈추지 않은 것이다.

세상을 떠나기 전 마지막으로 출연한 작품인 「드라이빙 미스 데이지(Driving Miss Daisy)」와 「노스바스의 추억(Nobody's Fool)」에서도 제시카 탠디는 우리 인간이 얼마나 놀라운 존재가 될 수 있는지를 전 세계에 보여주었다. 그녀의 여정은 결코 끝나지 않았다. 만약 두 작품 가운데 한 편이라도 본다면, 당신은 '나이를 먹는 것은 어떤 의미인가'라는 질문에 대한 답을 찾을 수 있을 것이다.

자신만의 영적인 여행을 이어나가라. 그 여정을 계속 의식하며 살아라. 자주자주 떠올려보는 것이다. 그 여정을 위대하게 만들어라. 그 여정이 아름다워지게 만들어라. 이 여행은 당신을 겁주려는 것이 아니다. 당신을 신나게 만들어주려 하는 것이다.

여행을 하면서 어느 방향으로 가고 있는지를 항상 파악하고 있어야 한다. 당신이 내리려는 바로 그 결정이 독립에 한 걸음 가까이 다가가는 길인지, 아니면 독립과 멀어지는 길인지를 알아야 한다. (모순되게도 모든 생명체와 당신의 정신이 맺고 있는 연결성을 점차 알아갈수록, 당신은 정서적으로 점점 더 독립적인 사람으로 거듭나기 마련이다.) 당신이 정말로 걷고 싶은 길은 어떤 것인가? 의존적인 삶으로 돌아가는 길, 나잇값도 못 하고 어린아이처럼 구는 길은 사람들의 발길이 비교적 많이 오간 길이다. 하지만 그 길의 끝에 무엇이 있는지 안다면 당신은 그 길을 택하지 않을 것이다.

당신의 여정을 자각하면 모든 낡은 변명을 떨쳐버릴 수가 있다. '나이 먹는 것'을 핑계 삼아 노력과 활동을 게을리하는 일도 더는 없을 것이다. 당신은 얼마든지 상황을 더 좋게 발전시킬 수 있다. 얼마든지 에너지를 다시 만들어낼 수 있다. 자신만의 에너지 체계를 완전히 통제하고 장악할 수 있게 된다. 그렇게 못 할 이유가 어디 있겠는가? 어머니 배 속에 있던 시절에 이미 다 했던 일인데 말이다. 그저 다시 할 뿐이다. 이번에는 의식적으로, 지혜로움을 갖추고 한다는 점이 다를 뿐. 에너지가 가득 찬 자세로 당신의 새로운 삶을 바라보게 될 것이다. 그리고 마침내는 바로 그곳에, 재발명이 주는 순전한 기쁨이 있다는 사실을 발견할 것이다.

11

"분노하라,
빛이 스러지는 시간에 대항하여"

우리 사회에서는 꽤 오랫동안 열정을 부끄러운 것으로 여겼다. 그
래서 이를 숨기려고 애써왔다. '쿨'한 태도는 바람직하게 받아들였지
만 열정적인 태도는 터부시했다.

여기 한 가지 예를 들어보겠다. 제이 레노는 처음 시작할 때 실제
일어났던 일을 그대로 담은 자신의 인생 이야기를 글로 쓰고 싶었다.
그래서 일류 코미디언이자 스타가 되는 데 얼마나 큰 열정을 품고 있
었는지 들려주고 싶었으며, 살면서 얼마나 큰 의욕과 목적의식을 지
니고 살아왔는지도 얘기하고 싶었다. 그리고 어느 누구든 간에 자신
이 이룬 것과 같은 업적을 일궈낼 수 있다고 온 세상 사람들에게 전
하고 싶었다. 그의 성공은 성실하고, 목표에 집중하며, 완전히 사로
잡힌 채 이뤄낸, 목적의식 충만한 노력 덕분에 가능했던 것이라고 말
이다.

제이 레노는 자신이 발견해낸 성공 공식의 저력을 떠올리면 무척
신이 났다. 그래서 자서전을 쓰게 된다면 제목을 '훌륭한 개는 심장

이 터질 때까지 달릴 것이다(A Good Dog Will Run Till its Heart Explodes)'라고 하고 싶었다.

그런데 가능하면 쉽게 쉽게 넘어가자는 마음가짐이 득세하기 시작했으며, 당장의 기쁨을 중시하는 문화가 우세해졌다. 이 책 제목에는 날것 그대로의 열정이 지나치게 고스란히 담겨 있었다. 그래서 주변 사람들은 책의 제목을 '턱으로 리드한다(Leading With My Chin)'로 하라고 권유했다. 제이 레노는 턱이 아주 큼지막한 특이한 외모였기 때문이다. 그리고 성공을 거두고 위대한 사람으로 거듭나기 위한 열정을 칭송하기보다는, 신체적인 약점을 가지고 농담하는 편이 요즘 세태와 사람들 사이에서는 더 '쿨한' 것으로 여겨졌다.

그래서 제이의 '쿨하지 못한' 진짜 성공 비결은 세상의 빛을 볼 수 없었다. 모든 것을 내걸고자 할 때 뭔가 마법 같은 일이 일어난다는 그의 성공 비결이 말이다. 그 대신 제이는 자의식으로 충만하고, 저속하며, 스스로를 희화화하는 이야기로 가득 찬 자서전을 펴내게 되었다. 그 책에는 웃음을 주기 위해 스스로를 포기하고 추잡하고 우스꽝스러운 면모를 드러내는 그의 잔망스러운 이야기들이 담겼다. 그건 진정한 제이 레노가 아니었다. 그는 공허한 자서전의 틀 속에 갇혔다. 목적의식을 가지고 집중해 노력하는 이야기는 정치적으로 올바르지 않다고 여겨져서였다. 사람들은 지나친 욕심이나 자의식 과잉이 아니라면, 좋은 성과를 내고자 하는 열정이 생겨날 별다른 이유가 없다고 생각했다. 이 때문에 언제나 스스로를 깎아내리는 편이 더 낫다고 여겼다. 괜히 나섰다가 망신을 사고 싶지는 않을 테니까 말이다.

그렇지만 레노의 성공은 집중하는 일의 효과를 입증해주는 셈이었다. 미처 말은 못 했어도, 우리는 그가 성취를 거둔 방식을 무척 좋아한다. 사람들은 평온함과 안락함을 좇느라 생겨난 파편적이고 정신없는 삶을 점점 더 못 견디기 시작했다. 전동칫솔이라든지, 손만 뻗으면 닿는 휴대전화에 점점 지쳐가고 있다. 대중문화 역시 이러한 세태를 반영한다. 어느 날 나는 자동차에 붙어 있는 다음과 같은 범퍼 스티커를 발견했다. "전화 그만하고 차나 몰아!"

나는 모두들 정치적 올바름을 추구하는 주장에 어느 정도 지쳐 있다고 믿는다. 그러니까 열심히 일하는 것은 곧 욕심일 뿐이며, 직업에 대해 열정을 품는 건 자의식 과잉이라는 주장 말이다. 나는 그동안 우리가 열정을 비밀스럽게 열망해왔다고 생각한다. 바로 그 때문에라도 열정은 성대한 귀환을 준비하고 있을 것이다.

사람들이 「제리 맥과이어(Jerry Maguire)」 같은 영화를 보러 가는 까닭은 그곳에 등장하는 쿠바 구딩 주니어 같은 배우들이 펄쩍펄쩍 뛰어다니면서 "돈을 줘! 돈을 달란 말이야!"라고 소리 지를 때 날것의 열정이 있는 그대로 분출되며, 그것을 내심 좋아하기 때문일 것이다. 그 대사가 그렇게도 크게 인기를 끈 이유는 우리가 대체로 쿨한 태도를 취하는 대상에 대해 영화 속 등장인물은 한 치의 부끄러움도 없는 열망을 오롯이 드러냈기 때문일 것이다. 그 대상이란 바로 돈이다.

줄리아 로버츠가 출연한 영화 「내 남자친구의 결혼식」에서는 테이블에 둘러앉은 사람들이 「나는 너를 위해 작은 기도를 할게(I Say a Little Prayer for You)」라는 노래를 다 함께 부르는 장면이 나온다. 정말이지 열정을 담아 노래를 부른 나머지, 그 영화를 보던 관객들은 모두 격한 감동에 휩싸였다. 영화관에 있던 사람들 중에는 눈물을 흘리는 이들도 있었다.

톰 행크스의 열연이 돋보이는 명작 「댓 싱 유 두(That Thing You Do)」에서는, 록밴드를 하는 아이들이 자신들의 노래가 라디오에서 흘러나오는 것을 처음으로 듣는 멋진 장면이 나온다. 아이들은 주체할 수 없는 흥분에 휩싸여 길거리와 상점가를 내달리고, 마구 소리 지르며 기쁨에 겨워 춤을 춘다. 이런 생생한 감정은 영화 전체를 멋지게 탈바꿈시킨다.

「타이타닉」에서 리어나도 디캐프리오가 연기하는 인물은 열정이라는 관념의 인간적인 현현을 고스란히 보여준다. 삶을 향한 그의 사랑은 위험과 죽음마저도 뛰어넘었다. 그 열정은 삶을 뒤바꾸었다. 그 강렬한 감정이야말로 「타이타닉」에 나오는 음악을 더욱 아름답게 만들고, 전 세계 사람들의 마음을 들끓게 한 비밀 열쇠다. 그만큼 사람들은 마음이 영원히 지속될 수 있다는 사실을 확인받는 것을 좋아한다.

열정은 우리의 비밀스러운 열망이다.

사람들이 스포츠 캐스터인 딕 비테일의 중계방송에 귀 기울이는 이유는 대학 농구에 대한 그의 박식한 지식 때문이 아니라, 그의 열정적인 감정 덕분일 것이다.

오늘날 우리가 집을 나서서 영화관으로 향하는 것은 살아가는 대부분의 시간 동안 놓치고 있는 것을 만나기 위해서다. 그것은 바로 열정이다. 「터미널」에 등장하는 톰 행크스는 삶을 향한 순수한 열의를 통해서 보는 사람 모두에게 감동을 안겨준다.

나는 더 이상 호구로 살지 않기로 했다

최근에 개봉한 영화들에서 가장 기억에 오래 남고 또 감동적인 장면들은 거의 대부분 자신의 체면이나 성격을 내려놓고 순수한 정신을 표현하는 사람들이 등장할 때였다. 그런 모습을 보기 위해 우리는 상당한 돈을 기꺼이 지불한다. 그런 모습이야말로 우리 자신의 삶에 훨씬 필요한 요소라는 점을 스스로가 잘 알기 때문이다.

웨일스 출신의 시인 딜런 토머스가 죽음을 맞이하려 하는 아버지에게 꼭 찾으라고 권고한 것은 바로 이와 같은 삶을 향한 열정이었다. 딜런 토머스는 이렇게 적었다. "포근한 밤 안으로 얌전하게 기어들지 마라 / 다만 분노하고, 또 분노하라. 빛이 스러지는 시간에 대항하여."

영어에서 열정이라는 뜻의 단어 enthusiasm은 그리스어 en theos에서 유래한 말인데, 이 그리스어는 '안에 있는 신'이라는 뜻이다. 우리 안에 있는 열정, 곧 신과 만나는 일은 우리가 알고 있는 한 최고의 경험이다.

무조건 좋다고 말해

열정이라는 감정은 당신의 내면에서 일궈온 노력의 결과물일 것이다. 그 노력을 자각하든 자각하지 않았든 항상 그렇다. 열정은 활동과 움직임을 통해 당신이 만들어낸 결과물이다. 그 움직임이 그저 당신의 정신 안에서 벌어지는 것이어도 상관없다.

열정에 휩싸이는 순간 당신 마음에 찾아오는 바로 그 "좋아!"라는 기분은 이제껏 당신을 이끌어준 상상과 정신, 그리고 지식이 한 차원 더 높은 단계로 올라섰을 때 생겨나는 결과물이다. 마치 번데기를 가르고 나타나는 나비의 모양새처럼, 또 이른 아침 빗줄기를 뚫고 필라델피아 거리를 따라 달려가는 록키의 모습처럼 말이다. 결코 잊을 수 없는 영화 「록키」의 주제곡은 미국 역사의 일부가 되었다. 그 노래가 노력에 관한 것이기 때문이다. 영화 「록키」는 이기는 법에 대한 영화가 아니다. 게다가 경기에 나섰을 때 록키는 승리를 거두지도 못했다. 이 영화는 이기고 지는 일보다 훨씬 더 큰 격려와 자극을 주는 작품이다.

자신의 정신을 향해 가는 길을 아는 것이야말로, 인생이라는 시합의 4분의 3 정도를 차지하는 중요한 부분이다. 정신을 보는 것, 아는 것, 깨닫는 것, 그리고 깨달은 상태를 유지하는 것.

살아오면서 나는 일찍이 여러 가지 문제를 떠안고 지냈다. 희생자의 사고방식에서 벗어나 주인의 사고방식으로 접어드는 과정에서 말이다. 당시에는 어떻게 해야 주인의 마음가짐으로 넘어갈 수 있을지가 명확히 보이지 않았다. 나는 덫에 걸렸다는 생각이 들었다. 그 덫은 강력하지는 않았지만 여전히 덫으로 여겨지기는 매한가지였다. 그 덫 안에는 희생자의 부드러운 목소리가 울려 퍼졌다. "글쎄, 네가 뭘 할 수 있을까? 네가 할 수 있는 건 아무것도 없는데 말이야." 그렇지만 내가 할 수 있었던 일은 언제나 널려 있었다. 다만 그것을 미처 몰랐을 따름이다.

당신이 해낼 수 있는 일이 언제나 존재한다는 사실을 스스로 증명해보고 싶다면, 한번 간단한 실험을 해보라. 줄이 쳐진 깨끗한 종이

한 장을 준비하라. 종이 위쪽에, 지금 당신이 끌어안고 있는 문제를 적어보라. 당신이 과연 무엇을 할 수 있는지 도대체 모르겠지만, 그래도 사라졌으면 하는 상황이라든지 계속 생각하게 되는 당혹스러운 상황을 말이다. 자, 이 상황에 대한 해결책을 당신의 정신이 알고 있다는 사실을 증명해 보이겠다.

이제 그 문제 아래쪽에 다음 문장을 적어보라. "이 문제와 관련해서 오늘 당장 내가 할 수 있는 작은 일 다섯 가지." 그런 다음 한 줄씩 거리를 두어가며 숫자 1부터 5까지를 그 문장 밑에 써내려간다. 그리고 그 다섯 가지를 모두 채울 때까지 자리에서 일어나지 마라. 무언가를 써내도록 스스로를 붙들어두는 것이다.

다섯 가지 아이디어를 써낸 다음에는 그 종이를 하루 종일 가지고 다니면서, 그 다섯 가지를 모두 완료하기 전까지 잠자리에 들지 마라. 자, 기억하라. 당신이 할 수 있는 작은 일들은 분명 존재한다.

그렇게 해서 다섯 가지를 모두 마치고 나면 깜짝 놀랄 것이다. 당신이 끌어안고 있던 문제의 성질을 스스로의 힘으로 바꿔냈다는 사실에 말이다. 많은 경우 당신은 그 문제를 완벽하게 해결해냈을 것이다. 또는 당신 머릿속에서 그것은 더 이상 문제가 아니라 새로운 계획으로 인식된다는 사실을 깨달을 수 있을 것이다. 이렇게 상황은 진전된다.

이와 같은 작업을 몇 번 계속해보라. 그러면 당신은 토머스 제퍼슨이 남긴 '더 많이 할수록 더 많이 해낼 수 있게 된다'는 말이 무슨 뜻인지 이해하기 시작할 것이다.

왜 그런 걸까? 그 까닭은 당신이 스스로를 희생자에서 주인으로 거듭나게끔 재발명했기 때문이다. 당신은 크고, 모호하며, 다루기 어려운 문제의 희생자로 지내왔다. 그러다가 자기 스스로 만들어낸 계획의 주인으로 변모한 것이다. 자신이 해낼 수 있는 다섯 가지 일을 적어 내려갔을 때, 당신은 그 문제를 자신의 정신적인 소유물로 장악한 것이다.

나는 더 이상 호구로 살지 않기로 했다

12

더 이상 약해지지 않기로
결심했다

언젠가 그리 오래되지 않은 옛날에, 내가 발명한 자아가 걷잡을 수 없이 나약해졌던 때가 있다. 내 자기계발 코치는 이 점을 파악했지만 나는 미처 그러지 못했다. 내가 스스로를 일부러 나약하고 한계투성이인 사람으로 정의했을 때, 코치이자 멘토인 스티브 하디슨은 나를 그렇게 간단하게 예측하지 않으려고 했다.

몇 년 전 그는 나의 값진 부분 10퍼센트를 발견해주었고, 그 가치 있는 부분을 나의 전부인 100퍼센트로 끌어올리는 방법을 보여주었다. 내게 재발명의 방법을 알려준 것이다.

내가 아는 한 컨설팅 분야에서 하디슨 같은 업적을 이룬 이는 없었으며, 또 내가 아는 한 코칭할 때 그와 같은 똑똑한 열정을 드러낸 이도 없었다. 하디슨은 한 사람 안에서 최고의 면모를 찾아낸 다음, 그 사람에게는 마치 그 최고의 면모만 있는 것처럼 상대방을 대했다. 그럼으로써 그 최고의 면모는 점차 세를 키워갔다. 나머지 초라한 부분들은 외면 속에 스러져가며 최후를 맞이했다.

스티브는 너새니얼 브랜든이 남긴 다음과 같은 명언을 액자에 넣어 자기 집에서 눈에 잘 띄는 곳에 걸어두었다.

우리가 사람들을 위해 할 수 있는 가장 큰 일은, 사람들이 지나치게 위축된 시각으로 스스로의 한계를 바라보지 않게 하는 것이라고 나는 확신한다.

대중 강연자로 활동하면서 처음으로 2년간 단독 순회 강연을 하며 성공적으로 마쳤을 때, 나는 스티브 하디슨에게 한 가지 부탁을 했다. 미국에서 최고 권위를 자랑하는 기업 연수 업체에 내가 들어갈 수 있게 도와달라고 말이다. 내가 합류해서 강연과 컨설팅을 담당하는 직원으로 활동하면 업체 측에 이득이 되리라 생각했고, 또 그 업체에서 관리하는 『포춘』지 선정 500대 기업의 고객들과 긴밀하게 소통하면서 나도 이득을 볼 수 있을 것이라 판단했다. 그러나 업체에 소속되는 일과 관련한 협상은 더디게만 진척되었다.

하디슨은 내가 그 업체에 접근하는 방식을 불만족스럽게 여겼다. 하디슨은 훌륭한 대중 강연자로서의 내 역량을 회사 측에 더 강하게 알려야 한다고 생각했다. 그러니까 그는 내가 스스로 자신감과 자존감을 지나치게 위축시켰다고 판단한 것이다.

"진짜 당신 모습이 어떤 것인지 왜 더 강력하게 얘기하지 못하는 거죠?" 하디슨이 물었다. "당신의 발표가 얼마나 힘 있는 것인지, 그리고 이른바 동기 부여 전문가들이라는 다른 사람들에 견주어 당신이 지닌 우수함이 무엇이라고 생각하는지 왜 표현하지 못하는 거죠?

왜 회사 측에서 알 수 있게, 정말로 알아볼 수 있게 하지 않는 거예요? 당신이 어떤 사람인지를 스스로 드러내지 않는다면 누가 그 일을 해줄 수 있겠어요? 이런 내용을 글로 작성해서 서면으로 제출하세요. 사무적으로 확실하게 처리하고, 대담하게 굴어도 좋아요. 당신이 어떤 사람인지 회사에 똑똑히 알려주세요. 장난은 그만두고 말이에요. 이번 협상이 이다지도 길게 늘어지는 이유는 바로 당신 탓이에요. 당신 인생에 책임이 있는 사람은 당신이라고요. 인생의 어떤 순간에도 말이에요."

그 얘기를 듣고 나는 집에 돌아와 생각에 잠겼다. 내가 왜 그렇게까지 해야 하지? 내가 어떤 사람인지는 회사 측에서도 이미 다 알고 있는 거 아닌가? 컨벤션 발표자들이 작성한 평가지와 추천서도 벌써 다 보내지 않았나? 그런데도 내가 어떤 사람인지 얘기해줘야 하나?

그렇게 생각하고 나서야 내가 어떤 사람인지, 또 내가 얘기해야만 하는 것들이 분명하게 인지되었다. 내가 누구인지 말하기 위한 용기를 낼 때, 그와 동시에 나는 나 자신을 창조해낸다. 우리가 어떤 사람인지를 스스로 이야기할 때, 우리는 인생의 법정에서 스스로에 대한 선고를 내리는 것이다.

가지 않은 길을 가라

그래서 나는 방에 앉아 편지를 썼다. 미국의 훌륭한 스포츠 저널리스트 레드 스미스가 강력한 글을 쓰는 법에 대해서 얘기한 것이 떠올랐다. 혈액순환을 활발하게 만든 다음 써내려가면 된다고 말이다. 그래서 나는 심호흡을 한 번 하고 편지를 썼다. 내가 일하고자 하는 연수 업체에 보낼 편지를.

나는 이렇게 편지글을 열었다.

제가 어떤 일에 전념하고 있는지를 보여드리겠습니다. 그리고 귀사와 함께하든 함께하지 않든 간에, 제가 어떤 일을 해낼 것인지도요. 저는 감동과 유머를 통해서 전 세계 사람들에게 가장 쉽고 즐거운 길을 알려줄 것입니다. 스스로 동기를 부여하고, 정신적인 기쁨을 얻는 방법을 말이에요.

사례를 하나 들어보죠. 제 아들 바비의 초등학교 4학년 때 담임선생님께서 이런 부탁을 한 적이 있어요. 학교에서 다 같이 돌려볼 수 있도록 제 저서를 몇 권 나눠줄 수 있는지 말이에요. 제 책을 들고 학교에 가던 중에 스쿨버스 기사님이 그것을 보고는, 자신도 그 책을 읽을 수 있을지 물어봤어요. 버스 기사님은 봄방학 동안 제 책을 다 읽고 나서 바비에게 말했죠. 제 책을 몇 권 더 사서 친구들과 가족들에게 나눠주고 싶다고 말이에요. 이 이야기는 제게 중요한 인상을 남겼습니다. 왜냐하면 사람들은 저와 같은 컨설턴트들의 책을 별로 안 읽는 편이거든요.

바로 여기에 자기계발과 성취도를 높이기 위해 노력하는 우리 분야의 전문가들이 놓치는 것이 있습니다. 단순함과 유머 감각이죠. 우리 업계에는 대중 속으로 들어가 원칙을 설파하는 전도사들이 있습니다. 진짜배기의 연약한 사람들이 설 자리가 없죠. 이때의 원칙들이란 매무새가 지나치리만치 깔끔한 보이스카우트 대원들이 가르치는 것과 마찬가지예요. 딱 보기에도 이런 보이스카우트 대원들은 사람들이 잘 다니지 않는 숲길을 걸어본 적도 없어 보이고, 달빛 아래서 악마와 춤춰본 적도 없어 보이죠.

더 훌륭한 사람으로 거듭나는 방법에 관한 이야기를 접하고자 하는 마음은 버스 기사들도 똑같습니다. 그렇지만 장의사 같은 양복을 차려입고, 매일같이 교탁에 음료수를 갖다 놓으면서 교사가 되는 것을 장래희망으로 삼는 전교 1등짜리 모범생 같은 강사가 그런 얘기를 가르친다면 전혀 와닿지 않을 따름이죠. 우리는 경험을 나눌 줄 알아야지, 가르치려 들어서는 안 됩니다.

사람들에게 저라는 사람은 함께 웃고 또 얼마든지 동질감을 느낄 수 있는 강사입니다. 평범한 사람들이 오랫동안 갈망해왔던 겁쟁이 강연자고요.

그리고 저는 이와 같은 경험을 책을 통해서 나눌 생각입니다. 그 책은 저의 지적인 권위를 뒷받침해주기 위한 근거로는 전혀 쓰이지 않을 겁니다. 오늘날 우리가 자기계발 관련 서적에서 발견하는 대부분의 문제점은 바로 그 책이 독자를 위해서 쓰인 게 아니라는 사실입니다. 많은 책들은 단지 저자의 전문성을 증명하기 위해서, 지적인 면모를 증명하기 위해서 쓰였지요.

저는 버스 기사들을 위해 책을 쓸 겁니다. 평소에 책을 읽지 않는 사람들을 위한 특별한 책을 쓸 겁니다. 그래서 언젠가는 제 책이 전국의 독자들을 자유롭게 만들어주리라 믿습니다. 마치 1950년대의 성공학 전문가 나폴리언 힐의 책이 우리를 해방해준 것처럼요.

저는 전문가 대접을 받는 것에는 전혀 관심이 없습니다. 사실 전문가

취급을 받는 것은 청중과 함께하는 사람이 되고자 하는 저 스스로의 약속과는 정반대되는 것이죠. 저는 그저 있는 그대로 증명해 보이고 싶습니다.

나는 이 편지를 우체통에 넣었고, 이튿날 새로운 직업을 얻었다.

2장

호구를 위한 자존감 수업

인생은 생각하는 자들에게는 희극이며,
느끼는 자들에게는 비극이다.

-호레이스 월폴

13

상처받을 줄 알면서도
사랑한다는 것

정신의 주인들에게 사랑이란 어두컴컴하고 골치 아픈 미스터리가 아니다. 사랑은 우주에 존재하는 모든 형태의 에너지다. 더 많이 베풀수록 더 많이 돌려받는다.

우리 딸 마지가 아홉 살이던 어느 날 화난 얼굴로 내게 왔다.

"뭐 잘못된 거라도 있니, 마지?"

"스테파니 언니는 어째서 그렇게 편지를 많이 받는 거야?" 마지는 서글픈 어린 희생자의 목소리로 내게 물었다. 그때 스테파니는 열한 살이었다. 마지가 말을 이어갔다. "스테파니 언니는 항상 편지를 받잖아. 그런데 나는 한 통도 받지 못한다고. 이건 불공평해."

나는 마지에게 어떤 질문을 다정하게 건네면 좋을지를 바로 떠올렸다.

"음, 그렇다면 너는 편지를 한 통이라도 써본 적이 있니?"

"무슨 말이야?"

"네가 편지를 써서, 그 편지를 다른 사람에게 전해준 적이 있느냐는 말이지.”

“아니, 없어.” 마지가 답했다. “왜냐하면 그렇게 써보내고 나서 몇 통이나 답장을 받을 수 있는지 모르겠거든. 만약에 편지를 썼는데 답장이 한 통도 오지 않는다면 기분이 지금보다도 훨씬 더 나빠질 거야. 아주 많이 실망스러울 거라고. 어떻게 알 수 있겠어? 내 편지에 답장이 올지 안 올지는 모르는 일이잖아.”

“물론 모르지.” 내가 말했다. “그건 알 수 없어. 절대로 알 수 없을 거야.”

“그렇지. 그런데 왜 굳이 편지를 쓰겠어?”

“왜냐면 답장이 올 수도 있으니까.”

“그렇지만 답장이 안 오면? 그럼 더 슬퍼지잖아.”

“그래, 그러면 슬픈 기분이 들겠지.”

“그래서 나는 편지를 쓰지 않을 작정이야.”

“응, 그래도 괜찮아. 꼭 써야 할 필요는 없으니까.”

“하지만 그러면 어떻게 해야 편지를 받을 수 있지?”

“편지를 안 쓰면 편지를 받지 못해.”

“나도 알아. 지금도 나는 편지 한 통 받지 못하는걸. 그리고 스테파니 언니만 편지를 엄청 많이 받고 말이야.”

“그건 스테파니가 편지를 많이 써보내기 때문이야.”

“내가 편지를 많이 써서 보낸다면 나도 답장을 받을 수 있을까?”

“아마 그럴 거라는 생각이 드는걸.”

“하지만 그건 아빠도 모르는 일이잖아.”

“그야 당연히 나도 모르는 일이지. 네가 반드시 답장을 받을 거라고 내가 약속해줄 수는 없는 법이니까."

그러자 마지는 당혹스러운 표정을 지었다. 마치 우주가 도대체 어떻게 굴러가는 것인지 하나도 확신할 수가 없다는 듯한 표정이었다. 그러고는 자기 방으로 돌아갔다. 나는 더 이상 편지 이야기를 하지 않았다. 며칠 뒤 마지가 다시 나를 찾아와, 주소를 손으로 직접 써 붙인 어마어마한 양의 편지 봉투를 보여주기 전까지는 말이다. 마지가 물었다. "아빠, 오늘 회사 가는 길에 이 편지들 좀 나 대신 부쳐줄 수 있어?"

그게 벌써 몇 년 전의 일이다. 그리고 오늘날까지도, 우리 집 우편함에는 마지에게 온 편지들이 도착한다. 마지가 맨 처음 써서 보냈던 숱한 편지에 답장을 보낸 사람들과 계속 주고받는 편지들이다. 바로 그 한 번의 사건을 통해서 마지는 사랑의 원리를 깨우쳤다. 그 깨달음을 마지가 살아가는 내내 간직하기를 바란다.

마지가 해낸 그 일은 대부분의 희생자가 꺼리는 일이라는 사실을 주목해보라. 희생자가 품고 있는 핵심적인 신념은 바로 인생은 불공평하다는 사고방식이다. 그래서 희생자는 결코 위험을 감수하려고 들지 않는다. 그래서 관계를 맺을 때 절대로 먼저 손을 내밀려고 하지 않는다. "왜 위험을 감수하면서 사랑을 해야 해? 상처받을지도 모르잖아!" 사랑에 관한 희생자의 마음가짐은 이 생각의 연장선상과 다름없다. "사람들이 먼저 나에게 편지를 보내야만 나는 답장을 보낼 거야."

세상이 갚아준다고?

편지를 쓰는 것은 곧 연락을 취하고 관심을 드러내는 것을 뜻한다. 당신이 먼저 손을 내민다면 훨씬 평화로운 관계를 만들어나갈 수 있다. 관계를 만들기 위한 첫 단계는 누구에게 먼저 손을 내밀지를 파악하는 것이다. 매일 가지고 다니는 다이어리든 전화기 위에 붙여놓은 포스트잇이든, 당신의 손길과 눈길이 닿는 곳에 인생에서 가장 중요한 사람들의 목록을 적어놓아라.

이 목록을 만들기 위한 시간을 직접 마련하라. 이 아이디어는 조금 이상하게 느껴질 수도 있다. 문화적으로 우리는 관계라는 것이 순간적인 감정과 연관이 있다고 여기기 때문이다. 그렇기에 내면에서 생겨나는 감정들에 재깍재깍 반응해야 하며, 또 우리 몸 속 기관이 제멋대로 작동하여 그런 감정들을 만들어낸다고 착각한다. 그렇지만 사실 멋진 관계란 훌륭한 집이나 정원과 마찬가지로 세심하고 인위적인 개입을 통해 디자인되는 것이다.

당신에게 중요한 사람들의 목록을 한번 만들어보라. 그리고 그 목록을 가까이에 두고 지내라. 휴가를 떠날 때도 가져가도록 하라. 그래서 소중한 사람들에게 휴가지에서 엽서를 써보는 거다. 20분의 자유로운 시간이 생기면 가지고 있던 목록을 꺼내서 살펴보라. 목록에 올라온 사람들에게 전화를 걸라. 가끔은 목록에 새로운 이름을 추가해보라.

일주일에 최소한 한 번은 목록을 살펴보면서 스스로에게 물어보라. 그 사람들과 최근에 대화를 나눈 적이 있는지 말이다. 소통하는 것은 간단하고, 현명하며, 다정한 방법이다. 그것이 짐이 될 필요는 없다. 쪽지를 남기든, 카드를 보내든, 음성 메시지를 남겨두든, 이메일을 보내든, 직접 찾아가든, 전화를 한 통 걸든, 어떤 방법이든 좋다. 다른 사람들이 다가올 때까지 기다리지 마라. 억울함이나 아쉬움, 분한 마음이 당신의 창의력을 해치지 못하게끔 하라. 억울함은 다른 사람들이 행동할 때가 아니라 당신이 행동에 나설 때 사라진다. 하염없이 앉아서 기다리지 마라. 억울함은 고인 물에 갇혀 있는 당신의 성격 안에 자리를 잡는다. 그리고 행동은 그런 감정을 씻어내준다. 뭐라도 행동에 옮겨라. 이전의 모습에 머물러 있지 마라.

적어도 하루에 한 번은 소중한 사람들의 목록을 꺼내보고, 최소한 한 명에게라도 행동을 개시하라. 그중 누구에게든 도움을 줘라. 이렇게 그 목록을 행동으로 옮기면 두 가지 사실에 놀라게 될 것이다.

- 당신에게 어떤 것이 돌아오는지.
- 인생에서 중요한 사람들을 떠올릴 때 당신이 얼마나 자신감 넘치고 평온한 기분을 느끼는지. 죄책감 따위는 영영 사라지고 없을 것이다.

러시아의 영적 지도자 구르제프는 이렇게 말했다. "다른 사람을 돕는다면 당신 또한 도움을 받을 것이다. 그렇게 도움받는 건 내일이 될 수도 있고, 백 년 뒤가 될 수도 있다. 하지만 확실한 사실은 분명히 도움을 돌려받는다는 것이다. 자연이 그 빚을 되갚을 것이다. 그것은 수학적인 법칙이며, 모든 생명은 수학적이다."

여기서 행동을 취하는 것은 재발명의 전부라 해도 과언이 아니다. 수동적이며 인정받지 못하던 사람에서 벗어나, 다른 사람들을 돕고 이들과 소통하는 행동에 나서는 사람으로 자기 자신을 다시 발명하는 것이다. 당신이 정적인 명사에서 동적인 동사로 변화할 때, 그것이야말로 최고의 재발명이다.

14

사다리 올라가기

나는 그 여자와 슈퍼마켓에서 마주쳤다. 슈퍼마켓에서 쇼핑을 하며 진열대에 놓인 코코아 맛 시리얼을 바라보고 있을 때 그녀가 내게로 걸어왔다.

"세상에, 저기요!" 그녀가 말을 걸었다. "우리 만난 적 있지 않은가요? 관계 맺기 프로그램에서 강의하시던 분 아니세요?"

정확히 어떤 수업을 얘기하는 것인지 확신할 수 없어서 나는 겁쟁이처럼 머뭇거리며 모호하게 대답했다.

"글쎄요, 강의를 하기는 합니다만……."

"맞아요, 확실히 선생님이었어요. 일 년쯤 전에 들었던 강의예요. 꼭 감사 인사를 전하고 싶었어요."

"아, 강의가 마음에 드셨나요?"

"그럼요!"

"일 년 전쯤 열었던 관계 맺기 수업 말이죠? 그렇다면 제가 맞을 거예요."

"그때 강의해주신 내용 가운데, 제가 항상 써먹는 게 있어요."

"어떤 건가요?"

"선생님 강의에서 가장 좋았던 건 바로 사다리 이야기였어요. 사다리 얘기를 떠올리지 않고 보낸 날이 단 하루도 없을 정도라니까요. 가끔 대화가 좀 꼬일 때면, 저는 사다리의 모습을 머릿속으로 재빨리 떠올렸어요. 그러고 나면 마음이 괜찮아졌죠. 그래서 고맙다는 말씀을 꼭 전하고 싶어요."

"사다리라……." 그녀가 말하는 사다리 이야기가 정확히 어떤 것인지 감을 잡지 못한 채 나는 중얼거렸다.

"그래요, 사다리 말이에요. 우리가 사다리의 낮은 계단에 머물러 있을 때면, 다른 사람들이 하는 말을 이해할 수 없다는 얘기요."

"아하, 사다리! 자아의 사다리 말이죠?" 내가 대답했다.

"네, 자아의 사다리 맞아요."

그래서 마침내 그녀가 하는 얘기가 무엇인지를 파악하게 되었다. 일 년 또는 그보다 오래전에 열린 강연의 질의응답 시간에 나는 영국의 철학자 콜린 윌슨의 자아의 사다리 이론을 인용해서 누군가의 질문에 답을 한 적이 있다.

"그 얘기가 가장 인상 깊으셨다고요?" 슈퍼마켓 한복판에서 물었다.

"네, 단연코 최고였죠." 그녀가 답했다.

사실 그녀가 내 강의에서 가장 좋았다고 한 대목은 강의의 일부조차 아니었다. 사다리 이야기는 내가 한 말이긴 했지만, 어쩌다 한 번, 그것도 거의 우연히 한 말일 뿐이었다. 평소 강의 시간에 하던 이야기가 아니었다. 하지만 슈퍼마켓에서 그런 일이 있고 난 뒤로, 나는 머릿속으로 '사다리'를 똑똑히 기억했다. 앞으로는 관계 맺기 수업을 할 때, 언제나 맨 처음에 사다리 이야기를 꺼내자고 말이다.

자신을 다시 발명한다는 것
———

내 마음속에서 아리스토텔레스 이후의 철학자들 가운데 가장 명석하고 높은 경지에 이른 철학자는 바로 콜린 윌슨이라는 것은 더 이상 의심의 여지가 없다. 몇 년 전에 콜린 윌슨을 알게 된 이래로 나는 그의 저서를 30권도 넘게 읽었다. 그중에는 서너 번씩 읽은 책도 있다. 계속해서 콜린 윌슨의 책들을 펴볼 수밖에 없었다. 인간의 정신에 대한 심도 있는 통찰과 밝게 빛나는 낙관주의는 20세기의 다른 작가나 사상가들 사이에서 그를 단연코 돋보이게 만들었다. 사실 상당수의 작가들은 그저 교양 있는 희생자에 지나지 않는다.

윌슨이 사용하는 명쾌한 개념 가운데 하나는 바로 '자아의 사다리'다. 이는 우리 각자가 얼마나 각양각색의 사람들로 변모할 수 있는지를 보여준다. 사다리의 맨 아래에는 육체적인 자아가 자리한다. 이 육체적인 자아는 가장 낮은 수준의 의식과 정신적 각성 단계에 머물러 있다.

사다리의 중간쯤에는 감정적인 자아가 있다. 감정적 자아는 육체적 자아보다 조금 더 지각력이 있는 상태다. 감정적 자아 단계에 있을 때 나는 상대방에게 반응한다. 그때의 나는 억울함, 두려움, 죄책감, 분노와 같은 감정적인 반응을 보인다. 그러다가 사다리를 몇 계단쯤 더 오르면, 나는 좀 더 긍정적인 감정을 만나게 된다. 평온함이라든지 잔잔한 행복감처럼 말이다. 그러나 이는 어디까지나 감정일 뿐이다. 높은 수준의 의식이나 사고와는 무관한 것이다.

그리고 사다리의 더 높은 계단에서는 근사한 관계가 만들어진다. 사다리의 높은 곳에는 사려 깊음, 배려심, 상상력이 자리 잡고 있다. 그보다 더 높이 올라가면 순수한 정신을 만나게 된다.

사랑하는 연인과 관계를 맺을 때면 우리는 거의 항상 사다리의 꼭대기에 머물러 있을 것이다. 새로운 사람과 사랑에 빠져 한껏 들떠 있을 때면 깨어 있는 시간의 거의 대부분을 사다리 꼭대기에서 보낸다고 장담할 수 있다.

연애할 때 우리는 정신을 사용한다. 상상의 날개를 마음껏 펼친다. 끊임없이 무언가를 창조해낸다. 어떤 사람은 시를 쓰기도 한다. 평소에는 시를 쓰지 않는 사람인데도 말이다. 우리는 더욱 재밌고 똑똑한 사람이 된다. 놀라운 생각을 떠올리고, 주변에는 사려 깊은 작은 선물들을 선사해준다. 그 어느 때보다도 더 크나큰 호기심과 공감을 나타내며 상대방의 말을 경청한다. 사랑에 빠져 있을 때 우리는 사다리의 아주 높은 곳에 올라서서 삶을 조망한다. 아주 가뿐하고 즐거운 방식으로 타인에게 매료된 것이다. 은은하게 불어오는 한 줄기 실바람마저도 연인의 이름을 속삭이는 것만 같다.

사다리의 꼭대기에 머무는 것은 짜릿한 기분을 선사하므로 대부분의 사람들은 그와 같은 경험을 다시 한번 하기 위해서라면 무슨 일이든 감수한다. 다만 계단을 오르게 만드는 외적인 자극과 자기 내면의 힘을 서로 혼동할 때는 비극이 벌어진다. 그 사다리를 오를 수 있었던 힘이 자기 자신에게서 나왔다는 점을 미처 깨닫지 못할 때 말이다. 사람들은 자기가 만난 새로운 사랑이 자신을 사다리 위로 끌어올려주었다고 착각한다. 또는 박진감 넘치는 풋볼 경기라든지 새로운 직업을 얻었다는 사실 덕분이라고 착각한다.

사람들은 사다리 위로 올라가는 것을 신선하고 새로운 상대방과 사랑에 빠지는 것과 연결 짓곤 한다. 그래서 지금 연인과 맺고 있는 관계 바깥에서 그런 신선한 경험을 찾으려고 한다. 이는 불필요한 것이며, 사다리에 대한 완전한 오해 때문에 빚어지는 일이다.

자아의 사다리는 당신 안에 있다. 외부에서 생겨나는 흥미로운 사건들은 단지 사다리가 당신 안에 있다는 사실을 일깨워주는 촉매제 역할만 할 뿐이다. 살아가면서 당신의 정신을 찾아내기 위한 비법은 바로 그 사다리가 내면에 자리 잡고 있으며, 원할 때면 언제든 그 사다리를 오를 수 있다는 사실을 깨닫는 데 있다.

우리가 사다리의 아래에 붙잡히게 되는 까닭은, 바로 지금의 이 모습이 우리의 전부라면서 앞길을 가로막는 생각 탓이다. 이런 생각에 빠지면 절대로 변화나 발전을 기대할 수 없다. 일단 성격을 만들면 그 안에 꼼짝 없이 갇히고 만다. 우리는 우리가 어떤 사람인지에 관한 이야기를 만들어내고, 그 이야기를 강화하기 위해 이런저런 에피소드로 살을 붙인다.

이렇게 하나의 이야기에 다른 이야기를 이어붙이는 것은 스스로를 다시 발명하는 일과 전혀 무관하다. 자신을 발명한다는 것은 사다리를 높이 높이 타고 올라가서, 스스로를 끼워맞추곤 하던 성격이라는 것이 사라지게끔 하는 것을 가리킨다. 변함없는 자신이란 존재하지 않는다. 행동과 휴식만이 있을 뿐이다. 그리고 행동하는 것은 그 자체만큼이나 흥미진진하다.

그렇지만 어떤 부류의 사람이라는 묵직한 이야기 안으로 다시 빠져들면, 사다리를 미끄러져 내려와서 (바라건대) 러디어드 키플링의 말을 떠올리고 말 것이다.

"우리의 희망과 영광은 끝이 났지 / 우리는 사랑과 진실 앞에 패배했다네 / 우리는 사다리를 한 계단 한 계단 떨어져 내려가고 있지."

15

모든 것은 당신 안에 있다

관계가 맨 처음의 짜릿함을 잃어가는 모습을 바라볼 때 겪는 고통은 대개 별로 영양가가 없지만, 그것이 괴로움을 안겨준다는 데에 이견의 여지가 없다. 그래서 위대한 작사가들은 몇 세기에 걸쳐 이 고통에 관한 노래를 만들어왔다.

지미 웹이 작곡한 노래 「가위질(Scissors Cut)」을 부른 아트 가펑클은 이렇게 노래한다.

"만약에 사람들이 폭탄을 터뜨린다면 말이야."
너는 얘기했었지.
"나는 그 화염 속에서도 너를 찾아낼 거야."
그리고 이제 우리는 마치
서로 이름조차 모르는 사람들처럼 구네.

노랫말에 나오는 것처럼 서로를 향한 감정을 잃어가는 것은 외부적인 요인, 즉 다른 사람 때문에 벌어진다고 우리는 생각한다. 또는 이렇게 말하기도 한다. "그냥 케미가 사라져버렸어. 이제 와서 내가 뭘 어떻게 할 수 있겠어!" 그래서 우리는 새로운 연인을 통해 다시금 뜨거운 감정을 찾으려고 애쓴다. 그래서 그리 오래지 않은 과거에 사랑에 빠졌던 연인들은 이제 마치 서로의 이름을 모르는 사람들처럼 행동한다.

사소한 짜증과 지겨움을 좁힐 수 없는 차이와 혼동하는 사람들이 늘어나면서 이혼율도 점점 올라가고 있다. (코네티컷주의 타리프빌 Tariffville에 거주하는 한 남성은 아내가 냉장고에 다음과 같은 쪽지를 남겼다는 이유로 이혼소송을 제기했다. 쪽지에는 이런 내용이 적혀 있었다. "당신이 퇴근할 무렵에 나는 집에 없을 거예요. 모임에 잠깐 다녀와야 하거든요. 7시에 2번 채널을 틀면 저녁으로 해 먹을 만한 레시피를 방영할 거예요.")

그리고 다른 사람을 배우자로 삼겠다는 이유로 이런 이혼소송을 거는 일은 사실은 대부분 불필요하다.

엘리자베스 테일러에게 한번 물어보라. 사다리 높은 곳에 올라가서 느끼는 기쁨이 누군가와 결혼하는 행위에서 온다고 착각한 나머지, 엘리자베스 테일러는 살면서 여덟 번 결혼했다.

언젠가 바버라 월터스와 인터뷰하는 자리에 나온 그녀를 본 적이 있는데, 내가 슈퍼마켓에서 만났던 수강생이 '배웠다'고 한 바로 그것을 그제야 엘리자베스 테일러도 '배운' 것 같았다. 사다리는 우리 안에 있지, 바깥에 있는 게 아니라는 사실을 말이다. 그리고 곁에 누가 있는지와는 상관없이 스스로 사다리를 오르거나 내려갈 수 있다는 사실도.

"만약에 제가 또 결혼한다는 소식을 접하신다면" 그녀는 바버라 월터스에게 일러두었다. "찾아와서 제 뺨을 세게 때려주세요!"

계속해서 그녀는 지금 자신이 얼마나 행복한지를 얘기하며 인터뷰를 이어나갔다. 그리고 어떻게 그 행복을 스스로 내면에서 만들어 낼 수 있었는지, 이를 통해 어떻게 마음의 평화를 얻었는지를 말이다. 그 행복은 어떤 남자나 짜릿한 새로운 관계에 의존해서 생겨난 것이 아니었다.

콜린 윌슨의 얘기처럼 우리 대부분은 '거꾸로' 살아간다. 그러니까 부정적인 감정을 제일 꼭대기에 꺼내놓고, 상상력과 창조력은 깊은 수면 아래 잠긴 채 질식해가게끔 내버려두고 지낸다. 그러다가 바깥에서 벌어진 사고라든지 모험이(이를테면 사랑에 빠지는 사건과 같은) 우리를 다시 '똑바로' 돌려놓는다. 그런데 우리는 내면에서 벌어진 일들이 그런 사건 덕분에 가능했다고 착각한다. 바로 이것이 우리 인간들이 저지르는 가장 큰 실수다. 자신의 외면과 내면을 혼동하는 것 말이다.

만약 가족 구성원 가운데 중독 문제에 시달리는 사람이 있다고 하자. 그러면 우리는 그 가족과 함께 회복 프로그램을 들을 것이다. 중독 치료 센터에서 여는 '가족과의 시간'에 참석하고, 이전에는 한 번도 나눠보지 못했던 대화를 나누거나 하는 식으로 말이다. 그래서 그 프로그램이 끝날 때면 꽤 '격앙된' 감정을 느낄 것이다. 기분이 정말 좋다! 사다리의 아주 높은 곳으로 올라와 있다. 우리는 그것이 이 위기가 안겨준 선물이라고 생각한다. 하지만 그렇지 않다. 사다리 위까지 올라오는 일을 해낸 건 우리 자신이다.

우리가 미처 이해하지 못하는 것은 바로 그 점이다. 연습하고 주의를 집중한다면 우리는 스스로를 똑바로 세우는 법을 익힐 수 있다. 외부 상황이 어떻든 간에 상관없이 말이다. 사실 그렇게 똑바로 서는 것은 자연스러운 상태다. 아이들을 보면 살아 있다는 사실이 안겨주는 행복한 짜릿함을 알 수 있다. 부정적인 생각만 우리를 사다리에서 끌어내린다. 작가 바이런 케이티가 「있는 그대로를 사랑하기(Loving What Is)」에서 말하듯이, 그런 부정적인 생각 가운데 그 어느 것도 알고 보면 전혀 사실이 아니다.

얼마든지 즐기며 살아도 괜찮다
——

사다리는 피아노와 같아서, 능숙해지려면 연습이 필요하다. 그렇지만 일단 사다리를 오르는 기술을 터득하면 인생이 더욱 행복해질 것이다. 한 치의 두려움도 없이, 자기 자신의 감정에 충실하면서 얻은 완벽한 확신을 품고 인간관계를 만들어나가고, 또 그에 충분히 헌신할 수 있기 때문이다. 노력하려고 마음먹을 때면 언제든 혼인 관계나 친구 관계에 '짜릿함'을 부여할 수가 있다. 신나고 긍정적이며 신선한 감정을 언제든 당신의 삶 속으로 끌어들일 수 있는 것이다.

내면의 평화와 완전한 휴식은 당신을 사다리 위로 떠오르게 만들어줄 것이다. 내면의 평화와의 연결고리를 잃으면 에너지가 다른 길로 새며, 사다리에서 미끄러져 내려가는 자기 자신을 발견하게 될 것이다. 그렇다고 해서 절대로 기분 나빠하지는 마라. 적어도 당신은 그러한 사실을 눈치챌 수 있지 않았는가. 그리고 이렇게 상황을 파악하는 것만으로도 삶을 즐기기 위한 여정의 4분의 3을 이룩했다고 할 수 있다. 대부분의 사람들은 하루에도 수없이 사다리에서 미끄러져 내려와 아래에 머물러 있다. 사실 그들은 사다리가 있다는 사실조차 모른다.

정신적이고 신경학적인 이 내면의 사다리라는 존재는 우리가 속해 있는 대부분의 사회와 문화에서 비밀에 부쳐져 있다. 우리는 여전히 이렇게 믿는다. 어떤 사람이나 사물이 우리를 행복하게 만들어줄 수 있으며, 그러니 행복이란 바깥에서 시작된다고 말이다.

그러나 이 잘못된 믿음은 엄청난 실수다. 그래서 철학자 장-폴 사르트르마저도 이렇게 말했을 정도다. "지옥이란 곧 타인이다." 사르트르는 외면과 자신의 내면을 혼동한 것이다.

이러한 오해는 마치 지구가 편평하게 생겼다는 잘못된 믿음과 마찬가지다. 옛날 사람들은 세계가 편평하다고 생각했다. 눈으로 딱 보기에도 자명한 사실이라 여겼다. 우리의 감각기관은 바깥 세계를 감지하고 그에 반응한다. 마치 다른 사람들이 우리를 행복하게 만들거나 슬프게 만든다는 사실이 자명하게 여겨지는 것처럼 말이다. 그렇지만 자명하게 느껴진다고 해서 그것이 곧 진실이라는 뜻은 아니다.

지구는 편평하지 않다. 그리고 지구가 편평하다는 믿음은 사람들이 모험을 떠나지 못하게 발목을 잡았다. 그래서 사람들은 안전한 집에만 틀어박혀 있었다. 고대의 집순이 집돌이들은 두려웠던 것이다. 너무 멀리 나갔다가 지구의 가장자리에서 밑으로 떨어질까봐.

다른 사람들이 우리를 행복하게 만들어줄 수 있다는 생각은 지구가 편평하다는 믿음과 마찬가지로 괜한 한계를 긋는 미신이다. 이런 미신은 우리를 집 안에 붙들어놓고 침대에만 처박혀 있게 만든다. 모험을 떠나고 새로운 시도를 감행하는 것을 두려워하게 만든다. 만약 다른 사람에게 연락을 취하기라도 하면 지구 끄트머리에서 추락할까봐 두려워하도록 만든다.

이제 명확히 알게 되었을 것이다. 이런 미신은 일련의 강력한 부정적인 감정들에 뿌리내리고 있다는 것을. 사람들을 그렇게 조심스럽고 위축된 태도로 대할 필요는 전혀 없다. 당신의 세계 역시 덜 편평하고, 더 둥글게 변할 수 있다. (사실 얼마든지 즐기면서 살아도 괜찮다.)

16

기분이 다운됐다는 말

자아의 사다리에 관한 진실은 우리가 쓰는 언어만 잘 살펴보아도 알 수 있다. 우리가 서로에게 하는 말이 사다리의 존재를 드러낸다.

사람들은 종종 "굴하지 말고 뛰어넘어"라고들 말한다. 그리고 대부분의 사람들은 자신을 괴롭히는 문제에 굴하지 않고 뛰어넘을 때 어떤 기분이 드는지를 안다.

문제가 나를 괴롭히는 것은 사다리 아래쪽의 감정 단계에 머무를 때만 벌어지는 일이다. 그 단계를 뛰어넘으면 시야를 넓힐 수 있다. 그렇게 점점 더 큰 그림을 바라볼수록 내 문제는 점점 더 작게 여겨진다. 더 많은 가능성을 깨달아갈수록 세계는 갑자기 점점 더 온갖 해결책이 가득한 공간으로 탈바꿈한다. 1만 피트 상공에서 세상을 바라보는 건 끝내주는 기분이다.

그래서 더 많은 것을 뛰어넘을수록 여러 가지 일 사이에 숨어 있던 연결고리도 점점 더 많이 보인다. 마치 비행기를 타고 하늘을 날 때면 도시와 논밭이 이루는 아름다운 패턴이 눈에 들어오듯이 말이다. 비행기 창가 자리에서 바라보는 세상은 마치 하나의 예술작품 같다. 세상을 뛰어넘은 높은 곳에서 바라봐서다. 아래쪽에 펼쳐진 세상을 바라볼 때면 얼굴에는 웃음이 감돈다. 이런 생각이 찾아온다. '이 모든 것들 위를 날아가고 있구나……. 아름답고 독창적인 작품들 위로.'

사람들은 "기분이 다운됐어"라는 말도 곧잘 한다. 그럼으로써 우리의 잠재의식은 사다리의 존재를 알고 있다는 사실이 드러난다.

"네 목소리를 들었을 때 딱 알겠더라. 기분이 가라앉았다는 게 느껴지더라고. 뭔가 문제가 있구나 싶었지." 이런 표현들도 마찬가지다.

또 일을 하다가 '기분을 업시키기' 위해 차를 마시거나 심호흡을 하기도 한다. 그렇게 하면 사다리의 더 높은 곳으로 올라가서 다시 일에 집중할 수 있다. 긍정적이고 재미있는 친구와 전화 통화를 하면서 '기분을 업'시킬 때도 있다. 이는 내 정신을 업시키는 일인 셈이다.

사랑에 빠질 때면 『8월의 캔사스*Kansas in August*』라는 책에 나오는 것처럼 툭하면 빤히 보이는 수작을 부리기도 하지만, 기분은 '미국 독립기념일에 띄워 올리는 연'만큼이나 하늘 높이 날아간다. 부정적인 생각들이 머릿속을 잠식할 때면 나는 기분이 '다운된다'고 말할 것이다. 정말로 사다리의 아래쪽으로 내려가는 거니까 말이다. 기분이 다운되었는데 어떻게 웃을 수가 있겠는가!

너무 오래 바닥을 헤맸더니 바닥이 하늘 같다

열정과 장악력을 지닐 때 찾아오는 온갖 위대한 감정은 '그 모든 것을 뛰어넘었다'고 느낄 때까지 뛰어오르고, 더 높이 오르고, 날아가며, 솟구치는 일과 연관된다. 실패가 주는 나약한 감정과 통제력의 상실은 '바닥을 쳤다'는 느낌이 들 때까지 낮은 곳으로 가라앉고, 넘어지고, 미끄러지고, 수렁에 빠지는 일과 연관된다. 이 때문에 우리는 미끄러운 비탈길을 주의하라고 말한다.

작사가 리처드 파리나는 유머와 우울함을 모두 담은 자전적인 소설의 제목을 '너무 오래 바닥을 헤맸더니 내겐 이곳이 하늘처럼 느껴질 지경이다(Been Down So Long it Looks Like Up to Me)'라고 지었다. 마이클 조던의 재능에 찬사를 보내는 영화 「스페이스 잼(Space Jam)」의 주제곡 제목은 '나는 날 수 있다고 믿어요(I Believe I Can Fly)'라고 붙인 반면에 말이다.

멋진 인간관계는 내면 깊숙한 곳에서 생겨나는 것이 아니다. 그것은 사다리 높은 곳에 있는 상상을 통해서 생겨난다. 마치 이 노랫말처럼 말이다. "당신과 나를 상상해봐요. 나는 그러거든요. 매일 낮 매일 밤 당신을 생각해요." 관계를 맺는 두 사람이 마음속 높은 곳으로 올라가 함께 상상할 때, 둘은 함께 행복을 만들어간다. 비결은 일단 '높이 올라가서' 아래로 내려오지 않는 데 있다.

배우 소피아 로렌은 60대에 접어들었을 때조차 스크린에서 여전히 빛나는 생기와 섹시함을 보여주었다. 그녀는 자신의 성공 공식을 이렇게 설명했다. "젊음의 샘물이 있어요. 그건 바로 당신의 마음이

나는 더 이상 호구로 살지 않기로 했다

고, 당신의 재능이며 당신이 자신의 삶과 사랑하는 사람들의 삶에 가져다주는 창조성이죠."

소피아 로렌이 내려준 '마음, 재능, 그리고 창조성'이라는 처방은 가슴에서 (또는 꼭 가슴이 아닌 다른 신체기관에서) 생겨나는 감정을 가지고 다른 사람에게 매달리는 것과는 무관하다. 그녀에게는 과거의 리즈 테일러 같은 의존성이라고는 전혀 없다. 의존성이라는 치명적인 방편으로 배우자를 꽁꽁 묶어놓던 그런 모습 말이다.

영화 인생을 마무리할 때까지 스크린 속에서 소피아 로렌이 보여준 멋진 모습은 그녀의 체계가 우주를 장악하는 역량을 지닌 정신과 조화를 이뤘다는 사실을 잘 증명해준다.

숨 쉴 공기는 어디든 있다

사다리의 어느 지점에서 출발하는지 정확히 인식하는 연습을 시작하는 순간부터, 당신의 인생은 점점 더 나은 쪽으로 갈 것이다. 연습은 인류의 역사 속에서 가장 중요한 발견이라 할 수 있다. 그렇지만 우리의 문화는 연습과 노력을 쉽사리 조롱한다. 연습의 힘을 과소평가하고, 이를 가능한 한 피해 가려 한다. 우리가 원하는 삶을 가져다줄 것은 오로지 연습밖에 없는데도 말이다.

사다리는 피아노와도 같다. 사다리의 계단은 곧 피아노의 건반이다. 그리고 연습을 통해 통달할 수 있다.

사다리가 마음속에 있다는 사실을 기억하는 것만으로도 마음이 차분해질 것이다. 그리고 내면에 자리 잡은 사다리를 찬찬히 들여다 보면, 사람들과 대화를 나누거나 혼자 생각에 잠기는 순간에도 당신이 사다리의 어느 계단에 있는지를 언제나 파악할 수 있을 것이다.

예를 들어 어떤 말을 하려고 할 때 사다리의 낮은 계단에서 오는 죄책감이 든다는 사실을 알아차린다면, 하려던 말을 멈추고 잠시 물러서서 심호흡을 할 수 있다. 당신의 모습이 분노나 부끄러움의 계단에서 비롯된 것이라는 사실을 깨닫는다면 잠시 바람을 쐬면서 정신이 사다리를 올라가는 데 필요한 빛을 모을 수 있다. 심호흡을 하며 자신감을 충분히 고취하고 난 다음에는 사다리를 오르기가 훨씬 더 쉬울 것이다. (어떤 사람들은 한 바퀴 조깅을 하는 것이 자신의 모습을 완전히 뒤바꾸는 데 도움이 된다고 말하기도 한다.)

다른 사람의 말에 쉽게 상처를 받는 편이라면 당신은 심호흡을 하면서 심호흡이 만들어내는 역동성을 인식하는 습관을 곧 들일 수 있을 것이다. 이전까지의 낡은 습관은 당혹스러운 상황을 마주했을 때 숨을 멈추고 당면한 감정에 매몰되는 것이었다. 그렇게 숨을 멈추어 충분히 호흡하지 못하면 당신은 사다리를 오르지 못하고 아래로 내려가고 말 것이다.

당신의 모습이 어떤 계단에서 생겨나는지를 일단 알면 그다음에는 자신이 어느 계단에 있고 싶은지를 스스로에게 물어볼 수 있을 것이다. 당신은 어떤 사람이 되고 싶은가? 스스로를 발명하는 주체는 자기 자신이니, 기왕이면 사다리 위쪽에 있는 자신을 발명해보는 게 어떨까? 더 나은 관계를 만들고 싶고 내면에서 더 큰 행복을 느끼고 싶다면, 사다리 위쪽 계단에 있고 싶은 마음도 클 것이다. 두려움이 아니라 상상력으로 빚어낸 자신을 바랄 것이다. 당신은 정신과 깊은 생각을 통해 만들어지는 자신을 바랄 것이다.

연습을 통해서라면 사다리의 위쪽으로 점점 더 자주 올라갈 수 있다. 상상력이 있다면 가능하다. 사색에 잠긴 기도와 명상을 한다면 가능하다. 사다리 위로 향하게끔 만들어주는 물리적인 요소도 있고 말이다.

나는 LSD를 즐겨 떠올린다. 이는 내가 사용하는 공식의 이름이다. 'LSD'라는 말은 곧 웃고, 노래 부르고, 춤추는 것(Laughing, Singing, and Dancing)을 가리킨다. 이 세 가지 요소는 우리가 사다리를 올라가도록 도와준다. 웃는 것은 가장 빠르고 폭발적인 방법으로 당신을 사다리 높은 곳으로 올려보낸다. (그리고 그곳에 그대로 머물러야 한다는 점을 꼭 기억하라. 웃고 나서 다시 사다리 아래로 내려오면 안 된다. 더 높이 올라갈수록 웃을 일도 더 많아질 것이다. 그러니 높은 곳에 계속 머물러 있어라.)

노래를 부르는 것은 종교적 지도자들도 알고 있는 방식인데, 이 또한 당신을 높은 곳에 데려다준다. 그러니 노래를 많이 불러라. 미국의 심리학자이자 종교철학자 윌리엄 제임스는 이런 깨달음을 얻은 바 있다. "행복하기 때문에 노래를 부르는 것이 아니라, 노래를 부르기 때문에 행복한 것이다." 이 사실을 깨달았을 때 그는 사다리의 비밀을 알아낸 것이다. 그리고 춤을 출 수도 있다. 전 세계를 누비며 춤을 춰라. 그게 장거리 달리기 선수들이 하는 일이다. 달리기 선수들은 춤을 춘다. 놀이터에서 노는 아이들도 춤을 춘다. 라켓볼 선수들도 춤을 춘다. 그리고 실제로 무대에 올라 춤을 추는 사람들의 얼굴을 살펴보라. 춤추는 사람의 나이는 상관이 없다! 중학교 졸업식

파티에서 드레이크나 비욘세의 노래에 맞춰 춤추는 행복한 표정의 아이들일 수도 있고, 노인대학에서 폴 매카트니의 노래에 맞춰 춤추는 사람들일 수도 있다. 이들은 세계의 꼭대기에 올라선 얼굴, 사다리의 꼭대기에 오른 사람들의 얼굴을 하고 있다.

웃고, 노래하고, 춤을 추는 일은 매일매일의 일상 속에 얼마든지 스며들 수 있다. 솔직히 말하자면, 이 세 가지를 하지 않았다면 그날은 곧 잃어버린 하루로 취급해도 상관없다. 이 점에 관해서만큼은 스스로에게 엄격해져도 좋다. 스스로를 웃는 사람, 노래 부르는 사람, 그리고 춤추는 사람으로 다시 발명하라. 완전하게 사는 법을 배우는 일만큼은 고집을 부려라.

스스로를 더 행복하게 만들수록 인생이 더 쉬워질 것이다.

LSD 공식의 세 가지 활동들에는 공통점이 있다. 숨을 충분히 들이마신다는 거다(정신을 깊이 들이마시는 것과 같다). 앞의 세 가지 활동을 하려면 그때그때 호흡을 최대한으로 끌어올려야 한다. 웃고, 노래하고, 춤을 추는 일에는 상당한 양의 산소가 필요하다. 행복해지려면 어떻게 해야 하냐고? 숨 쉬고 있는 공기만으로도 충분하다. 공기를 손에 넣으려고 짙은 선글라스를 끼고 도시 뒷골목의 마약 밀매상을 찾아갈 필요도 없다. 공기는 당신 주변 어디에나 널려 있다.

17

자기 연민은 트로피가 아니다

자기 연민이라는 감정이 내게는 하나의 중독, 말하자면 아주 끔찍한 습관이 되었다는 사실을 깨닫는 데에는 몇 년이 걸렸다. 이 습관은 나를 낚아채어 아무 생각 없이 멍하게 살도록 만들었다. 창의력을 발휘하는 것은 불가능에 가까웠다.

평생 찌들어 살았던 자기 연민의 늪에서 벗어나려던 무렵에 나는 젊은 청년이었고, 내면의 힘과 행복을 찾아가는 여정을 준비하고 있었다. 중고서점을 이리저리 뒤지다가 개인의 능력을 다룬 오래된 책을 하나 찾아냈다. 그 책에는 얼마나 행복한지 자가 진단을 할 수 있는 간단한 테스트가 실려 있었다. 거기에 이런 질문이 있었다. "당신은 동정의 대상이 되고 싶은가, 부러움의 대상이 되고 싶은가?" 나는 '동정의 대상이 되고 싶다' 칸에 표시했다. 말 다 했지! 내가 행복한지 아닌지는 물어볼 필요조차 없었던 것이다!

그때 나는 그 선택이 얼마나 나약한 것인지 몰랐다. 미처 몰랐던 것이 차라리 다행이다. 덕분에 나를 다시 발명하기 위한 길을 걸을 수 있었는지도 모르니 말이다. 그렇지만 이제는 만약 그런 답변을 하게 된다면, 몹시도 부끄러운 마음을 감출 수 없을 것이다.

나 같은 지나친 수준까지 이를 필요는 없다. 당신은 과거의 나보다 훨씬 즐거운 삶을 살 수 있다. 정신을 똑바로 차린다면 말이다. 자기 연민이 깃들려고 할 때 그것이 당신을 방해하지 못하게끔 한쪽으로 치워두면 된다. 스스로를 놀려먹는 것도 한 방법이다. 당신이 얼마나 우스운지를 놓고 웃어버릴 수도 있다. 그렇게 하면 자기 연민이 끼어들 틈이 없다. 당신은 감정의 희생자가 아니다. 당신은 감정 그 이상이다. 감정을 느껴라. 당신이 지니고 있는 모든 것을 가지고 감정을 대하고 감정을 넘어서라. 결정권을 감정에 넘기지 마라. 당신의 마음으로 돌아가라. 그리고 다시 마음을 넘어서라. 꿈을 꾸고, 웃고, 다시 발명하며, 사랑하라. 그것이야말로 재발명이 만들어내는 궁극적인 도약이다. 두려움에서 출발하여 사랑에 이르는 도약이다.

패배자들의 패배자

관계를 망치는 가장 빠른 방법 한 가지는 바로 그 관계 속에 자기 연민을 끌어들이는 것이다.

주변 상황과 사람들이 내게 어떻게 상처를 줬는지 사람들에게 술술 얘기하기 시작하면, 사람들과 맺어온 긴밀한 관계가 허물어지고 있다는 사실을 깨달아야 한다. 어느 순간부터 사람들은 나와 대화 나누는 것을 별로 기대하지 않는 눈치일 것이다.

이 지구에서 보낸 초반 30여 년 동안 나는 외로움에 시달렸으며, 성격이라는 감옥에 얽매인 희생자였다. 청년 시절에 나는 내가 사람들의 동정을 받을 만한 순교자라고 생각해왔다. 내가 얼마나 버릇없이 엉망으로 지내왔는지, 내 인생이 사실 얼마나 순탄했는지는 생각지도 않고 말이다. (신기하게도, 인생이 더 쉬워질수록 희생자라는 기분을 느끼기가 더 쉽다. 부모들은 시행착오를 통해 이 사실을 배운다. 그리고 이 사실이 부모들을 미치게 만든다. 버릇없이 자랄수록 아이는 더 쉽게 화를 낸다. 바로 이런 점이 권태와 분노로 가득 찬 커트 코베인을 망친 것이다. 마지막에는 그의 아내 커트니 러브도 깨달았듯이 말이다.)

슬픔에 잠긴 꼬마 시절에 내가 가장 좋아한 텔레비전쇼의 제목은 「하루 동안의 여왕(Queen for a Day)」이었다. 이 쇼에는 희생자들이 등장했다. 유년 시절의 나는 텔레비전 앞에 붙박여서 이 프로그램을 보며 몇 시간씩을 흘려보냈다. 프로그램 참가자인 여성들은 각자의 삶이 얼마나 끔찍했는지 하소연하며 갖가지 어두운 사연을 들려주었다. 그 가운데 가장 불쌍한 사연의 주인공이 우승자가 됐다. 그래서 프로그램 마지막에 쇼 진행자가 우승자를 무대 위로 모셔와 우승자의 머리에 왕관을 씌우면서 막을 내렸다. 우승을 거둔 여성의 뺨 위로는 기쁨의 눈물이 흘러내렸다. 패배자들이 우승자를 얼마나 시샘했는지, 그리고 자신들이 충분한 동정을 사지 못해 막대한 상금을 거머쥐지 못했다며 얼마나 화냈는지를 기억한다. 출연자들은 인생의 패배자들이었을 뿐만 아니라, 패배자들이 출연하는 이 쇼에서마저도 패배자였다.

어렸을 때 나는 여자로 태어나지 않았다는 사실에 화가 나곤 했다. 여자가 아니라서 「하루 동안의 여왕」에는 결코 출연할 수 없었기 때문이다. 인생은 그런 거지, 라고 나는 생각하곤 했다. 인생은 불공평하다고 말이다.

그런데 훗날 내게 「하루 동안의 여왕」과 비슷한 감정을 느낄 만한 일이 벌어졌다. 그 감정은 내가 공식적으로 인정받은 희생자 집단에 속했을 때 찾아왔다. 바로 '알코올중독자의 성인 자녀'라는 집단이었다.

"그 말이 무슨 뜻이죠?" 나는 당시 상담사에게 간절히 물어보았다.

"그러니까, 성장기에 양쪽 부모가 모두 알코올중독자였으므로, 이제 당신은 알코올중독자들의 '성인 자녀'가 되었다는 얘기죠. 사실상 당신은 제 기능을 하지 못한 가정에서 자라난 희생자라는 뜻이에요."

"세상에! 농담하시는 거죠?" 나는 외려 신이 나서 물었다. "정말로 희생자라고요?"

샴페인이라도 한 병 따서 축하하고 싶은 기분이었다.

나는 미시건주의 버밍햄에서 건강한 백인 남성으로 자라왔다. 따라서 내가 사회적으로 희생자로 분류될 만한 가능성이 적어야 한다고 생각하며 괴로워했다. 그렇지만 상담사의 말을 듣고 깨달은 것이다. 이제껏 나는 희생자로 살아왔으며, 사람들의 동정을 살 만한 순교자였다는 사실을 말이다! 마침내 나는 「하루 동안의 여왕」 후보자가 된 것이다.

거리의 비둘기는 자괴감을 모른다

그렇지만 내가 여왕 노릇을 하는 그 '하루'라는 것은 좋은 기분이 지속되는 딱 그동안만 가능했다. 과거사를 캐고 또 어린 시절 느꼈던 분노의 문제를 되짚어보는 것은 나를 더 깊은 자기 연민으로 빠지게 할 뿐이었다. 실제로 나는 인생과 사람들을 바라보는 비관적인 견해를 더욱 견고하게만 만들고 있었다. 내 이야기를 각색해가면서 내 성격이라는 보호막을 한층 더 두껍게 만들었다.

몇 년이 지나면서 나는 한 가지 사실을 배웠다. 당신이 스스로에게 연민의 감정을 내비치면 사람들은 어느 정도 동정심을 드러낼 것이다. 하지만 딱 거기까지다. 그 사람들이 당신과의 대화를 기대하리라는 보장은 없다. (그 사람들도 희생자인 경우가 아닌 한에는 말이다. 그렇지만 만약 그 사람들도 희생자라면, 그들은 당신 이야기를 참을성 없이 들으면서, 자신의 희생자 이야기를 들려줄 기회만 호시탐탐 노릴 것이다.)

활발한 활동을 펼친 위대한 소설가 D. H. 로렌스는 언젠가 이렇게 말한 적이 있다. "나는 자연의 것이 스스로를 불쌍하게 여기는 모습을 본 적이 없다. 한 마리 작은 새조차 가지에 매달려 있다가 추위에 얼어 급작스러운 죽음을 맞이하더라도, 자기 연민은 전혀 느끼지 않을 것이다."

야생동물들은 순수한 행동만을 하며 살아간다. 야생동물에게는 자기 서사라든지 성격이라는 게 없다. 야생동물처럼 사는 것을 더 많이 떠올릴수록, 그래서 서글픈 자의식을 곱씹는 대신 행동을 취할수록, 자기 연민을 더 빠르고 손쉽게 떨쳐버릴 수 있으며 만성적인 슬픔은 지나간 과거의 것이 된다. 그러니 소설가 앙드레 지드가 슬픔이란 대개 특별한 것이 아니라 단지 피로감의 한 형태일 뿐이라고 말한 것도 놀랄 일은 아니다.

그리고 역설적이게도 피로감이란 거의 대부분 행동을 지나치게 적게 하면서 살아가는 데서 생겨난 결과물이다. 더 많은 행동을 삶 속에 끌어들일수록 잠은 더 잘 자게 되고 자기 연민은 더 적게 느끼게 된다. 그리고 잠을 더 잘 자면 더 많은 에너지가 생긴다. 에너지가 더 많이 생기면 행동을 하는 의지도 더 많이 생겨난다. 그리고 더 많이 행동하면 더 행복해진다. 더 행복해질수록 인간관계도 더욱 좋아진다. 인간관계가 좋아질수록 잠을 더욱 잘 자게 된다. 이것이 자기를 재발명하는 선순환의 원리다.

18

—

'예스'와 '노'는 함께 산다

주인은 어떤 요구를 하는 일에 겁을 내지 않는다. 바로 이것이 주인들이 영업과 연애에 그다지도 능한 비결이다.

희생자는 "아니"라는 말을 두려워한다. 그래서 이 말을 피하기 위해 온갖 놀라운 일도 마다하지 않고 벌인다. 희생자에게 "아니"라는 말은 곧 거부를 뜻한다. 그것도 파괴적이고 전면적인 거부 말이다. 희생자에게 "아니"라는 말은 단순히 "아니"라고 들리지 않는다. 그의 귀에는 그 말이 이렇게 들린다. "아니, 아니, 아니야. 너는 정말이지 아무런 가치도 없어!"

그렇지만 주인에게 "아니"란, 단지 "그래"라는 말의 반대편에 있을 뿐이다. "아니"와 "그래"는 함께 산다. 모든 사람에게는 "그래"와 "아니" 가운데 한 가지를 골라서 말할 수 있는 완벽한 권리가 있다. 이 사실은 주인에게 아무런 괴로움도 안겨주지 않는다. 주인은 그런 권리를 존중한다. 그렇기 때문에 주인은 "아니"라는 말을 들었을 때 세상이 부당하며 잘못되었다고 생각하지 않는다. 인생이 불공평하다고 섣부른 결론을 내리지도 않는다. "아니"라는 말을 듣고 나면 주인은 곧장 그다음 요청 사항으로 넘어간다. 인생은 요청과 약속의 연속이다.

희생자는 "아니"라는 말을 필사적으로 피하는 데 대부분의 시간을 할애한다. 그 말이 곧 거부라고 여기기 때문이다. 전면적이고, 혹독하며, 인격적인 거부 말이다. 그러니 희생자가 가능한 한 그 말을 피하려고 하는 것도 놀랄 일은 아니다. 다만 문제는 "아니"라는 말을 피하다 보면 "그래"라는 말 또한 피하게 된다는 점이다. 두 가지는 같이 간다. "아니"와 "그래"는 함께 산다.

사람들이 삶에서 원하는 것을 얻지 못하는 주된 이유는 요청하고 얻는 걸 두려워해서다. 스스로 만들어낸 "아니"라는 말의 의미가, 즉 거부가 두렵기 때문이다.

토머스 하디의 책 『성난 군중으로부터 멀리*Far From the Madding Crowd*』에 등장하는 가브리엘은 전형적인 희생자다. 그는 자신이 만들어낸 성격이라는 고치 안에 꽁꽁 갇혀 있다.

가브리엘은 그녀의 얼굴을 한참 동안 바라보았다. 그러나 난로 불빛이 점점 희미해져가고 있었으므로, 눈에 또렷이 들어오는 모습은 많지 않았다.

"밧세바." 부드럽게, 그리고 약간 놀란 기색을 띠며 그가 말했다. 가브리엘은 밧세바에게 가까이 다가갔다. "딱 하나만 알 수 있다면—그러니까 당신의 마음을 얻고, 당신을 사랑하고, 그리고 결국에는 당신과 결혼할 수 있도록 당신이 마음을 열어줄 것인지를 알 수 있다면—바로 그 한 가지만 알 수 있다면 좋을 텐데요!"

"하지만 당신은 절대 알 수 없을 거예요." 그녀가 나지막이 말했다.

"어째서죠?"

"당신은 절대로 물어보는 법이 없으니까요."

아니라는 말에 휘둘리지 않는 법
———

고등학교 시절, 나는 "아니"라는 말이 너무도 두려웠다. 그래서 여자아이에게 졸업식 댄스파티에 같이 가자는 청을 건네지도 않았다. 그 여자아이가 나와 함께 갈 의향이 있는지를 미리 알기 전에는 말이다. 그래서 나는 친구들에게 이리저리 전화를 돌리며 머리를 굴리고 의중을 떠보았다. 솔직한 마음을 대놓고 드러내는 것을 어떻게든 피해보려고 말이다.

이를테면 이런 식이었다. 그레그에게 전화를 걸어서 팻시에게 부탁 좀 해달라고 요청한다. 팻시의 같은 반 친구 키티에게 한번 물어봐달라는 부탁을 말이다. 내가 만약 키티에게 댄스파티에 함께 가자고 물어본다면 응할 생각이 있는지를 알아봐달라고 말이다. 물론 그렇다고 해서 내가 키티에게 물어보리라는 보장도 없지만, 나는 그저 이런저런 가설을 세우는 게 전부였다. 그리고 팻시가 키티에게 전화해서 물어보는 걸 귀찮아하지 않기만을 바랐다. 그래서 부디 키티의 대답을 듣고 팻시가 그 대답을 그레그에게 알려주면, 내일 내가 다시 그레그에게 전화를 걸었을 때 그레그가 그 대답을 내게 들려줄 수 있기를 바랄 뿐이었다.

그리고 그레그가 전화로 이렇게 말했을 때 나는 전혀 행복하지 않았다. "팻시가 그러는데, 키티는 네가 어느 정도 마음에 든대."

"어느 정도?" 내가 물었다. "그레그, 그게 무슨 뜻이야? 그 말은 아무 의미도 없잖아. 내가 키티에게 전화를 걸어서 졸업식 댄스파티에 같이 가겠냐고 묻는다면, 완전 얼간이처럼 보일지도 모르잖아! 키티가 이렇게 말하는 소리가 다 들릴 지경인걸. '저기, 팻시를 통해서 그레그에게 그렇게 전해달라고 하기는 했지. 네가 마음에 든다고 말이야. 하지만 내가 너랑 같이 졸업식 댄스파티에 가겠다고 말한 적은 없어. 마음에 드는 것과 댄스파티에 같이 가는 건 완전히 다른 문제 잖아! 댄스파티에는 좀 더 쿨한 남자아이가 어울린다고. 네가 아니라 말이지.'"

고등학교 시절, 평범한 외모에 재미난 구석 하나 없는 남자아이들이 믿을 수 없이 아름답고 매력적인 파트너와 함께 댄스파티에 가곤 했다. 항상 그랬다. 그리고 나는 그 남자아이들이 도대체 어떻게 그럴 수 있는 것인지 알지 못했다. 아마 우리 모두 전혀 몰랐을 것이다. 그렇지만 이제 나는 안다. 그 아이들은 "아니"라는 말을 듣는 것을 두려워하지 않았던 것이다. 그래서 계속해서 묻고 또 물었던 것이다.

정신의 주인이 성공을 거두는 이유는 실패에 대한 비합리적이고 미신적인 두려움이 전혀 없어서다. 주인은 "아니"라는 대지 위를 용감하게 누빈다. 연습을 거듭해가며 말이다.

"이 일을 해오면서 넣지 못한 골이 9천 개가 넘어요." 마이클 조던은 말했다. "300개가 넘는 경기에서 패배를 맛봤고요. 팀에 승리를 안겨줄 결정적인 슛을 날릴 거라는 기대를 한 몸에 받은 건 스물여섯 번이었는데, 모두 실패했죠. 저는 살아오는 동안 계속해서 실패하고 또 실패하고, 또 실패했어요. 그리고 그게 제가 성공한 이유예요."

단순히 지는 것과 상대방에게 장렬히 패배하는 것 사이에는 큰 차이가 있다. 희생자는 지는 것을 핑계 삼아 경기를 관두는 일을 정당화한다. 그러나 주인은 아름답게 패배한다. 주인은 이러한 패배를 이후의 영감과 자극으로 삼는다.

달력을 펴고 오늘 날짜가 적힌 칸으로 가서, 눈에 잘 띄는 곳에 '오늘의 중요한 요청'이라고 써두어라. 누군가에게 용기 내어 부탁하는 일 없이는 하루도 그냥 지나가도록 내버려두지 마라. 장담하건대, 당신은 예상치 못한 "그래!"라는 말을 숱하게 들으면서 깜짝 놀라게 될 것이다. 그리고 "아니"라는 대답에 얼마나 더 잘 대처해나가는지를 보면서도 역시 깜짝 놀랄 것이다. 예의와 겸손함을 지키면서 "아니"라는 대답에 반응하는 법을 배우게 될 것이다. 그것을 더 이상 인격적인 거절로 받아들이지 않고 말이다.

그렇게 해서 "아니"라는 말이 절대로 당신을 죽이려 들지 않는다는 사실을 매일매일 배우면서, 당신의 역량은 예상을 훌쩍 넘어 성장할 것이다. 그리고 니체가 남긴 이 말의 뜻을 실감할 수 있을 것이다. "나를 죽이지 못한 것은 나를 더 강하게 만든다." 그래서 한때 당신의 성격이었던 것을 뒤돌아보며 크게 웃어넘기고는, 이제는 그것을 넘어서서 얼마나 멀리까지 이르렀는지를 깨달을 것이다. 성격이 차지하던 자리를 행동으로 채워나갈 때, 재발명을 배우는 것이다.

행동은 "그래"와 "아니" 따위에 상관하지 않는다. 행동의 관점에서 보면 "그래"든 "아니"든 하나의 표지판에 지나지 않는다. 좌회전이나 우회전, 위쪽이나 아래쪽과 같이 말이다. 그 표지판에는 우리를 좌절하게 하는 어떤 말도 없다. 행동을 점점 더 중시할수록, 원하는 것에 더 빨리 도달할 수 있다.

19

사랑은 감정이 아니다

사랑은 심장보다 더 높은 곳에 자리 잡은 자아의 사다리에서 만들어진다. 사랑은 상상력을 넘어선 자리에서 생겨난다. 사랑은 정신에서 나오는 것이다.

동정심은 희생자가 의지하는 것 중에서 그나마 가장 높은 가치다. 동정심은 사다리의 가장 낮은 계단에 머무는 일을 합리화해준다. 그렇지만 동정심은 사랑보다 더 많은 것들을 이뤄낼 수는 없다. 동정심이 사랑의 자리를 빼앗아서는 안 된다.

연민의 감정을 품고 동정을 보내는 사람이 꼭 사려 깊은 사람인 것만은 아니다. 만약 폭탄 테러가 벌어진 현장에 있다고 하자. 그리고 건물 곳곳에 피를 흘리며 다친 사람들이 갇혀 있다고 치자. 그 사람들의 피와 고통을 보고 무릎 꿇으며 흐느낀다고 해서 그들에게 도움이 되는 것은 전혀 아니다. 동정심이 저절로 선행이 되는 건 아니다. 많은 경우 감정이 당신을 집어삼키게끔 내버려두는 대신, 사다리 높은 곳으로 올라가 사랑을 담은 행동을 보여주는 편이 사람들에게 더욱 도움이 되는 (그리고 또 더욱 다정한) 모습이다.

"사랑은 감정이 아니다." 작가 디팩 초프라는 이렇게 말했다. "사랑은 깊은 수준의 의식이며, 정신의 통일성에 대한 경험이다."

전쟁 때 싸움터에서 사람들의 목숨을 가장 많이 살려낸 의사들은 바로 감정을 넘어서서 정신의 순수한 에너지를 발현한 사람들이었다. 부상을 입은 병사들을 향한 동정심을 주체하지 못한 의사들이야말로 부상자들에게 가장 도움이 되지 못한 자들이었다.

타인을 대할 때면 정신의 순수한 에너지를 접할 수 있는 길이 열린다. 이는 사람 사이의 의사소통 습관에는 기본적으로 두 종류가 있다는 사실에서 시작된다. 사려 깊게 관계를 만들어가는 습관과 타인에게 감정적으로 반응하는 습관, 이렇게 두 종류 말이다. 주인은 관계를 만들고, 희생자는 관계에 반응한다.

불쾌한 내용의 메일을 받은 희생자는 욱하는 마음으로 쓴 이메일을 보낼 것이다. 그리고 나서 일주일만 지나면 후회하겠지만 말이다. 희생자인 연인이 보내는 편지는 모두 발끈하는 마음에 쓴 것일 것이다. 희생자인 임원은 열이 받으면 다시는 절대 돌아오지 않겠다면서 회의실을 성큼성큼 걸어 나갈 것이다. 이 모든 것은 반응에 해당한다. 사례 속 사람들이 행동을 더더욱 중시하고 자아에 조금 덜 집착하면서, 뇌에 산소를 더 많이 공급했다면, 얼마든지 더 나은 반응을 취했을 것이다. 좀 더 사려 깊은 언행을 통해 곤란한 일을 피할 수 있었을지도 모른다.

정말 좋은 소식은 다른 사람들과 관계를 맺는 이 두 가지 방식-만들어가기와 반응하기-이 단지 습관의 문제일 뿐이라는 사실이다.

습관의 문제인 이상, 얼마든지 다른 습관으로 대신할 수 있다. 반응하는 습관을 만들어가는 습관으로 대체할 수 있는 것이다. 이렇게 대체하기 위한 첫 번째 단계는 바로 자각하는 것이다. 만일 상대방에게 감정적으로만 반응한다면 가장 먼저 할 일은 이 사실을 깨닫고 이해하는 것이다. 심리치료사 너새니얼 브랜든이 말한 것처럼 "당신이 한 번도 가본 적이 없는 장소로는 떠날 수 없는 노릇이다."

흘러간 옛 노래의 슬픈 가사

일터에서 맺어진 인간관계나 사적인 인간관계 때문에 힘들어하는 사람들을 상담할 때면, 얼마 지나지 않아 그들의 습관에서 문제가 비롯되었다는 사실이 명확하게 드러난다. 바로 타인에게 감정적으로만 반응하는 습관 말이다. 그 사람들은 자신이 쥐어야 할 감정의 통제권을 타인에게 넘겨버린다. 다른 사람들은 자신을 꾸짖는다. 다른 사람들은 자신에게 좌절감을 안겨준다. 다른 사람들은 자신을 겁준다. 다른 사람들은 자신을 슬프게 만든다. 다른 사람들은 대놓고 자신을 통제한다.

그래서 이런 사람들의 이야기를 듣고 있자면 어느새 컨트리 음악의 노랫말을 듣고 있는 듯한 착각에 빠진다. 배신당한 일을 다룬 노랫말, 너무 많은 상처를 입어서 두 번 다시 사랑 따위는 안 하겠다는 류의 노랫말. 「아아 외로운 나(Oh Lonesome Me)」 「잃어버리기 위해 태어난 사람(Born to Lose)」 「이곳이 추운 건가요, 아니면 당신 때문인가요?(Is It Cold in Here Or Is It Just You?)」같은 제목의 옛날 노래들 말이다.

평생 끌어안고 살아온 감정적 반응이라는 습관을 치료하려면 새로운 통찰력을 한가득 들여와야 한다. 형형색색으로 폭발하는 인간의 상상력을 말이다. 철학자 플라톤은 이렇게 말했다. "사유는 곧 정신이 자신과 나누는 대화이다." 그렇게 해서 정신이 좋은 대화를 계속 나누면, 자아의 사다리 위로 올라가는 일이 시작된다.

타인에게 단순하게 반응하지 마라! 어떻게 하면 타인에게 도움이 될지 숙고해보라. 이때 작용하는 것은 행동이다. 다른 사람이 당신을 어떻게 대하는지는 생각하지 마라. 자신에게 골몰한 자아만이 상처를 받는 법이다. 당신이 곧 그저 행동일 뿐이라면, 다른 사람에게 작용하는 행동일 뿐이라면, 상처를 받을 자아는 애초에 존재하지도 않는다.

20

감정은 감정일 뿐이다

차에서 나가려 하다가 차 문에 무릎을 부딪쳤다면, 당신은 이를 느낀다. 무릎이 아프기 때문이다. 이를 부정하거나 억누를 수는 없다. 느끼기 때문이다. 그렇지만 무릎이 아픈 것 말고도 다른 일들이 많다는 것도 알고 있다. 무릎이 아프다고 해도 아마 그와 상관없이 볼일을 볼 수 있을 것이다. 그리고 보려던 업무에 열중하면 아픈 무릎에는 더 이상 신경 쓰지 않게 될 것이다. 아마 거의 생각도 나지 않을 것이다.

이는 신체적인 고통을 대하는 아주 건강한 방법이다. 그 고통을 느끼되 하던 일을 계속해서 하는 것. 그 고통에 신경 쓰기는 하되, 그 고통 말고도 다른 일이 많다는 점을 언제나 상기하는 것 말이다. 사실상 당신은 그 고통을 넘어서는 것이다. 그리고 바로 이것이 평생에 걸쳐 연습할 일이다. 이를 습관으로 만들어야 한다. 이 습관이 도움이 될 것이다.

자, 이제 삶을 개선하기 위해 이와 같은 습관을 감정적인 고통에도 적용할 수 있을지를 확인해보라. 분노, 두려움, 죄책감, 억울함과 같은 감정을 느낄 때 이런 연습을 해보는 걸 오늘부터 당장 시작한다면, 다른 사람들이 당신의 기분을 좌지우지한다는 느낌에서 자유로워질 수 있을 것이다. 바꿔 말하자면, 화가 나는 순간에도 당신은 화라는 감정을 넘어선 존재가 될 수 있다. 위협을 느끼더라도, 당신은 그 감정 이상의 존재다.

처음에는 이 연습이 쉽지 않다. 지금껏 감정과 자신을 동일시하는 일이 익숙했기 때문이다. 어떤 감정이 생겨날 때면, 우리는 바로 그 감정이 되어버리고 만다. 그래서 화가 난다. 그 감정이 곧 자기 자신이다. 감정은 우리를 완전히 갉아먹는다. 몸의 세포 하나하나가 화를 낸다. 주변 사람들 모두가 "나는 화가 나"라고 말하는 게 전혀 이상할 것 없다고 생각한다. 그렇게 자신을 분노와 완전히 동일시하는 것이 받아들여진다. 그 순간에 분노는 우리 자신이다. 우리 모습이 그렇다.

하지만 꼭 이런 식으로 생각하고 행동하라는 법은 없다. 우리를 좌절시키는 이 습관에서 벗어나는 길을 찾을 수 있다. 자신이 아픈 무릎을 어떤 태도로 대했는지 자신이 떠올려보라. 무릎을 부딪쳐서 아플 때 그 무릎을 자기 자신과 동일시하지는 않았다. 그 즉시 집 안으로 뛰어 들어가 "나는 무릎이 아파"라고 만천하에 떠벌리지도 않았다. 당신이 평소에 감정적인 고통을 대하는 방식처럼, 온몸의 세포 하나하나가 아픈 무릎의 고통을 나누어 지는 일도 일어나지 않았다. 왜 그럴까?

모두 습관의 문제다.

신체적인 고통을 다루는 것과 마찬가지로 균형 잡히고, 건강하며, 효과적이고, 강력한 습관을 감정적인 고통에 그대로 적용할 수 있다. 오늘 당장 시작할 수 있다. 분노가 치솟을 때면 이를 인지하고 그 존재를 부정하지 마라. 하지만 그 감정과 자신을 동일시하지는 마라. 그 감정이 당신을 굴복시키게 만들지 마라. 당신이라는 사람과 그 감정을 혼동하지 마라. 그 감정은 당신이 아니니까 말이다. 스스로에게 이렇게 말해보라. "나는 이 일로 큰 분노를 느껴." 그 감정을 특정 사안에 국한된 것으로 만들어서, 해당하는 상황에만 가두어놓아라. 그렇게 따로 떼어놓으면 그 감정을 잘 처리할 수 있다. 마치 무릎에서 느끼는 고통을 따로 떼어놓고, 무릎에 국한된 문제로만 다루는 것과 정확히 똑같은 방법이다.

감정이 곧 우리 자신이라는 생각, 감정이 우리를 지배한다는 생각은 착각에 불과하다. 화가 난 사람 손에 800만 달러짜리 상금을 획득할 수 있는 1등 로또 한 장을 쥐어주기만 하면 이 사실을 증명할 수 있다. 그 로또를 손에 쥐고도 그 사람이 과연 "너무 화가 나서 지금은 이 로또에 관해 생각조차 할 수 없어!"라고 말할까? 아니. 자기를 화나게 한 일은 금세 까먹어버릴 것이다.

만약 그 사람이 우울한 기분에 잠겨 수영장 선탠 의자에 앉아 있는데 어떤 어린아이가 물속에 빠진다면, 그때도 여전히 "지금 이렇게 우울하지만 않더라도 물속으로 뛰어들어 가서 아이를 구해왔을 텐데!"라고 말할까? 경찰이나 구급차를 타고 출동한 의료진이 상황을 보고할 때, 과연 당시에 불행하게도 목격자가 하필 우울감에 빠져 있던 탓에 아이를 구할 수 없었다고 할까?

아니, 그런 일은 결코 일어나지 않는다. 당신도 알고, 나도 아는 사실이다. 위급한 상황이 벌어진다든지 더 중요한 일이 닥치면, 우리는 어떤 감정에서든 벗어날 수 있는 힘을 가지고 있다. 다만 우리 스스로 그 일을 상상해내야 한다. 그래서 중요한 일이 닥쳤을 때, 감정에서 행동으로 스스로를 다시 발명해내야 한다.

21

줄 것인가, 받을 것인가?

관계 속에는 주는 사람도 있고 받는 사람도 있다. 이는 모두 개인적인 발명의 산물이며, 각각은 서로 다른 결과를 얻는다.

주는 사람은 다른 사람들과 함께 즐거운 시간을 보낸다. 이들은 주는 사람으로서의 자신의 역할에 자신감을 품고 있다. 한편 받는 사람들은 그렇게 받기만 하는 사람으로 여겨질까봐 끊임없는 피해망상에 시달리며, 그로 인해 인간관계를 망치게 될까봐 걱정한다.

몇 년 전 나는 『관계 전환하기*RelationSHIFT*』라는 책의 공동 저자로 참여하는 유쾌한 특권을 누렸다. 이는 좋은 대의명분을 위해서 기금 마련하는 법을 다룬 책이었는데, 어떤 관계가 받는 것에서 주는 것으로 넘어갈 때 벌어지는 '전환'에 대해 이야기하고 있다.

그 전환은 누구나 노력을 통해 해낼 수 있는 재발명이다. 공동 저자인 마이클 바소프와 내가 처음에 그와 같은 전환 개념을 적용한 것은 기금 마련 분야였지만, 후에 이것이 모든 관계에, 그러니까 공적인 관계나 사적인 관계에 모두 해당한다는 것을 깨달았다. 받는 사람에서 주는 사람으로 전환할 때, 관계는 언제나 한결 더 좋아진다.

영업직 사람들과 함께 일하면서 스스로를 받는 사람으로 인식하는 사람들이 가장 괴롭다는 사실을 알게 되었다. 그들은 전화를 걸어 약속을 잡으면서, 전화 통화 때문에 상대방의 시간을 빼앗는 것을 사과했다. 그러고는 제품을 소개하고 싶은데 시간을 빼앗아도 괜찮을지를 물었다. 제품을 선보이는 자리에서는 이 사람 저 사람에게 돈을 지불할 의향이 있는지 물어보며 다녔다.

이것이 받는 사람들의 삶이다. 사소하고 비참한 기분이 들 수밖에 없다.

관계를 통해 상대방이 얻는 것보다 당신이 받아오는 것이 더 많다고 느끼는 것은 우울한 일이다. 마치 인간관계 날강도가 된 것 같은 기분에 빠진다. 그러니 '더 밴드(The Band)'는 밥 딜런이 쓴 「분노의 눈물(Tears of Rage)」이라는 곡에서 이렇게 노래한다. "분노의 눈물 / 슬픔의 눈물 / 왜 나는 꼭 도둑놈이 되어야 하는 걸까?"

줄수록 개이득이다

———

나는 행복한 영업직 사원들이 고객과 맺는 관계를 분석하는 걸 아주 좋아한다. 소설가 로버트 루이스 스티븐슨이 남긴 말처럼 나는 "모든 사람들은 무언가를 팔면서 살아간다"고 믿는다. 판매와 영업의 세계에서는 배울 점이 많다. 한 가지를 예로 들자면, 훌륭한 영업 사원들은 스스로를 받는 사람으로 여기지 않는다.

그들은 주는 일을 밥벌이로 삼는다.

그들은 자기 시간을 내준다. 조언을 전해준다. 친절한 서비스를 제공해준다. 전문적인 관리자가 되어줄 것을 약속한다. 이들은 온 세상 사람들에게 훌륭한 제품을 선사해주며, 고객을 위해 헌신하는 사람이다. 이들의 에너지는 빛을 발한다. 스스로를 주는 사람으로 바라보는 데서 나오는 에너지다.

심리치료사 너새니얼 브랜든은 이렇게 말했다. "자아 개념은 곧 운명이다."

그래서 주는 사람은 계속 번창한다. 그들이 베풀고 주는 것에 대해서 세상이 보상해준다.

그러나 받는 사람들은 빈약한 자아 개념 때문에 점차 나약해진다. 이들은 언제나 고객에게 열등감을 품는다.

받는 사람에서 주는 사람으로의 재발명이라는 전환에는 행동이 필요하다. 스스로를 내주는 행동은 가장 먼저 정신을 깨운다. 그리고 머지않아 주는 사람은 새로운 삶의 영역으로 도약할 것이다.

대부분의 사람들은 주는 일을 어려워한다. 이전에 했던 시도의 결과를 오해하는 경우가 많아서다. 실망했던 일, 그리고 희생자가 되었던 일을 기억하면서 사람들은 주는 일을 완전히 신뢰하지 못한다. 왜냐하면 예전에도 이미 다른 사람들에게 준 적이 있으며, 그로 인해 화를 입었다고 생각하기 때문이다.

하지만 전혀 그렇지 않다.

그들이 주었다고 기억하는 것은 사실은 교환의 한 형태였을 뿐이다. 교환은 주는 것과는 다르다. 교환은 자신에게 돌아오는 것에 초점을 맞춘 행위다. 진정으로 주는 행위는 보상으로 돌아오는 것에 초점을 두지 않는다. 주는 행위 그 자체에 중점을 둔다. 주는 사람은 아무런 조건 없이 내준다. 그런 다음, 곧바로 다른 사람에게 주는 일로 정신적인 에너지를 전환한다. 절대 뒤돌아보지 않는다.

그래서 주는 일에 통달한 사람들은 자존감으로 가득 차 있다. 이 사람들은 한때 받는 사람들이었지만 스스로를 다시 발명해낸 이들이다. 이들은 행복을 돌려받기 위해서 주는 게 아니다. 행복은 이미 존재한다. 행복은 주는 행위 안에 벌써 깃들어 있다.

22

스스로 변화가 되어야 한다

　주인과 희생자에 관해 가장 많이 듣는 질문 하나는 "만약에 주변에서 희생자를 만난다면 어떻게 할 건가요?"다. 대부분의 사람들은 자신을 바꾸기도 전에 다른 사람부터 바꾸고 싶어한다. 내면의 사다리를 충분히 높이 오른 상태에서는, 다른 사람이 희생자라 해도 결코 중대한 문제가 안 된다는 사실을 충분히 이해하지 못한 탓에 그런 질문을 하는 것이다. 물론 다른 희생자에게 뭔가를 주는 기회가 될 수는 있지만, 그렇다고 해도 중요한 문제인 것은 결코 아니다.

　다른 사람들이 더 이상 중요한 문제로 여겨지지 않는 순간이 오기 전까지는, 자신을 진정으로 재발명할 수 없다. 만약 인생에서 어떤 희생자가 자꾸만 커다란 감정적인 문제의 원인이 된다면 당신도 이미 희생자다. 희생자의 희생자 말이다.

　사람들은 자신의 배우자나 직장 동료를 보며 희생자의 사고방식을 쉽게 파악할 수 있다. 그러면 곧이어 이런 생각이 들 것이다. '그게 문제라니까. 그 사람들이 그렇게 희생자만 아니었더라도, 내가 주인

자리를 유지하느라고 고생할 일도 없었을 텐데!'

주인정신은 다른 사람들을 교정하는 것이 아니다. 이 사실을 확실히 이해한 사람들에게 나는 종종 가장 좋아하는 간디의 말을 들려준다. "다른 사람들에게 바라는 변화가 있다면, 당신 스스로 그 변화가 되어야만 한다." 간디는 자기를 재발명하는 일만이 세상에서 유일하게 가치 있는 활동이라고 주장했다. 우리가 스스로를 재발명한다면, 다른 사람들도 우리를 따라 하고 싶을 것이다. "어떻게 했는지 나한테도 알려줘!"라면서 말이다. 다른 이들에게 바라는 변화가 있다면 우리 자신부터 그 변화가 되어야만 한다.

영감은 지금까지 사용된 교육 수단 가운데 가장 강력한 방법이다. '익명의 알코올중독자들(Alcoholics Anonymous)' 모임이 사람들을 알코올중독 상태에서 벗어나게 하는 데 가장 성공적이었던 까닭은 홍보보다는 매력에 초점을 맞춘 프로그램이었기 때문이다. 이 프로그램에서는 술에 취하지 말라는 압박을 주지 않는다. 다만 '익명의 알코올 중독자들'은 당신이 원할 때면 언제든 영감과 자극을 줄 준비가 되어 있다.

부모들은 이 방법을 금세 익힌다. 아이들은 어른들 말을 듣지 않는다. 아이들은 어른들이 어떤 사람인지를 보고 배운다. 내가 아들 녀석에게 운동을 하라고 온종일 이야기한들 되돌아오는 대답은 "그래요, 알았어요"가 전부일 것이다. 하지만 내가 먼저 운동을 시작하면 아들 녀석도 슬슬 관심을 보인다. 한마디도 하지 않았는데 말이다.

제프 버처는 사무용품 회사의 영업 담당 매니저다. 그는 아주 효과적인 전화 영업 기술을 알고 있다. 사람의 심리와 동기 부여 원리를 잘 알고 있는 그는 부하 직원들에게 이 기술을 가르치려고 들지 않는다. 대신 자극을 준다. 부하 직원 가운데 전화 영업 때문에 고생하는 사람이 있으면, 그는 함께 차에 타면서 이렇게 말한다. "자, 같이 전화 좀 돌리러 가죠." 그렇게 해서 자신만의 체계와 비법을 직접 보여준다.

나는 맞고, 너는 틀리다

상대방과 소통하는 방식 가운데 최악은 어떤 사람이 틀렸다고 규정짓는 것이다. 상대방이 틀렸다고 생각하게 만드는 순간 그 사람은 방어적인 태도를 취하며, 진정한 의사소통 대신에 생존을 위한 안간힘만 쓰게 된다.

당신에게 틀렸다는 생각을 심어준다면 당신은 가장 먼저 스스로를 방어할 것이다. 그리고 스스로를 방어함으로써 당신은 자기가 옳다고 더욱 확신한다. 확신을 굳힐수록 당신이 변화할 수 있는 가능성은 줄어든다.

즉, 다른 사람을 비판하면 결과적으로 우리가 반대하는 행동을 더욱 강화한다. 이는 좋은 관계를 만들어나가는 데 그다지 효과적인 방법이 아니다. 아무리 '생산적인' 비판이라고 합리화한들 결코 그렇지 않다. 누군가에게 잘못되었다는 생각을 심어주는 비판, 그래서 그 사람을 방어적으로 만드는 비판은 모두 파괴적이다.

그러므로 주변 사람 가운데 희생자가 있다면, 그 사람에게 할 수 있는 최악의 일은 바로 희생자라는 사실이 잘못이라고 느끼게 만드는 것이다.

한편 우리가 할 수 있는 최고의 일은 희생자의 사고방식을 무시하고, 그 사람들이 스스로 주인의식을 발휘하는 순간이 오기를 가만히 기다리는 것뿐이다. 완전히 희생자이기만 한 사람은 없다. 누구에게나 순수한 낙관과 정신으로 가득 찬 순간이 찾아온다. 다만 그런 순간이 찾아올 때 대개 가장 부정적인 태도로 이를 강조한다는 점이 문제다. 대부분의 경우 그게 얼마나 드문지를 지적한다.

"세상에, 어떻게 그런 일이 벌어졌을까!" 우리는 이렇게 말하곤 한다. "내가 아는 미셸의 모습과는 완전 딴판이야. 개종이라도 한 거야? 아니면 다른 일이라도 있었나? 제발 좀 그렇게 하라고 권한 사람은 보통 나였지, 네가 아니었잖아. 밝고 좋은 면을 보여주는 건 언제나 나였지, 네가 아니었다고. 이 드물고 희귀한 일은 대체 무엇 덕분일까? 네가 이렇게 올해 들어 처음으로 쓸 만한 생각을 하다니!"

좋은 순간과 좋은 사고방식이 아주 드물다는 것을 지적하면 우리는 희생자가 좋은 사고방식을 이어나가는 일을 가로막는다.

드물게 발현되는 주인의식에 대응하는 가장 효과적인 방법은 실질적인 보상을 해주는 것이다. 진정성을 담아서 말이다. 그렇게 희생자의 의욕을 북돋워주면 머지않아 또다시 주인의식이 발현될 것이다.

내 주변의 희생자가 주인의식을 발현하면 나는 그 순간을 함께 음미한다. 할 수만 있다면 시계를 몽땅 멈추고, 그 순간을 즐기고 싶다. 희생자가 보여준 주인의식에 대해 다른 사람들에게 이야기하는 것을 즐기며, 또 며칠이 지나서도 다시 한번 이야기를 꺼내 칭찬하는 것도 좋아한다. 할 수 있는 한에서는 최대한 언급하고 칭찬하고 싶다. 그렇게 하면 희생자들은 더 큰 주인의식을 만들어내려고 애쓸것이다.

희생자가 주인이 될 때까지 기다릴 필요는 없다. 희생자는 이미 주인이다. 문제는 주인의식이 발현되는 빈도에 있을 뿐이다. 발현의 순간을 존중하고 칭찬하는 데 능숙해질수록, 더 많은 주인의식이 발휘될 것이다. 우리가 희생자라는 꼬리표에 연연하지 않을수록, 희생자는 여러 가지를 시도해볼 수 있는 더 큰 자유를 얻는다. 머지않아 희생자라는 낡은 인격은 사라지고, 강해지는 법을 연마할 것이다.

희생자를 어떻게 바꿀 수 있느냐고?

그 사람들 안에 자리 잡은 주인을 발견하라.

더 이상 희생자를 잘못된 사람으로 만들지 마라.

23

용서의 문제가 아니다

강연 장소를 준비하지 못한 젊은 여직원에게 나는 그만 이성을 잃고 화를 냈다. 그런 다음 홀로 사무실 책상에 앉아서 내가 무슨 일을 했는지 생각해보았다. 전문성, 책임감, 그리고 고객 관리에 대한 엄격한 설교를 한바탕 늘어놓고는 갑작스럽게 욱해서 화를 냈다. 설령 내가 한 모든 얘기를 정당화할 수 있더라도 왜 그렇게 감정적으로 화를 냈는지 의문이었다. 스스로에게 물어보았다. 만약 똑같은 실수를 남자 직원이 했어도 그렇게 화를 냈을까?

솔직히 그러지 않았을 거라고 답할 수밖에 없었다. 사실 몇 주 전에 비슷한 일이 있었다. 고객 관리 부서의 젊은 남자 직원이 세미나 일정을 고객에게 잘못 전달하는 실수를 했다. 이튿날 회사 복도에서 그 직원을 만났을 때, 나는 장난으로 깜짝 놀라는 척을 하며 "아니, 자네 아직도 여기서 일하고 있단 말이야?"라고 말했다. 그는 웃으면서 자기의 실수를 사과했다. 그러고 나서 나는 잠시 올바른 정보를 전달하는 일이 얼마나 중요한지 설명했다. 그는 요점을 잘 파악했고,

이전과 같은 실수를 더 이상 저지르지 않았다.

책상에 앉아 그 일을 되돌아보면서, 당시에 격분하거나 분노하지 않았다는 사실을 깨달았다. 그렇다면 그 차이가 과연 그 직원이 여자가 아니라 남자였다는 사실 때문인지가 궁금했다.

그래서 나는 코치이자 멘토인 스티브 하디슨에게 연락해서 이 문제를 이야기했다. 하디슨은 어머니에게 화가 나는 점들이 있을 거라면서, 어머니를 용서하기 전까지는 내가 남자와 관계를 맺는 방식과 똑같은 방식으로 여자와 관계를 맺을 수 없을 것이라고 말이다.

"어머니라고요?" 내가 물었다.

그리고 나는 내 문제점을 되짚어보았다. "그렇지만 모든 여자들에게 그런 태도를 취하지는 않아요." 나는 항변했다. 그러고는 내가 아끼고 존경하며, 예의 바르게 대하는 여자들의 이름을 나열했다.

"물론 그것도 맞는 말이죠." 하디슨이 말했다. "하지만 그 여성 분들이 당신에게 존중받기 위해 얼마나 노력했는지 생각해보세요. 반면 남자들은 별 노력 없이도 당신에게서 그와 같은 존중을 바로 얻는단 말이에요. 단지 남자라는 이유로 말이죠."

하디슨의 말은 옳았다. 그래서 나는 별수 없이 마지못해 어머니에 대해 생각해보았다.

나는 어머니를 이중적인 관점으로 바라보았다. 처음에 어머니는 가장 아름답고 다정한 사람이었다. 그래서 지구상에 태어나 처음 보낸 시간은 어머니를 우상화하면서 보냈다. (그때 우리 아버지는 2차 세계대전에 참전 중이라 집에서 멀리 떨어진 곳에 있었다.)

그러나 시간이 흐르면서 어머니는 알코올 중독의 나락으로 빠져

들었다. 어린 나는 무슨 일이 벌어지는 건지 전혀 몰랐다. 시시각각 뒤바뀌는 어머니의 기분과 성격은 두려움의 대상이었다. 매일 점심 식사 시간이 지나면 어머니는 얼이 빠지고, 멍청하며, 못된 사람으로 돌변했다. 바로 눈앞에서 말이다. 상황은 전혀 개선되지 않았다. 나는 어렸지만 상황이 계속해서 나빠졌다는 것만큼은 확신할 수 있었다.

그때 겪은 충격을 완전히 극복해내지 못했다는 생각이 들었다. 그리고 무의식중에 여자들은 다들 그런 식이라고 결론을 내렸다는 생각도 들었다. 여자 전체가 결코 믿지 못할 족속이라며 말이다.

어머니 탓하지 마라
———

이 문제에 대해 조금 생각해본 다음, 나는 상담사이자 작가 너새니얼 브랜든의 아내이기도 한 데버스 브랜든에게 연락을 취했다. 데버스가 내게 해준 조언과 코칭이 내 삶에 얼마나 놀랍고 멋진 일을 가져다주었는지 이전 책에 집중적으로 쓴 바 있다. 그리고 지금이 또 한 번 그녀의 도움이 필요한 순간이라고 느꼈다.

"내 생각에는 어머니를 용서하는 일이 필요한 것 같아요." 나는 데버스에게 이렇게 이야기했다. "어머니를 한 번도 용서한 적이 없는 것 같더라고요. 그리고 이 사실이 여자들과 관계를 맺는 데 영향을 끼친다는 걸 알았어요. 어머니가 알코올중독 시절에 했던 수많은 행동 때문에, 엄청나게 많은 분노와 배신의 감각이 쌓인 거죠. 한 번도 어머니를 용서한 적이 없고요. 저는 여성을 남성만큼 신뢰하지 않아요. 여성이 제 신뢰를 얻기란 남성보다 훨씬 어렵죠. 이게 잘못되었다는 걸 알아요. 스스로의 모습이 정말 싫어요. 이 사실을 지금까지 전혀 모르고 있었어요. 어머니를 용서하는 방법을 찾아야 해요.”

데버스는 내 예상대로 다정하고, 현명하고, 강인한 태도로 답을 해주었다. 그녀가 제안한 첫 번째 방안은 ‘용서한다’는 생각을 완전히 버리자는 것이었다. 데버스가 지적하기를, ‘용서한다’는 말은 우리 어머니가 죄를 저지른 듯한 인상을 심어준다고 했다. 마치 어머니가 일부러 나에게 죄를 짓고, 나는 옳았으되 우리 어머니는 잘못되었고, 나는 희생자였다는 인상을 말이다.

데버스는 용서보다 더욱 강력하고 지속적인 방법을 찾아보자고 제안했다. 예를 들면 완전하게 받아들이는 일처럼 말이다. 그러니까 우리 어머니는 자신의 세계 안에서 자신이 찾아낼 수 있는 유일한 삶의 방식을 택한 것이며, 만약 내가 어머니와 같은 인생 경험과 두려움, 그리고 꿈을 지닌 사람이었다면 나 또한 어머니와 같은 선택과 행동을 했으리라는 점을 깨닫자고 말이다. 그리고 그런 행동은 나를 겨냥해서 벌인 일도 아니었다는 것을. 이것이 바로 완전하게 받아들이는 일이다. (인정하고 지지하는 것이 아니라, 그냥 있는 그대로 받아들이는 것이다.) 이렇게 해서 나는 의도적으로 설정된 희생자가 아니었다는 사실을 깨닫게 되었다. 나는 표적이 아니었다. 그리고 ‘용서’라는 생각은 어머니가 엄청난 잘못을 저질렀다는 착각만 강화할 뿐이었다. 내게 죄를 지었다는 생각 말이다.

데버스는 이어서 내가 가장 사랑하는 우리 어머니의 모습을 말해

달라고 말했다. 나는 어머니가 얼마나 사랑스러운 사람이었는지를 무척이나 세세하게 얘기하고 또 얘기하면서, 스스로 무척 놀랐다. 어머니가 어떻게 해서 뒤늦게나마 술에서 손을 뗐는지, 그리고 자식들과의 관계를 완전히 새롭게 발명하고 완전히 긍정적인 여성으로서 얼마나 씩씩하게 말년을 보냈는지를 얘기하면서 말이다. 다른 사람을 사랑하고 또 자식들을 사랑하면서 에너지를 얻는 것은 모두 어머니를 통해 배운 것이라고 말했다. 어머니는 사랑 그 자체였다.

어머니를 향해 품고 있던 모든 분노의 감정이 녹아 사라지는 것을 느꼈다. 데버스에게 계속 이야기할수록, 과거에 어머니가 보여준 모든 모습을 점점 더 받아들이게 되었다. 그래서 데버스가 처음에 제안한 것을 실제로 이뤄냈다. 용서를 훨씬 뛰어넘은 수용의 단계 말이다.

스티브 하디슨은 데버스가 옳았다고 동의했다. "데버스의 말이 무슨 뜻인지 알겠어요. 우리가 누구를 용서해준다고 말할 때는 여전히 자신이 그 사람보다 도덕적으로 우월하다는 생각을 하고 있는 거죠. 즉 상대방이 잘못을 저질렀으며, 우리가 그 잘못을 용서하기 위해 넓은 아량을 베푸는 거라는 생각을 말이에요. 하지만 그렇게 생각하면 우리는 여전히 희생자의 자리에 머무르죠."

나는 아주 기분이 좋아졌다. 그리고 스스로 굳게 약속했다. 이제부터 내가 여자들을 어떻게 생각하는지를 주의 깊게 관찰하자고 말이다. 그러다가 여자들에게 마음이 닫히려고 할 때면, 마음을 활짝 여는 연습을 해보자고. 중요한 과업을 끝마친 기분이 들었다. 하지만 아직 끝이 아니었다.

"할 일이 하나 더 남아 있어요." 코치인 하디슨이 말했다. "지금 당장 회사에 있는 모든 여직원을 호출해서, 당신이 지난 몇 년간 한 일들을 설명해요. 하나도 빼먹지 않고 설명해야 해요. 그리고 당신이 완전한 수용을 향해 가는 것을 도와줄 수 있는지도 부탁하고요."

그 아이디어는 충격과 놀라움을 안겨주었다. 하디슨은 언제나 그런 식으로 일을 처리했다. 그는 충격 요법을 사용해 사람들의 체계를 완전히 뒤바꿀 수 있는 가장 빠르고 극적인 방법을 찾아낸다.

나는 그 방법을 상상조차 할 수 없었다. 너무 부끄러운 일이었다. 그래서 빠져나갈 방법을 생각했다. 한 번에 하나씩만 하겠다고 말했다. 그러니까, 여직원들을 한 명씩 따로따로 만나겠다는 이야기였다. 그 편이 더 '의미 있다'고 생각했다.

하디슨은 썩 내키지 않는 눈치였지만 내 의견에 동의해주었다. 그러나 그 얘기를 하고 나서 2주가 지났는데도 내가 고작 한 명의 여직원만 면담하자, 하디슨은 방침을 바꾸었다.

"그냥 해치우도록 하죠." 그가 말했다. "그리고 그 모임에 저도 동석할게요. 도움이 되게끔 말이죠."

나는 좋다고 했다.

결전의 날이 다가왔다. 나는 10명이 넘는 여직원과 하디슨이 둥그렇게 둘러앉은 자리에 나갔다. 배 속에서 커다란 나비가 꿈틀대는 기분이었다. 곧 얘기를 시작하자마자 이 방법이 옳다는 것을 깨달았다. 고생스러운 일인 만큼, 숨겨두었던 과거를 좋은 쪽으로 만들어가고 있다는 것을 알 수 있었다.

우리 어머니 이야기와 스스로에게 한 새로운 약속을 들려주었고, 나를 도와달라는 이야기도 했다. 그리고 놀라운 반응을 얻었다. 회의실에 모인 여직원들은 대화를 나누기도 하고, 도움을 주기도 했다. 여직원들 가운데 상당수는 자신도 남자들과의 관계에서 비슷한 문제를 겪고 있다고 했다. 어떤 면에서는 남자들이 두려우며, 그 두려움은 아버지와의 관계에서 비롯되었다고 말이다. 이 경험은 큰 감동을 안겨주었다. 우리 어머니가 이 자리에 있으면 좋았겠다고 생각했다. 그리고 어쩌면 어머니가 바로 이 자리에 있는 것이나 다름없다고 생각했다.

재발명에는 성장이 수반된다. 과거의 상처와 기억을 뛰어넘어 더 높은 곳으로 성장하는 일 말이다. 그러면 다른 사람들은 당신을 마치 백지처럼 새롭게 대할 것이다. 재발명을 위해서는 예전에 사람들에게 내렸던 평가와 판단을 놓아버리는 작업이 필요하다. 당신에게 상처를 주는 것은 기억 자체가 아니다. 상처를 주는 것은 그 기억이 뭔가 '잘못되었다'는 판단 그 자체다.

과거에 '잘못을 저질렀다'고 느끼는 마음이 클수록 미래에 올바른 일을 하게 될 가능성은 점점 줄어든다.

3장

아무 말 대잔치에
놀아나지 마라

"행복하다는 건 좋은 일이다.
행복하다는 사실을 아는 건 그보다 조금 더 좋은 일이다.
그러나 행복하다는 것을 아는 일, 그리고 왜, 어떻게 해서 행복한지를 아는 일,
그러고서도 여전히 행복하며, 앎과 존재 모두에서 행복을 느끼는 일,
이는 행복 그 이상이다. 그것은 축복이다."

-헨리 밀러,
『마루시의 거상(The Colossus of Maroussi)』 중에서

24

말은 약보다 강력하다

풋볼 경기장 관람석 뒤편에서 한 무리의 고등학생들이 몸을 수그리고 구토를 했다. 약물중독 반응이었을까? 아니다. 몇 마디 말 때문에 생긴 일이다! 학생들은 경기장에 울려 퍼진 안내 방송을 듣고 나서 창자가 끊어지는 듯한 고통이 느껴진다며 신체 반응을 보였다. 안내 방송의 내용은 경기장에 있던 음료수 자판기에 결함이 있어 음료수가 오염되었으며, 방금 병원으로 실려간 다른 학생들도 있다는 것이었다.

그렇지만 병원에서 검사가 완료된 상태는 아니었다. 검사를 마치고 나자 의사들은 맨 처음 병원에 실려온 학생들이 모두 같은 식당에서 식사를 했으며, 탈이 난 이유도 같은 음식을 먹고 식중독에 걸렸기 때문이라는 사실을 밝혀냈다. 그 아이들 말고 다른 학생들에게서는 식중독 증상이 전혀 발견되지 않았다. 몸에 아무 문제가 없었던 것이다. 다른 아이들이 보인 구토 증상은 발작적으로 생겨난 연쇄 반응이었다. 경기장에 있던 음료수 자판기는 멀쩡했다. 잘못된 안내 방송이었던 것이다.

그렇다 할지라도 구토 증세와 고통은 '진짜'였다. 구토 증세는 경기장 전체로 퍼져나간 상태였다. 그리고 이 모든 일이 벌어진 이유는 경기장의 안내 방송에서 나온 말 때문이었다.

나 자신에게서도 이 같은 현상을 발견할 수 있다. 어떤 말 대신에 다른 말을 선택할 때 그렇다. 피곤하고 지친 채로 퇴근해서 집에 돌아오면 이런 생각이 들곤 한다. "어우, 이렇게 피곤한 적이 있었나. 오늘은 아이들이 성가시게 굴지 않았으면 좋겠는데. 지금은 아무것도 하기가 싫어. 완전히 파김치야." 이런 말들은 내 안의 활력을 규정하는 효과를 낸다.

또는 이렇게 생각하는 대신에, 숨을 깊게 들이쉬고 자아의 사다리 높은 곳으로, 즉 정신 가까이로 올라가서 이런 말을 할 수도 있다. "이렇게 피곤할 정도로 일을 했다니 뿌듯한걸. 이 생활이 마음에 들어. 아이들도 유쾌하고 말이야. 일터에서 하루를 보내고 나서 만나는 우리 아이들은 완전 환영이지. 즐거움과 기쁨을 주는 존재들이잖아. 이 기분 좋은 피로감을 고맙게 여겨야겠어. 가족과 함께 보내는 사소하고 가벼운 시간과 엉터리 같은 농담 따먹기도 놓칠 수 없지. 실컷 웃을 수 있을 거야. 어쩌면 춤을 출 수도 있을 테고."

나는 언제나 어떤 선택이든 내릴 수 있다. 생각의 주인이 될 수도 있고, 생각에 시달리는 희생자가 될 수도 있다. 희생자는 생각이 자신에게 느닷없이 벌어지는 사건이라고 생각한다. 마치 그 생각이 UFO가 목격된 것으로 유명한 뉴멕시코주의 로즈웰에서 비밀리에 송신되기라도 한 것처럼 기겁하면서 말이다.

주인은 자기 생각의 패턴을 스스로 이끈다. (직접 선별한 표현과 문장을 필두로 생각을 시작한다. 그런 말은 정신에 불을 지필 수 있는 그림을 머릿속에서 그려낸다.)

비관주의는 병을 낳는다

말과 생각이 약보다도 더 강력한 효과를 낳는다는 사실을 입증해주는 연구들이 많다. 마이클 탤벗은 자신의 저서 『홀로그램 우주*The Holographic Universe*』에 몇몇 연구를 인용해두었다. 그의 책에는 다음과 같은 연구 결과가 소개되어 있다. "에이즈 환자 가운데 '호전적인 정신을 드러내는' 사람들이 수동적인 태도의 에이즈 감염자들보다 더 오래 산다. 암에 걸린 환자들 역시 그러한 호전적인 정신만 유지한다면 더 오래 살 수 있다. 비관적인 사람들은 낙관적인 사람들보다 감기에 더 자주 걸린다. 스트레스는 면역 반응을 약화한다. 적개심과 공격성의 척도를 알아보기 위한 테스트에서 높은 점수를 기록한 사람들은 낮은 점수를 받은 사람들보다 심장 질환으로 사망할 확률이 7배나 더 높았다."

탤벗은 다음과 같은 연구 결과도 인용한다. 산모가 아기와 출산을 대하는 정신적인 태도가 출산 과정에서 합병증과 직접적인 상관관계가 있다는 연구였다. 뿐만 아니라 태아가 출생 이후 겪을 수 있는 의학적인 문제와도 상관이 있는 것으로 밝혀졌다. 그리고 산모의 정신적인 태도는 습관적으로 사용하는 어휘와 표현에서 시작한다. 인생이 멋진 도전과 기회로 가득하다고 말한다면 그 산모는 낙관적인 태도로 건강하게 살아갈 것이다. 그렇지만 만약 인생이 온통 골칫거리와 문제투성이라고 말한다면 아침에 무력감이 찾아오고 저녁에는 피로감이 몰려올 것이다. '문제'라는 말이 상황을 설명한다고 생각하겠지만, 사실 그 말 때문에 없던 문제도 생겨난다.

이와 같은 예시는 얼마든지 들 수 있다.

내가 동료인 데니스 디턴과 함께 주인의식 교육을 진행했던 텍사스 인스트루먼트사의 어느 뛰어난 매니저 한 명은 팀 회의 자리에서 '그 사람들'이라는 말을 금지하자는 아이디어를 내놓은 적이 있다. 팀원들은 예를 들어 이런 표현을 곧잘 사용했다. "그 사람들은 왜 우리더러 그 일을 하라는 거지? 그 사람들은 문제가 뭔지 왜 모르는 거야? 그 사람들은 지금 우리한테 어떤 대가를 주고 일을 시키려는 거지? 왜 그 사람들은 더 좋은 주차장을 만들 생각이 없는 거야?" 그리고 이제부터, 그 매니저가 관리하는 팀은 '그 사람들'이라는 말을 마치 육두문자만큼이나 사용해서는 안 되는 금기어로 삼기로 했다.

이런 궁금증이 들 것이다. 그게 실제로 어떤 차이를 만들어낼 수 있지? 아무리 봐도 '그 사람들'은 그냥 말일 뿐이잖아. 그러나 결과는 놀라웠다. 일터에서 '그 사람들'이라는 말 대신에 '우리'라는 말을 사용하자 놀랍게도 '우리'와 '그들'을 갈라서 생각하는 사고방식이 사라졌다.

프랑스에 이런 격언이 있다. '자리에 없는 사람은 언제나 잘못한 사람이 된다.' 이 말에는 통찰력이 담겨 있다. 대체로 어떤 자리에 없는 사람이 얼마나 쉽사리 험담의 대상이 되는지 한번 살펴보라. 그 자리에 없어서 자신에 대해 어떤 변호도 할 수 없는 그 사람들은 아주 많은 경우 잘못을 저지른 사람이 되어버린다. '그 사람들'이라는 말 대신에 '우리'라는 말을 사용하면 적대감이 줄어들고, 누군가를 소외하는 일도 적어지며, 다른 부서에 있는 사람들에게 분개할 일도 줄어든다.

어디까지나 말에 불과한데도 말이다.

그 회사 직원들은 이전에는 '그 사람들'이라는 말을 항상 사용했다. "그렇게 하게끔 그 사람들이 순순히 내버려두진 않을걸요"라거나, "그 사람들이 비용을 충분히 지불하지 않잖아요"라거나, "그 사람들이 말을 못 알아듣네요"처럼 말이다.

그런데 방침이 바뀌고 나자 직원들은 이렇게 얘기했다. "우리는 왜 이 정책을 마련한 거죠?"

아마도 직원들은 뒤이어 이렇게 생각할 것이다. "그러면 다 같이 이 문제를 한번 얘기해보죠."

그렇게 해서 텍사스 인스트루먼트의 매니저는 꽤나 큰 성과를 거두었다. 그가 한 일이라고는 단지 '그 사람들'이라는 말에 빨간 줄을 긋고, 그 단어를 다른 단어로 바꿨을 뿐인데 말이다.

자기 자신과 다른 사람에게 사용하는 단어와 말을 바꿈으로써 우리는 삶을 경험하는 방식을 바꾼다. 그럼으로써 한 걸음 물러나 삶 속에서 스스로에게 어떤 선고를 내리는지 파악할 수 있다.

"우리는 왜 이 정책을 마련한 거죠?"라는 말은 "그 사람들은 왜 이 일을 시키는 거죠?"라는 말보다 훨씬 강력한 질문이다. 첫 번째 질문은 주인을 만들어내고, 두 번째 질문은 희생자를 만들어낸다.

또 남 탓하고 있다면

하루 동안 생활하면서 당신이 사용하는 언어에 귀를 기울여보라. 특히 '그 사람들'이라는 말이 튀어나올 때면 더욱 주의를 기울여 집중하라. 어쩌면 그 순간은 곧 기회다. 그 말을 '우리'로 바꿈으로써 인생을 더욱 강력하게 경험할 수도 있으니 말이다.

자신을 희생자로 만드는 습관적인 사고방식은 어린 시절부터 형성되기 쉽다. 얼마 전 나는 아이들을 차에 태우고 애리조나주 길버트시 외곽의 외딴 비포장도로를 따라 달리고 있었다. 그리고 아무것도 없는 허허벌판에 세워진 '멈춤' 표지판을 보고 잠시 멈춰 섰다. 그러자 아이들은 비아냥거리면서 물었다. "대체 사람들이 왜 저기다가 멈춤 표지판을 세워놓은 거야?"

"저건 우리가 세운 거란다." 내가 대답했다.

"응?"

"사람들이 한 게 아니고 우리가 한 거야."

"아빠, 그게 무슨 뜻이야?"

"우리가 사는 도시와 마을을 만드는 건 바로 우리란다. 우리가 하는 일이지. 그래서 투표를 해서 이런 중요한 결정을 내려줄 사람들을 뽑는 거야. 마음에 안 드는 점이 있으면 그 대표들에게 요청해서 고쳐 나가기도 해. 도로에서 한쪽 방향으로만 운전하는 것도 다 같이 그러기로 약속하고 찬성했기 때문이야. 서로를 다치게 하고 싶지는 않으니까. 그리고 빨간 신호등이 켜지면 멈추기로 약속했지. 그게 우리가 만들고 지켜나가는 체계야. 전부 우리가 고안해냈지. 어떤 사람들은 경찰을 돼지라고 부르면서 조롱하지만, 그 경찰들도 사실은 힘들게 번 돈을 들여 우리가 직접 고용한 사람들이란다. 경찰은 우리를 위해 일하고 있지. 우리의 적도 아니고, 우리와 따로 떼어 생각할 수 있는 사람들도 아니야. 우리는 모두 함께 사회를 만들어나가는 거다. 우리와 떨어져 있는 사회란 있을 수 없어. 저기에 멈춤 표지판을 세운 것도 우리야. 우리에겐 뭔가 그만한 이유가 있었겠지."

아이들은 차츰 조용해졌다. 그러다가 바비가 말했다. "방금 그건 아빠가 하고 다니는 세미나 강연 같은 거예요? 만약 그런 거라면 좋은 얘기이긴 하지만……." 어쩌면 나는 아직 아이들을 완전히 설득하지 못했는지 모르겠다. 우리 삶을 비참하게 만들려고 작당하는 이질적인 '그 사람들'이라는 건 존재하지 않는다는 점을 말이다.

말할 때 '그 사람들'이라는 표현을 사용하는 걸 알아차린다면, 그 말 대신 '우리'라는 표현을 넣어보라. 이것이 대상을 파악하는 좀 더 강력한 방편이 될 수 있는지를 한번 확인해보라. 다른 말을 사용하는 연습을 몇 번 하고 나면 새로 익힌 언어 습관은 기쁨을 줄 것이다. 그리고 그 말들은 당신의 세계를 확장해줄 것이다. 마치 새로운 도구를 손에 넣은 제임스 본드가 된 기분이랄까. 그러고 나면 새로운 말을 쓸 기회를 호시탐탐 노리게 될 것이다.

재발명은 생각의 차원에서 시작된다. 당신의 생각이 당신을 제멋대로 다루게 내버려두지 마라. 한발 물러서서 스스로의 생각을 관찰할 수 있어야 한다. 하나의 생각이 떠올랐다 사라지고, 이어서 또 다른 생각이 떠올랐다 사라지는 것을 관찰하라. 생각이 감정에 끼치는 영향이 어떤 것인지 파악하라. 이제 원하는 방향으로 생각을 부드럽게 이끌어라. 그리고 이 점을 명심할 것. 때로는 아예 아무 생각도 하지 않는 편이 좋을 때가 있다. 가끔씩은 시간을 마련해 충분히 쉬어라. 모든 신경을 끄고 아무 생각 없이 말이다.

생각을 할 때보다 오히려 아무 생각도 안 할 때 재발명은 종종 더 빨리 이뤄진다. 자신의 중심을 잡기 위해서 규칙적으로 명상하거나 사색에 잠겨 기도를 하는 것도 좋다. 가끔씩은 눈을 감아라. 온종일 이리저리 동요하는 베타파에 시달리던 두뇌에 차분하고 평온한 알파파를 공급해주어라. 푹 쉬어라. 그리고 눈을 뜨고 일어서라. 새로운 당신을 만날 것이다.

25

태초에 말이 있었다

우리의 에너지와 기분은 생각할 때 사용하는 언어를 통해 생겨난다. 말의 힘은 약보다 강력하다. 이것은 위약 실험의 결과만 봐도 알수 있다. "이 약은 살이 찌게 하는 약입니다. 다른 약은 살이 빠지게하는 약이고요." 의사의 설명은 약이 사람들에게 끼치는 영향을 좌지우지한다. 그 약의 실제 물리적인 효능과 상관없이 말이다.

내가 직접 성취도가 높은 사람들과 낮은 사람들을 대상으로 했던조사에서도 정확히 같은 결과가 나왔다. 생산성이 높고 삶이 만족스러운 사람들은, 힘든 문제에 시달리는 사람들과는 다른 종류의 말을사용한다.

심지어 성취도에 대한 사전 정보 없이 낯선 사람을 인터뷰할 때도그 사람이 어떤 인생을 사는지 파악할 수 있었다. 그 사람이 사용하는 언어를 귀 기울여 들음으로써 알 수 있었다. 고객들 중에는 거의심령술사 같은 능력이 아니냐고 농담을 던지는 사람들도 있었다. 그것과는 다르다고 설명했지만 말이다. 이 차이는 어쩌면 심령술사보다 내가 더 많은 비용을 청구하기 때문일지도 모른다! 아무튼, 나는 사람들의 말을 그냥 듣는 것이 전부라고 답했다.

어떤 사람이 자아의 사다리에서 어느 단계에 있는지는 그 사람이 사용하는 단어를 들어보면 언제나 파악할 수 있다. 어떤 사람들은 주인의식을 지녔고 어떤 사람들은 피해의식에 시달린다.

나는 높은 성과를 보이는 사람–'주인'이라고 표현하는 사람–이 사용하는 말들을 모아두는 공책을 만들었다. 그리고 좌절감에 시달리며 힘든 시간을 보내는 사람–내가 말하는 '희생자'–이 사용하는 말들이 적힌 또 다른 공책도 만들었다.

주인은 "나는 할 수 있어"라는 말을 많이 사용했다. 희생자는 "나는 못해"라는 말을 더 자주 쓰는 반면에 말이다. 주인에게는 목표, 계획, 도전이 있었다. 한편 희생자에게는 문제, 골칫거리, 그리고 끔찍한 일들만 있을 따름이었다. 주인은 바쁘다고 말하고, 희생자는 일에 깔려 죽을 지경이라고 말한다. 주인이 삶을 디자인할 때 희생자는 밥벌이를 하려고 애쓴다. 일터에 변화가 생기면 주인은 신이 나고 흥분한다. 희생자는 걱정하고 짜증을 낸다. 주인은 어떤 경험을 통해서 무엇을 얻을 수 있는지를 살펴본다. 반면 희생자는 그 일에서 빠져나오려고 애를 쓴다. 주인은 계획을 세우고, 희생자는 하염없이 바라기만 한다.

언어와 성취도 사이에서 발견한 이러한 상관관계는 흥미롭다. 그런데 더 흥미로운 것은, 새로운 언어를 사용하면서부터 사람들의 삶이 어떤 양상으로 변화하는지를 살펴보는 일이다. 문젯거리는 프로젝트로 바뀐다. 생계수단은 직업이 된다. 관리자는 리더가 된다. 사람들은 고정된 성격을 넘어선 자유를 경험하기 시작한다. 자신만의 현실을 다시 발명할 수 있는 자유다.

고정되고 영원한 성격이란 없다. 그저 꾸준히 변화하는 생각의 패턴만이 있을 뿐이다. 이 패턴의 흐름은 중간에 멈출 수도 있고, 또 다른 패턴으로 바뀔 수도 있다. 야구 경기를 관전하다 보면 오른손과 왼손을 모두 이용해 쉽게 공을 치는 타자들을 발견할 수 있다. 그건 자연스럽게 이루어진 일이 아니다. 그 선수들의 타고난 모습이 아니다. 그렇게 타고난 사람은 아무도 없다. 그 선수들은 새로운 패턴을 익혀가면서 양손잡이 타자로 거듭난 것이다. 그 덕분에 이제는 큰 힘을 들이지 않고도 우아하게 양쪽 손으로 정확하고 강력한 공을 칠 수 있는 것이다.

그 선수들은 어떻게 한 걸까? 자연스럽게 일어날 수 없는 일을 어떻게 해냈을까? 무슨 일이 있었던 걸까?

이것은 '패턴 교체'라고 한다. 어떤 행동의 (또는 생각의) 패턴이든 다른 패턴으로 교체할 수 있다. 필요한 것은 끈질긴 연습뿐이다. 우리는 고인 물이 아니다. 고정되어 있지 않다. 우리는 자신이라는 거짓 속에서 헤매는 사람들이 아니다.

이런 사실을 맨 처음 명료하고 완전하게 깨달은 순간을 나는 결코 잊지 못할 것이다. 절대로 잊을 수 없는 각성의 순간이었다. 당시는 사업 컨설턴트인 베키 로빈스가 의사소통 강좌를 진행하던 때였는데, 그녀가 교육 중에 무심코 꺼낸 말이 자기계발 분야에서 내가 11년 가까이 천착해오던 문제를 명료하게 해주면서 하나로 엮어냈다.

"어떤 사람들은 지나온 삶을 설명하기 위해서 언어를 사용합니다." 그녀가 말했다. "그리고 어떤 사람들은 앞으로 이끌어 갈 삶을 창조하기 위해서 언어를 사용하죠."

그래, 바로 그거다! 모든 행동의 이면에는 생각이 있다. 여러 가지 말로 이루어진 생각은 머릿속에 이미지를 그려낸다. 이 사실은 내게 새로운 발견처럼 느껴졌다. 물론 모든 사람들에게 새로운 것은 아니겠지만, 그러나 내게는 마치 옛날 옛적부터 전해 내려오는 말을 접한 듯한 느낌을 주었다.

"태초에 말이 있었다."

26

참을 수 없는 존재의 두꺼움

고등학교 2학년 때 마이클 조던은 소속되어 있던 농구팀에서 잘렸다. 마이클 조던은 화가 나고 우울한 기분에 빠졌다. 고등학교 농구선수로 활동하기에 실력이 모자랐던 걸까? 그는 전혀 그렇게 생각하지 않았다. 하지만 코치는 코치의 뜻을 따를 수밖에 없는 노릇이었다. 다만 마이클 조던에게는 한 가지 습관이 있었다. 바로 깊고 면밀히 생각하는 습관이었다. 희생자처럼 순순히 물러나는 게 아니라 말이다. 드디어 그는 주인의식을 품은 질문을 스스로 던졌다. 이 상황을 어떻게 활용하면 되지? 이 상황을 어떻게 활용하면 좋을까?

그는 이 경험을 통해 얻을 수 있는 게 무엇인지 알고 싶었다. 이 순간을 어떻게 지나쳐버릴 수 있는지 알려고 하는 게 아니라 말이다.

생각에 생각을 거듭한 끝에 그는 어느 때보다 더 열심히 훈련을 하기로 마음먹었다. 다른 사람의 생각 앞에 무릎 꿇지 않을 작정이었다. 그리하여 이듬해 다시 농구팀에 들어간 그는 경기를 완전히 다른 차원으로 이끌어가겠다고 결심했다. 머지않아 그는 농구팀에서 잘리는 계기가 없었더라면 결코 이르지 못했을 높은 차원으로 자신의 경기를 끌어올렸다. 오늘날 마이클 조던은 이렇게 말한다. 고등학교 농구팀에서 탈락한 사건이 그의 인생에서 결정적인 순간이었고 농구 선수로서의 자신을 다시 발명하게 이끌어준 순간이었다고. 그래서 그 사건을 자기 삶에서 일어난 최고의 일 가운데 하나로 꼽는다.

1980년 캔디 라이트너의 딸이 캘리포니아주의 새크라멘토에서 음주운전을 하던 운전자가 낸 사고로 세상을 떠났다. 그 운전자는 처벌받지 않았다. 만약 캔디가 이런 상황의 희생자가 되어 평생을 살아갔더라도, 충분히 이해가 갈 법한 일이었다. 그런데 그녀는 분노를 좀 더 유용한 방향으로 이끌어갔다. 캔디는 '음주운전에 반대하는 어머니 모임(Mothers Against Drunken Driving)'을 설립했다. 그 운전자가 만들어낸 또 다른 희생자로 전락하는 상황을 적극적으로 거부한 것이다. 캔디는 그 일을 단순히 지나쳐 보내는 것을 넘어서서 그 일을 통해 배움을 얻었다.

자신을 희생자로 만드는 언어 습관, 예를 들어 "그 일이 후딱 지나가버렸으면 좋겠어"와 같은 언어 습관이 가져오는 주된 결과는 정신과 육체 모두의 피로감이다. 후딱 지나가버려야만 하는 인생이라면 본질적으로 끊이지 않는 고통의 연속일 것이다. 주변 공기마저도 마치 투명하면서도 끈끈하고 두꺼운 젤리처럼 애써 헤쳐나가야 하는 벽과 같다고 느껴질 것이다. 길을 걸어가면서도 고군분투할 것이다. 참을 수 없는 존재의 두꺼움 때문에 말이다.

당신은 나를 몽상가라 부를지 모른다

희생자가 느끼는 피로감은 결국에는 낮은 성취도와 우울감을 불러온다. 소진되고 위축된 사람들은 골칫거리에 시달리기 딱 좋은 위태로운 상태가 된다. 이들에게는 나쁜 일들이 벌어진다. 믿을 수 없이 불행한 나락으로 떨어진다. 에너지가 턱없이 부족하기에 시련을 헤쳐나갈 힘도 생기지 않는다. 그래서 기분이 처질 때면 무슨 일에도 더 이상 신경쓰지 않는다.

계단에 놓여 있던 인라인스케이트를 타고 훌쩍 나가버린다. 그 길로 오후 내내 회사에 얼굴을 비추지 않는다. 서류가방을 차 지붕에 올려놓고 깜박 잊은 채, 교통체증으로 꽉 막힌 도로 위에서 엄청난 양의 메모와 서류를 서글픈 폭죽처럼 흩날리며 운전한다. 온갖 주요 서류와 명함을 다시 복사하고 만들려면 아마 꼬박 일주일은 걸릴 것이다. 다음 날에는 늦잠을 자고 일어나, 고속도로에서 길을 잘못 들어 험악한 동네로 엉뚱하게 차를 몰고 간다. 넘쳐나는 스트레스와 치솟는 우울감을 견디지 못한 나머지 약을 처방받기 위해 의사를 찾아간다. 그리고 얼마 지나지 않아 끔찍한 약물중독이 시작된다. 이들은 이런 말로 운을 떼곤 한다. "내 팔자로는……." 스스로의 생각이 낳은 희생자다.

그와 반대로, 모든 일에서 무언가를 배우고자 노력하면 신선하고 활력 넘치는 삶이 시작된다. 표현을 바꾸면 에너지도 바뀐다.

훌륭한 작사가나 가수들은 살아가다 때로 마약이나 알코올 중독에 빠져 피해망상을 더욱 키우는 경우가 있다. 이러한 시기의 고통을 녹여내 노래로 만들었다는 이야기를 심심찮게 들을 수 있을 것이다. 크리스 크리스토퍼슨의 「내가 이 밤을 잘 견딜 수 있게 도와줘요(Help Me Make It Through The Night)」와 존 레넌의 「당신이 밤을 무사히 보내도록 해주는 게 무엇이건(Whatever Gets You Through The Night)」은 이렇게 닮고 닮은 정신을 잘 보여준다. 그리고 두 가수는 모두 나중에 자신의 분야에서 스스로를 재발명했다. 후기에 만든 노래들이 그 사실을 반영한다.

예를 들어 영화 「홀랜드 오퍼스(Mr. Holland's Opus)」에서 리처드 드레이퍼스는 존 레넌이 '아름다운 소년'을 위해 쓴 노래 「이매진(Imagine)」을 부른다. 그 노래는 기쁨의 노래였다. 존 레넌은 정신의 주인이 되어 말년을 보냈다. 그가 쓴 「이매진」의 노랫말처럼 "모든 사람들이 자유롭게 사는 모습을 상상해볼" 수 있는 삶이었다. 단적으로 말해서, 그는 몽상가로 거듭났다. 콜린 윌슨이 말한 '꿈을 꿀 수 있는 힘'을 계발한 것이다. 그 노래에서 존 레넌은 이렇게 노래하지 않는가. "당신은 나를 몽상가라고 부를지도 모르죠."

어떤 어려운 상황이 닥쳤을 때 반응하는 방법은 언제나 두 가지다. 주인으로서 반응하는 것과 희생자로서 반응하는 것이다. 문제 상황에 맞닥뜨리면 잠시 멈춰서 두 가지 선택지를 생각해보라. 스스로가 상황을 어떻게 인식하는지를 주의 깊게 살펴보라. 그리고 그때 만약에 이 상황을 어떻게 헤쳐나갈 수 있는지 생각하게 된다면, 심호흡을 해서 숨을 고르고 당신의 말을 주인의 말로 다시 옮겨보라. 그냥한번 시도해보는 것이다. 마치 쇼핑하다가 야구 모자를 고를 때 이렇게 저렇게 써보는 것처럼 말이다. 앞으로도 써보고, 뒤로도 써보라.

스스로에게 물어보라. 처음에는 큰 소리로 말해보는 연습을 해도 좋다. "이 상황을 어떻게 활용할 수 있을까? 이 경험으로 무엇을 얻을 수 있을까? 이 속에 숨어 있는 선물이 뭘까? 이 상황이 내게 주는 교훈이 뭘까?"

그리고 문제 상황을 주의 깊게 살펴보다 보면 차츰 하나씩 배우는 것이 생기기 마련이다. 더 이상은 그 일에서 빨리 빠져나가야겠다는 마음이 들지 않을 것이다. 그리고 그리 오래 지나지 않아 그건 문제라고 여겨지지도 않을 것이다. 그 상황이야말로 당신의 스승이 될 테니 말이다.

그러면 문제가 되었던 상황은 당신 편이 된다. 곧 이 상황을 활용하고, (나중에 돌이켜보면서) 그 상황에 애정을 품게 될 것이다. 마치 도시를 설계하는 건축가가 거리를 이렇게 저렇게 구획해보고, 건물을 이쪽저쪽에 자유자재로 배치해보듯 말이다. 사람들은 당신이 변화했다는 사실을 눈치챌 것이다. 주변 사람들이 당신을 몽상가라고 부를지도 모른다. 하지만 그런 몽상가는 당신 혼자만이 아니다.

27

목적 결핍 장애를 치료하라

그 어떤 말보다 큰 상처를 입히고 무수한 희생자를 만들어내는 한 마디가 있다. 바로 "해야 된다"이다. 이 말은 절대로 쓰면 안 된다! (세상에, 방금 전 문장에서도 쓰고 말았다. 앞으로 더 조심해야겠다.)

"해야 된다"는 말을 할 때마다 당신의 의욕은 줄어든다. "해야 된다"는 말은 공연히 문제를 키우는 일등 공신이다. 정신을 순식간에 잠재워버린다.

"나 이거 해야 되는데"라고 말할 때마다 그 일을 할 확률을 줄어들게 하는 것이다. 비슷한 말로는 "필요하다" "그러기로 했다" "의무적이다" "내가 이거 안 하면 사람들이 난리 날 텐데" 등이 있다.

"해야 된다"는 말이 힘을 내는 데 전혀 먹히지 않는 이유 하나는 이것이 몹시 평가적이며, 불친절해서다. 친구에게 말할 때는 "해야 된다"는 말을 절대 사용하지 않을 것이다. 이를테면 이런 말은 결코 하지 않는다는 뜻이다. "프레드, 어떻게 지내? 야, 인마. 너 살 좀 빼야겠다!"

어느 금요일, 회사 책상에 앉아 있는 희생자가 있다고 하자. 집에 가기 전에 모든 서류 작업과 서식 작업을 마치기 위해서 그는 아마 습관적으로 "해야 된다"는 말을 사용해서 의욕을 고취하려 할 것이다.

"정말로 이거 다 끝내야 하는데." 우울한 목소리로 말할 것이다. "정말 꼭 해야 되는데. 그래야 한다는 걸 스스로도 잘 알고 있지. 체계가 잡힌 사람이라면 지금 당장 착수했을 거야. 그런데 왜 나는 언제나 이 모양 이 꼴이지? 왜 자꾸 일을 미루기만 할까? 분명 성격 탓이겠지."

이때 만일 어떤 사람이 그 희생자의 책상으로 다가온다면, 그 사람이 하는 말에 휘둘리기 쉽다. "해야 된다"는 말에 사로잡혀 정신이 산만하기 때문이다. 자리에 앉아 있는 동안 온통 "해야 된다"는 데에만 정신이 팔려 있었다고 할 수 있다. 첫 번째 동료가 다가와서 말을 건다. "이봐, 우리 맥주 한잔하러 갈까? 금요일이잖아. 뭐 하고 있어? 워커홀릭도 아니고 말이야." 그렇게 희생자는 업무에서 벗어난다. 희생자는 기뻐하면서 맥주를 마시러 간다. 작업해야 할 서류는 크고 깊으며 잡동사니로 가득 찬 책상 서랍에 처박아둔 채로. 이제 희생자는 회사를 벗어난다.

이것이 일할 때 사용하는 말의 힘이다. 이 희생자는 자신이 사용하는 말로써 에너지 수준을 바닥으로 떨어뜨린 것이다.

일을 미루는 것은 성격이 아니다
———

자, 방금 전 등장했던 희생자의 건너편 책상에는 주인이 앉아 있다. 그녀는 집중력을 발휘하여 서류 작업을 잽싸게 처리한다. 주인은 머릿속에서 업무 의욕을 고취하기 위한 여러 가지 말을 활용한다. "이 서류 작업을 마치고 싶어." 그녀는 이렇게 말한다.

그렇다면 그녀는 서류 작업을 좋아하는 걸까? 그렇지 않다. 어쩌면 희생자보다 훨씬 더 서류 작업을 싫어할지도 모른다. 다만 서류 작업을 끝내는 걸 좋아할 뿐이다. 그 일을 머릿속에서 내보내는 것을 좋아한다.

"이걸 다 해치워버리면 좋겠어." 의욕으로 한껏 들뜬 정신을 품고 그녀는 이렇게 말한다. "아무것도 신경 쓰지 않고 주말을 보내고 싶어. 집에 일거리를 가져가고 싶지는 않아. 월요일에 회사로 출근할 때 책상에 일거리가 없었으면 좋겠어. 그러면 한 주를 산뜻하게 새로 시작할 수 있을 테니까 말이야."

말은 마치 약물과도 같다. 두 가지 모두 뇌 속에서 아주 비슷한 작용을 한다. 희생자가 정신을 잠재우는 안정제를 섭취할 때("나는 이걸 해야 해"), 주인은 숨을 크게 들이쉬며 신선한 공기를 마신다("나는 이렇게 하고 싶어").

뭔가를 원해서 할 때면 당신은 평소와 다른 정신을 지닌다. 스스로를 불태워가며 그 일을 열정적으로 해낼 수 있다. 즐거운 복수심을 품고 앞에 놓인 과제를 해치울 수 있다.

"해야 되기 때문에" 어떤 일을 할 때 희생자는 화를 내면서 마지못해 꾸역꾸역 처리한다(그 일을 하기라도 한다는 전제 아래 말이다). 마치 차에 올라타긴 했지만 한 발을 계속해서 브레이크 위에 올려두고 있는 것이나 마찬가지다.

내면에서 사용하는 언어 때문에 희생자는 스스로가 일을 질질 끌고 미루는 사람이라고 인식한다. 그러고 나면 어떻게 해서 일을 미루는 것이 자기 성격이 되었는지 궁금해한다. 그런 다음, 일을 미루는 습관이 고정불변인 자기 성격의 일부라고 굳게 믿으면서, 결코 변화하지 못하게 된다. 왜 변하지 못할까? 미루는 것이 자신의 본래 모습이라고 생각해서다!

그렇지만 일을 미루는 것은 일시적인 행동일 뿐이다. 성격이 아니다. 그것은 선택 사항이다. 언제 어느 누구에게든 열려 있는 선택지 말이다.

'살아야 하는' 인생에 지친다면
———

자살은 비극적이며 심각한 사건이다. 그래서 자살과 관련한 아주 작은 실언도 사람들을 깜짝 놀라게 한다. 마치 우디 앨런이 이런 말을 해서 파문을 일으켰던 것처럼 말이다. "언젠가 길을 걷다가 전(前) 아내를 본 적이 있는데, 그녀의 손목이 돌아가 있는 걸 미처 눈치채지 못했습니다."

말은 곧 삶과 죽음의 문제다. 삶과 죽음의 문제는 스스로에게 하는 말에 달려 있다. "해야 된다"는 말을 반복적으로 사용하면 우울증에 이른다. 그리고 우울증은 때로 자살을 낳는다.

설령 그렇게 극단적인 일이 아니더라도 죽은 것이나 다름없이 지낼 수도 있다. 실제로 인생과 살아야 하는 인생이 너무나 다르다는 생각에 지칠 때면 그런 기분이 든다.

"해야 된다"에서 "하고 싶다"로 말을 바꿀 수 있는 기회를 모색하다 보면, 이것이 인생을 뒤바꾸는 변화라는 사실을 깨달을 것이다. 그런 변화를 만들어나갈 때 만나는 정신이야말로 생명력 그 자체다. 왜냐하면 그렇게 말을 바꿈으로써 더 이상 현실을 애써 부정하지 않기 때문이다. 당신은 현실을 받아들이고, 현실을 장악하며, 현실을 품는다.

스스로에게 말하는 방법을 이해하고 완전히 익히는 것은 이제껏 해온 어떤 프로젝트보다도 중요하다. 마치 취미활동을 즐기듯이 몰입해라. '해야 하는' 중요한 변화가 아니라 즐거운 여가로 여겨라.

해야 하는 일을 하고 싶은 일로 전환하는 일이 언제나 수월한 것만은 아니다. 스스로를 해야 하는 일들에 지친 가엾은 순교자로 인식하는 습관에 젖어 지내왔다면, 원하는 삶을 사는 것은 마치 처음으로 수영하는 법을 배우는 듯한 느낌을 자아낼 것이다.

그렇지만 수영은 좋은 것이다. 이건 당신이 원하는 삶을 살겠다고 이기적으로 구는 게 아니다. 이기적인 사람으로 비칠까봐 겁이 나는 것은 연습을 통해 차츰 극복해나갈 것이다. 당신이 원해서 하는 일이 얼마나 많은 사람들에게 이익을 가져다주는지 확인하게 될 것이기 때문이다. 재발명된 기분을 느낄 것이다. 그리고 당신이 행복해지면 다른 사람들도 행복해진다. 그러니 이게 어떻게 이기적인 일이겠는가?

원한다, 필요하다, 좋아한다

———

살다 보니 어느 순간 내가 정말로 원하던 것을 하고 있다는 사실을 깨닫고 인정하게 되었다. 그 순간에 이르자 희생자 같은 소리를 중얼거릴 필요가 없었다. "이를 어째, 회사 가야 하는데. 정말 끔찍해. 대체 왜 일을 해야 하는 거지? 훨씬 더 의욕에 넘쳐야 할 텐데, 그렇지 못해."

이런 언어 습관은 언제나 내 에너지를 애먼 곳으로 흘려보내게 만들었다. 그리고 그것은 단지 습관일 뿐이었다. 사실에 근거를 둔 말이 아니었다. 그런 언어 습관은 습관적인 혼잣말에서 생겨난 거다. 모든 것이 말과 습관의 문제일 뿐이라는 사실을 깨달았을 때, 나는 일하고 싶다는 생각이 들었다. 이렇게 생각하고 말하기 위해서는 그저 예전에 일거리를 얻지 못해서 일자리를 갈망하던 때를 회상하기만 하면 되었다. 그리고 출근 시각을 지키고 싶다고 생각했다. 그렇게 말하는 건 아주 쉬웠다.

직장을 옮기거나 다른 직종으로 바꾸고 싶을 때도, 일단 오늘 당장은 제시간에 출근하고 싶다고 생각해볼 수 있다. 그런 생각이 지금 회사에서 성공을 거두게 하고 나아가서는 더 좋은 직장을 얻을 가능성을 높여준다는 걸 알기 때문이다.

처음에는 "하고 싶어"라고 말하기가 어렵다. 그런데 어려운 까닭은 단지 습관이 들지 않아서다. 그러니 그 습관을 들이기 전까지는 거짓말로라도 자꾸 입버릇처럼 말하는 것이 좋다. "내가 하고 싶은 건 바로 이거야! 내가 선택한 건 이거라고!"

시간이 한참 지나고 나면 그 말이 훨씬 더 현실적으로 느껴질 것이다. 그리고 매일 아침 에너지를 느끼는 일도 점점 더 빠르게 가능해질 것이다. 내면에서 주인의 목소리를 발명하게 될 것이다. 필요한 것은 오로지 연습이다.

아무런 관심을 주지 않으면 당신 내면에 있는 희생자의 목소리는 점차 약해질 것이다. 그 목소리를 적게 사용할수록 그 목소리가 어색하게 느껴질 것이다. 머지않아 희생자의 목소리는 '앓는 소리'를 낼 것이며, 여기는 자기가 있을 만한 곳이 아니라고 판단할 것이다. 예를 들어, 감기에 걸리면 우리는 컨디션이 나빠진다. 하지만 그건 일시적인 일이다. 희생자의 목소리도 감기처럼 금세 지나가는 것으로 바뀔 수 있다.

하루 동안 생활하면서, 하고 싶기 때문에 일하고 있단 사실을 관찰해보라. 바깥에 쌓인 눈을 치워야 한다고 투덜거리는 대신, 머릿속으로 원하는 것을 말해보라. 말끔하게 정리된 길을 떠올려보라. 원치 않는 것 말고, 원하는 것을 생각해보라. 눈을 치우러 밖에 나가 신선한 공기를 마실 때의 상쾌한 기분을 생각해보라. 일을 다 마치면 온몸의 근육에 유쾌한 활력이 감돌고 눈이 깔끔하게 치워진 모습을 떠올려보라.

당신은 이를 원한다. 그리고 원한다는 사실을 스스로도 알고 있다. 그대로 따르면 된다. 간단히 받아들이면 된다. 이미 마음속 깊은 곳에서 행복을 느끼고 있다. 떠오르는 것을 받아들여라. 현실로 만들어라. 그렇게 행복을 안겨주는 일이라면, 그 일은 절대 당신을 해친다거나 방해할 리가 없다. 그 일은 당신을 도와줄 것이다. 행복한 사람들은 훨씬 큰 창의력을 드러낸다. 노벨상 수상자 알베르트 아인슈타인은 이렇게 말한 바 있다. "성공은 행복의 비결이 아니다. 행복이 성공의 비결이다."

목표 달성을 향해 가는 여정을 얼마나 즐기는지 파악하라. 아주 작은 목표까지도 말이다. 눈보라가 한바탕 휘몰아친 뒤에 길을 청소하는 것 같은 사소한 목표처럼. 그 일을 얼마나 즐겼는지 확인하라. 매번 큼지막하게 삽질을 했는지 살펴보라. "해야 되니까" "의무 사항이어서" 일을 했다고 생각하는 건 희생자처럼 얼쩡거리는 낡은 습관일 뿐이다. 그런 습관은 대개 어린 시절에 형성된다. 긍정적인 감정들이 덜 발달한 상태의 잔재일 뿐이다. 어린 시절의 결과물을 평생지고 가지 마라. 인생은 끊임없이 변화하고 진화한다! 좋은 것들을 쌓아가라……. 최고의 상태를 유지하며 나아가라. 때로 희생자 노릇을 하는 것이 동정심을 불러일으킬지도 모른다. 그러나 백날 거기에 천착해봤자 원하는 삶은 절대로 살 수 없다.

동정심을 품고 나면 더 큰 자기 연민에 빠질 것이다. 이는 완전히 우울한 피로감에 이르는 계단을 끊임없이 내려가는 일과 같다. 잭 스폴딩 신부는 자기 연민에 관한 설교에서 이런 말을 했다. "희생자 노릇 하느라 십자가에 매달리는 건 관둬요! 그 십자가 나뭇조각은 땔감으로나 씁시다!"

그가 말한 나뭇조각은 재료가 될 것이다. 이 재료로는 인생을 쌓아나가야 한다. 단순히 입에 풀칠만 하려고 해서는 안 된다. 닥쳐오는 일을 감당하는 사람에서 인생을 만들어나가는 사람으로 변모하게끔 스스로를 다시 발명하라.

28

타인에게 투사하는 불안감

어머니가 희생자인 경우, 그 어머니는 주변 사람들의 잘못된 면이 무엇인지에 초점을 맞추는 것을 버릇처럼 일삼을 것이다. 그녀는 자기 내면의 불안감을 타인에게 투사한다. 내면에서 나쁜 기분이 느껴질 때 바깥으로 눈을 돌려 그 기분의 원인을 다른 곳으로 돌리려 한다. 그렇게 하면 스스로를 재발명할 필요를 느끼지 못할 것이다. 내면을 탐구하러 떠날 일도 없으며, 강하고 새로운 자기 자신으로 성장하지도 않을 것이다. 자신의 문제를 외부로 투사하는 것만이 전부다.

만약 딸아이가 모든 과목에서 좋은 성적을 거두지만 수학에서만큼은 영 아니라면, 그 어머니는 수학 생각을 머릿속에서 떨칠 수 없을 것이다. 다른 가족들과 함께 나들이라도 갈라치면, 그래서 딸아이 제니퍼가 요즘 어떻게 지내는지 질문이라도 듣게 되면, 그녀는 이렇게 답할 것이다. "아, 아주 잘 지내죠! 성적도 아주 좋고요. 수학만 빼고 말이에요. 그렇지, 얘야?" 그러고는 딸아이에게 미소 지을 것이다. "그래서 수학 공부에 좀 더 매진해야 해요. 우리는 제니퍼의 수학 성적에 신경을 많이 쓰고 있답니다."

같이 자리한 사람 중에 누군가가 또 "제니퍼는 학교 잘 다니고 있니?" 이렇게 묻기라도 하면, 제니퍼는 어머니를 바라보고는 머뭇거리는 목소리로 이렇게 답할 것이다. "수학 빼고는 다 괜찮아요."

제니퍼의 어머니는 이렇게 말할 것이다. "그래요, 제니퍼 수학 성적 때문에 걱정이 이만저만이 아니라니까요. 방학 때 방과후 학교라도 보내야 할지, 아니면 과외 선생이라도 붙여줘야 할지, 어떻게 하면 좋을지 모르겠어요."

그리고 머지않아 제니퍼는 수학 과목에서 겪는 어려움에만 초점을 맞추어 자기 이미지 전체를 형성할 것이다. 제니퍼는 스스로에게도, 그리고 어머니에게도, 수학에 어려움을 겪는 사람이 되어버릴 것이다. 마치 케빈 코스트너가 연기한 영화 속 등장인물이 '늑대와 함께 춤을'이라는 이름을 얻은 것처럼 제니퍼의 이름은 '수학이 힘들어요'가 될 것이다. 사람들은 제니퍼의 진짜 이름이 무엇인지, 그녀가 잘하는 과목은 무엇인지를 까먹고 말 것이다. 어쩌면 제니퍼는 꽤 수준 높은 영어 수업에서 A를 받았을지 모른다. 하지만 그 사실은 제니퍼에게 더 이상 아무런 의미가 없다. 제니퍼의 어머니는 제니퍼가 수학 과목에서 실패했다는 사실에만 온 정신이 팔려 있기 때문이다.

이 사실을 깨닫지 못한 채, 제니퍼의 어머니는 자기 딸이 수학 실력을 키울 수 있는 가능성을 낮춰버렸다. 솔직히 말해 제니퍼의 어머니가 자기 딸에게 확실히 보장해줄 수 있는 건 딱 한 가지뿐이다. 이제 제니퍼는 남은 평생을 '수학이 힘들어요'라는 이름을 가진 소녀로 살아갈 거라는 사실 말이다.

호구 부모는 자식의 결점이 이끌린다

제니퍼의 어머니가 악마여서, 제니퍼에게 상처를 주고 싶어서 이런 일을 저지르는 것은 아니다. 그녀가 이렇게 하는 까닭은 자신의 문제를 투사하기 때문이다. 희생자들은 자신의 무능함을 다른 사람에게 투영한다.

희생자들이 말하는 것을 들어보라. 희생자들의 얘기는 언제나 다른 사람들, 그리고 다른 사람들의 실망스러운 모습에 관한 것이다.

모든 희생자는 이런 일을 하루 종일 해댄다. 상상력도 필요치 않으며, 용기도 필요 없고, 아무런 에너지를 쓰지 않아도 된다. 사람 마음의 아주 기본적인 작동 원리만을 따르는 일이다. 마치 정원의 기본값은 잡초인 듯이 말이다.

만약 제니퍼의 어머니가 자기 정신의 주인이 될 수 있다는 사실을 깨달았더라면, 그녀는 가는 곳마다 제니퍼의 우수한 성적 얘기를 하고 다녔을 것이다. 우리가 초점을 맞추고 관심을 기울이는 것이 내면에서 성장한다는 사실을 깨달았다면 말이다. 만일 누가 제니퍼의 수학 성적을 물어본다 하더라도, 제니퍼의 어머니는 이렇게 대답했을 것이다. "수학은 계속 정진하는 중이에요. 다른 과목들처럼 우수한 성적을 향해 가는 중이랄까요. 제니퍼는 수학도 잘하게 될 거예요. 그렇게 어려운 영어 수업에서 A를 받은 아이는 제니퍼밖에 없거든요. 제니퍼는 마음만 먹으면 학교에서 뭐든지 해낼 수 있어요."

이제 제니퍼는 수학 성적을 아주 조금만 올려도, 마음껏 놀 자유를 얻을 것이다. 제니퍼를 압박하는 것은 하나도 없다. 잘못된 점도 없다. 제니퍼에게는 아무런 문제가 없다! 아무런 문제가 없는 제니퍼가 살아갈 모습을 상상해보라.

희생자인 부모들은 언제나 자기 자식들의 결점에 이끌린다. 언제나 부모 자신들의 문제를 투영하기 때문이다. 비판의 말을 언제건 쏘아붙일 준비가 되어 있다.

다른 사람들의 결점을 보는 것은 가장 쉬운 일이다. 생각을 거의 하지 않고도 할 수 있다. 그러나 바로 이것이 결국에는 인간관계에 해를 끼치는 습관이다.

제니퍼는 이런 어머니가 있어서 엉망으로 생활하게 되었을까? 우울감에 빠져 지내면서, 행복을 향한 지름길을 찾아내려고 고군분투하면서 남은 인생을 살아갔을까? 아니, 꼭 그러리라는 법은 없다. 제니퍼에게는 자기가 원하는 어느 방향으로건 스스로를 발명할 자유가 있다. 다만 일종의 약점을 끌어안고 출발점에 서 있을 뿐이다.

제니퍼가 자신을 주인으로 발명하기 위해서는 마음과 정신이 어떻게 작동하는지를 스스로 배워야 할 것이다. 하지만 그 정도는 괜찮다. 제니퍼뿐 아니라 다른 모든 사람들도 마찬가지로 해야 하는 일이니 말이다. 부모에게 얼마나 잘 교육받았는지와는 무관하게, 주인과 희생자의 문제는 스스로 배우고 해결해야 한다. 그래서 희생자가 되는 데 에너지를 쏟든 주인이 되는 데 에너지를 쏟든지 간에, 우리가 조금의 행복이라도 느끼기 위해서는 스스로의 선택을 거쳐야 한다. 행복은 어떤 에너지를 선택하는가에 달려 있다.

정신과 의사 피터 브레긴은 이렇게 말한다. "어떤 사람에게 조증 환자나 우울증 환자가 될 수 있는 에너지가―즉 생명력이―있다면,

그 사람은 마찬가지로 어마어마한 부자가 되어 만족스러운 인생을 살 수 있는 에너지도 있는 것이다."

어린아이의 관심이 "내 문제가 뭐지?"라는 부분에 반복적으로 치우친다면, 그 어린아이가 "나는 별로 훌륭한 사람이 못 돼"라는 생각을 가지고 성인이 되기란 아주 쉽다.

그렇지만 워크숍과 주인의식 프로그램 참가자들이 어린 시절에 형성한 자기 이미지로부터 스스로를 완전히 해방하는 모습을 나는 거의 매일같이 목격한다. 자신의 성격을 내팽개쳐버리기로 결심한 다음, 자신의 잘못된 점이 아니라 좋은 점을 바탕 삼아 인생을 설계해나가는 사람들을 목격한다.

공연히 움츠러들 필요 없다

———

만약 어린 시절을 움츠러들어서 지냈다면, 이제 더는 그렇게 살지 마라. 당신을 자꾸 위축시키지 마라. 잠재력을 깎아내리며 지내는 일일랑 그만두어라. 넬슨 만델라 대통령이 언젠가 국민들에게 연설했듯, "공연히 움츠러들어서 주변 사람들을 빛내줄 필요는 전혀 없다. 우리 모두는 빛나기 위해 태어난 사람들이다."

움츠러들지 않으려면 첫째로는 당신의 부모와 보호자들이 당신을 위해 최선을 다했다는 사실을 완전히 받아들여야 한다. 그들은 자신들이 아는 선에서 최대한으로 노력했으며, 당신의 미래를 걱정하는 마음 하나로 움직여왔다. 이들을 비난하는 것은 스스로를 희생자로 만드는 일을 더욱 심화할 뿐이다. 부모님을 이해하는 것, 그리고 그들의 말이 끼친 영향을 이해하는 것이 부모님에게서 독립할 수 있는 자유를 찾는 방법이다.

둘째로는 사실에 바탕을 두고 스스로에 대한 평가를 수정하도록 한다. 상처받은 감정을 근거로 삼아서는 안 된다. 무엇이 장점인지를 탐색하고, 그 점을 부각하라. 당신이 지닌 실질적인 힘을 근거로 삼아라. 그리고 약점을 발견하면, 그것을 새로운 성장과 모험의 기회로 받아들이고 환영하라. 행복은 안락함이 아닌 성장을 통해서 생겨난다. 그러니 성장의 기회를 슬프게 여길 이유가 뭐가 있겠는가?

과거를 슬프게 회상하는 버릇에 발목 잡히지 마라. 물론 그런 습관에 빠져들기는 아주 쉽다. 슬픔은 일종의 중독이다. 이는 신경안정제에 중독되는 것과 거의 똑같다. 영화「행운의 반전(Reversal of Fortune)」에서 글렌 클로즈가 서니 본 뷸러 역할을 연기하는 모습을 한번 보라. 그 모습을 보면 신경안정제에 중독되는 것이 인간의 정신과 품행에 어떤 영향을 끼치는지를 잘 확인할 수 있을 것이다.

슬픔에 중독되는 것은 화학적인 진정제에 중독되는 것과 정확히 비슷한 양상을 띤다. 슬픔은 일종의 진정제다. 느릿느릿하고 칭얼대는 소리로 말을 하며 행동거지에는 매가리가 없고 지친 기색이 역력하다.

거울 속의 자기 모습을 볼 때 이러한 슬픈 기운이 조금이라도 감돈다면 그것을 분명히 의식한 다음, 슬픔이 당신을 품을 수 있게끔 허락하라. 공연히 고집 피우며 뻗대지 마라. 어쨌든 슬픔도 하나의 발명품일 뿐이니 말이다. 그렇게 슬픔에 실컷 잠긴 다음, 슬픔을 너무 오래 끌어안아 지겨울 지경에 이르면, 이제 슬픔을 떨쳐버리고 당신 안의 새로운 면을 발명해서 가지고 노는 거다. 이 새로운 순간에 상쾌한 시작을 하는 거다. 당신은 깨닫게 될 것이다. 부정적인 감정에 저항하려고 애쓰지 않는다면 그 감정은 알아서 제 갈 길을 간다는 사실을 말이다. 마음속에는 자동 정화 버튼이 있다.

당신은 이런 질문을 던져볼 수 있다. "만약에 이 세계가 연극 무대고, 내가 그 위에서 어떤 역할을 맡아 연기하는 거라면, 지금 이 모습이 내가 정말로 원한 배역일까?" 그렇게 질문해본 다음, 당신이 정말로 되고 싶은 모습으로 스스로를 발명하라. 당신이 꿈꾸는 사람이 할 법한 행동을 하라. 그냥 재미로 말이다. 이건 그저 재발명을 위한 팁이랄까.

재발명은 선택지의 문제다. 당신에게는 수많은 선택지가 있다. 어떤 상황에서든 당신은 어떤 사람이 되고 싶은지 선택할 수 있다. 그 선택지들을 하나하나 시험해보라.

29

"미안하지만,
나 너무 스트레스받아"

희생자는 "스트레스받는다"는 말을 끊임없이 사용한다. 하지만 그렇게 "스트레스받는" 일은 어디까지나 마음속에서만 벌어질 뿐이다. 그것은 현실이 아니라 말에 불과하다. 그리고 그렇게 스트레스받은 자기 자신을 바로 세우기 위해 가장 먼저 할 일은 그 말을 그만 쓰는 것이다.

희생자는 말한다. "우리 딸 졸업식에 못 가봐서 미안해. 하지만 일 때문에 어쩔 도리가 없었어." 또는 이렇게 말한다. "여보, 약속한 시간에 집에 들어가지 못할 것 같아. 일이 정신없이 몰려들어서 스트레스받는 상태거든."

'스트레스받는다'는 말은 희생자가 감정 상태를 나타내기 위해 자주 쓴다. 생각이 과도하게 몰려들 때 피어나는 감정 말이다. 그리고 다른 사람들의 동정심을 얻고, 스트레스를 유발하는 자신의 상황을 인정받고자 쓰기도 한다.

이런 내 얘기를 듣고 언젠가 자동차 부품 회사의 매니저가 말했다. "스티브, 무슨 말인지는 잘 알겠어요. 그런데 말이죠, 당신이 정말로 스트레스를 받는다면 어떻겠어요?"

"그런 일은 없어요." 나는 말했다. "스트레스받는다는 말을 사용하기 전까지 당신은 절대 스트레스받지 않아요. '스트레스받는다'는 것은 어떤 상황에서 느끼는 감정을 표현하기 위해 쓰는 한낱 말일 뿐이라고요."

"그렇죠!" 그는 답했다. "하지만 제 업무는 말이죠…… 만약 당신도 저와 같은 분야에 종사했더라면…… 당신도 분명 스트레스를 받았을 거라는 생각이 드는걸요."

그래서 나는 한 가지 예시를 들었다.

"경쟁 관계에 있는 자동차 부품 회사에서 일하는 어떤 사람이 있다고 칩시다. 그리고 그 사람은 이 일을 썩 즐기는 편이 아니라고 해보죠. 회사에 있을 때면 언제나 지루해합니다. 그런데 이 사람이 당신 회사로 이직해왔다고 합시다. 출근 첫날에는 일을 아주 마음에 들어했어요. 그 어느 때보다도 바삐 일하고, 시간은 쏜살같이 지나갔죠. 고객들을 도와주느라 분주하게 이리저리 뛰어다녔습니다. 점심시간이 됐을 때는 이제 좀 쉬라는 소리를 들을 정도였죠. 그렇게 쉬는 시간이 되자 그는 아내에게 전화를 걸어 말했습니다. '내가 다녀본 직장 중에 최고 직장이야. 시간이 그냥 훅훅 지나간다니까. 온갖 일을 도맡고 있어. 고객과 상담하기도 하고, 동료들을 돕기도 하고, 의사 결정도 내리지. 완전 마음에 들어.'

자, 점심시간이 끝나고 나서 이 남자가 불행히도 매니저 바로 옆에서 일을 하게 되었다면 어떤 일이 벌어졌을까요? 매니저는 이 남자에게 불평불만을 늘어놓습니다. 회사 일이 얼마나 힘든지, 얼마나 일에 치여 정신없이 지내는지 말이죠. 오늘 얼마나 일에 압박받고 시달리며 지냈는지 하소연하고, 본사에서는 고객을 관리할 만한 충분한 인력을 확보해주는 법이 없다고 말이죠. 또 부품들은 한 주가 멀다 하고 재고가 소진된다면서요. 밤이 되어 그 남자가 집으로 돌아왔을 때, 아내가 오후 근무도 오전처럼 즐거웠는지 물어본다면 남자는 아마도 이렇게 말할 겁니다. '아니야, 불행히도 그렇지 않았어. 오후에는 완전 스트레스받으면서 보냈거든.'"

부검 보고서에는 스트레스라는 말이 없다
—

당신이 그런 말을 내뱉기 전까지 스트레스받는 일이란 일어나지 않는다. 만약 '스트레스받는' 상황 때문에 당신이 사망한다고 해도, 그 사실을 시체에서 밝혀낼 수는 없다. 영안실 탁자에 시체를 안치하고 살펴본들 거기에는 '스트레스받다'라는 말이 전혀 쓰여 있지 않다. 스트레스받는 일은 인생에 존재하지 않기 때문이다. 그건 그저 말일 뿐이다.

"그렇다면 스트레스받는 상황에 놓였을 때, (희생자와는 달리) 주인은 어떻게 처신하죠?" 매니저가 물었다.

"먼저, 주인은 결코 스트레스받는 법이 없습니다." 나는 대답했다. "주인은 언제나 집중할 뿐이죠."

집중하는 것은 스트레스받는 것과 정반대다. 한 번에 한 가지 일만 할 수 있다는 사실을 주인은 알고 있다. 그리고 그 일을 빠르고 능숙하게 하려면 다른 데 정신이 팔려서는 안 된다. 주인은 절대로 한 번에 백만 가지 일을 하려다가 그중 하나도 제대로 하지 못하는 불상사를 만들지 않을 것이다.

내가 진행하는 워크숍이나 코칭 프로그램은 종종 인원 감축을 거친 지 얼마 안 되는 회사의 직원들을 대상으로 진행되기도 한다. 갑작스럽게 수많은 직원들이 해고된 그런 회사 말이다.

그런 곳에서 워크숍을 진행할 때면 관리자를 향한 쓰디쓴 분노의 감정이 공기 중에 맴돈다. 그리고 다행스럽게도 참가자들이 용기를 내어 질문할 때가 많다.

"부서 인원이 감축되었는데, 이전보다 더 많은 일을 해야 한다면 어떻게 해야 하나요?" 이는 자주 듣는 질문이다. "할 수 있는 것보다 많은 양의 일을 매니저가 떠넘기면 어떻게 하죠? 그러면 당신도 스트레스받지 않을까요? 도무지 빠져나갈 길이 없는 늪에서 악어에게 등을 내보이고 있는 심정을 아시나요?"

물론 나도 그런 기분이 든 적이 있다. 그러나 악어를 떠올리는 건 그저 내 생각에 불과하다. 주인의식을 갖고 생각하는 습관이 든 사람들은 스트레스받는 것을 간단히 거부한다. 그 사람에게 일주일 동안 처리해야 할 일 24가지가 주어졌는데, 실제 해낼 수 있는 일이 7가지뿐이라도 그는 전혀 스트레스받지 않을 것이다. 이 상황에 반응하기 위해 그가 선택할 수 있는 단어는 수백 가지가 넘는다. 그리고 그가 "스트레스받는다"는 말을 선택하는 법은 결코 없을 것이다. 그 말이 주는 피로감을 잘 이해하기 때문이다.

업무 요청이 쇄도하는 것을 "신난다"는 말로 표현할 수도 있다. 이는 아주 높은 수준으로 진화한 정신을 보여준다. 꼭 그렇지 않더라도 최소한 그 업무 요청에 "신경을 쓴다"고 말할 수 있다. 그렇게 하면 매니저와 유용한 의사소통을 나눌 기회를 모색할 수도 있을 것이다.

주인이라면 이렇게 말할 것이다. "매니저님, 이번 주까지 마쳐야 할 업무를 24가지 주셨죠. 매니저님께서도 아시다시피, 제가 할 수 있는 한에서는 좋은 결과를 내기 위해 모든 노력을 기울이고 있어요. 그런데 주신 목록을 확인해봤더니, 이번 주까지 끝낼 수 있는 일은 그중 7가지일 것 같더라고요. 그래서 매니저님이 판단하시기에 가장 중요한 업무 7가지부터 확실히 마무리하려고 하는데, 이 업무들의 우선순위를 정하는 걸 도와주셨으면 해요. 그 7가지를 제가 예상했던 것보다 일찍 마치게 된다면 나머지 17가지도 곧바로 착수해서 신속하게 끝낼 수 있을 거예요. 일이 많다고 불평하거나 일을 떠맡지 않으려 하는 게 아니라, 매니저님이 판단하시기에 가장 중요한 일부터 마치고 싶어서 이렇게 확인을 부탁드립니다."

칭얼거리거나 연민에 호소하지 않고, 긍정적인 정신을 품고 이런 대화를 나눈다면 그 주인과 매니저 사이에는 진정한 동료의식이 싹 틀 것이다.

말이 칼이 될 때

완전히 다른 맥락에서 한번 생각해보자. 밤이 되어 집으로 돌아갔는데 어린 딸아이가 무언가를 해달라고 요청한다면 어떨까? 그리고 그러겠노라고 답하자, 딸이 목록을 가져와서 시간이 꽤 필요한 일을 10가지 해달라고 부탁한다면? 이를테면 같이 쇼핑하러 가기, 동물원 놀러 가기, 뒤뜰에서 놀기, 그리고 그 밖의 여러 가지를 말이다.

그때도 기분이 상해서 이렇게 외칠 작정인가? "아빠 좀 그만 내버려둬!" 아니면 "네가 아빠한테 완전히 스트레스 주는구나!"라고 말이다. 아마도 그럴 일은 없을 것이다. 이런 상황에서 가장 보일 법한 반응은 바로 즐거움이다. "우아! 잠시만 기다려보렴, 우리 아기 고양이." 이렇게 말하며 당신은 너털웃음을 지을 것이다. "우리 딸이 하고 싶은 일이 이렇게나 많다니 아빠는 정말 기쁘다. 하지만 봐봐. 이걸 오늘 밤 안에 전부 다 하기는 힘들겠는걸? 지금은 밤이고, 아빠는 이제 막 퇴근하고 와서 시간이 많지 않잖아. 그러니까 오늘은 딱 한 가지만 같이 골라서 하자. 그리고 나머지는 잘 보관해뒀다가 다른 날 하는 게 어때?"

이런 대화에는 분노도 억울함도 전혀 끼어들지 않을 것이다. 그러니 직장에서도 굳이 분노에 차서 얘기할 필요가 있겠는가?

스스로를 재발명하는 일에는 오래되고 습관적인 수많은 말을 처리하는 과정이 꼭 필요하다. 그건 어렵지 않다! 사람들은 언제나 이런 작업을 하며 지낸다. 사람들이 쓰는 말 중에는 인종 차별이나 성차별을 의식하지 않고 만들어진 말들이 있다. 그러나 그런 말들이 얼마나 무례하고 공격적인지를 완전히 깨닫고 나면 사람들은 그 말을 더 이상 사용하지 않는다. 이런 식의 일은 사회에서 항상 일어난다.

그러니 이런 작업이 당신 안에서 벌어지지 못할 이유가 뭐가 있겠는가? 세상에는 정신을 해치는 말과 표현이 많다. 그 말을 당신이 믿을 필요는 전혀 없다. 그런 말은 그냥 흘려보내자.

30

가장 슬픈 이야기

주인은 새로운 모험이나 새로운 경기 또는 새로운 프로젝트를 마주칠 때면 언제든 이렇게 말한다. "나도 끼워줘." 주인은 새로운 것을 시도하기를 좋아한다. 그리고 열의를 갖고 "나도 같이 할래"라고 말한다. 주인은 공동체 정신을 즐기며, 경기를 좋아한다. 어린아이가 새로운 게임하는 법을 언제나 배우고 싶어 하는 것처럼, 주인은 새로운 것이라면 뭐든지 할 준비가 되어 있다.

그와 반대로 희생자는 이런 말을 사용한다. "좀 기다리면서 살펴볼게." 매사에 이런 식이다.

"이번에 새로 옮긴 회사는 좀 어때?" 희생자에게 이런 질문을 한다고 하자. "아아, 지금까지는 뭐 다 괜찮은 것 같아. 그렇지만 좀 더 시간을 두고 살펴봐야겠지. 거기서 일한 지 아직 2년밖에 안 됐잖아. 앞으로 어떻게 될지는 전혀 모르겠어."

그리고 몇 년 만에 만난 희생자에게 만약 "안녕, 빌. 결혼했다는 소식 전해 들었어. 축하한다. 그래, 결혼 생활은 어때?"라고 말을 건

넨다면, 그 빌이라는 친구는 이렇게 대답할 것이다.

"글쎄, 잘 모르겠네. 결혼한 지 아직 1년밖에 안 됐잖아. 그러니까 잘은 모르겠어. 좀 더 시간을 두고 봐야지, 뭐. 기다리면서 살펴보는 심정이랄까."

대개의 경우, 인생사가 순탄하게 풀려가면 희생자는 불안해진다. 이런 얘기를 다른 사람에게도 서슴없이 한다. "요즘 일이 아주 잘 풀리고 있어." 희생자는 말한다. "그래서 영 신경이 쓰여. 이렇게 일이 잘 풀릴 때면 항상 불안한 마음이 들거든. 뭔가 큰일이 벌어질 거라고 생각되니까 말이야. 저기 길모퉁이만 돌면 끔찍한 일이 도사리고 있을 것 같아. 너도 알다시피 원래 폭풍전야는 오히려 잠잠한 법이잖아. 그래서 앞으로 대체 어떤 엄청난 일이 일어날지 도무지 짐작할 수 없으니까, 요즘은 밤에 쉽게 잠이 오지 않아."

수면 부족은 희생자가 사고를 터뜨리기 좋게끔 만든다. 주의력이 떨어지고 사소한 것도 챙기기 어렵기 때문이다. 그래서 큰 실수를 하게 되고, 이런저런 사고가 이어진다. 어쩌면 기다리고 걱정하던 일이 실제로 벌어지는 것이다. 그러니 희생자의 생각과 염려는 자기충족적인 예언인 셈이다.

희생자는 상황이 좋으면 의심부터 한다. 그리고 나쁜 소식은 환영한다. 그들의 인생사는 부정적인 사고방식에 아주 깊게 뿌리내리고 있다. 그 부정적인 행로에서 조금이라도 벗어날라치면 불안함을 느낄 정도다. 예를 들면 희생자는 다른 사람들의 칭찬과 인정을 버겁게 느낀다. 그들의 인생사와 상반되기 때문이다. 희생자는 살아오면서 다른 사람에게 존중받아본 적이 없다고 푸념한다.

이런 희생자의 모습은 마치 코미디언 로드니 데인저필드의 말년과 흡사하다. 그가 선보이던 코미디 캐릭터는 어딜 가도 도무지 사람들에게 배려받지 못하는 캐릭터였다. 이를테면 병원에 갔더니 의사 말하기를, 과체중이어서 몸무게를 아주 많이 줄여야 한다고 했다. 로드니는 의사에게 묻는다. "그것 말고 다른 소견도 듣고 싶은데요." 의사는 이렇게 답한다. "그래요, 당신은 못생기기도 했죠."

희생자의 인생사는 이렇게 무시당한 이야기로만 채워진다. 인생사는 스스로 만들어나가는 것이라는 사실을 결코 알지 못한다. 그러나 당신은 바로 오늘부터, 스스로에 대한 새로운 이야기를 시작해나갈 수 있다.

제일 먼저, "나도 끼워줘. 같이 할래!"라고 할 만한 기회가 있는지를 찾아보라. 스스로를 웃음거리로 만들 만한 기회가 있는지도 살펴보라. 체면을 잃거나 실패하는 일을 두려워하지 마라. 인간적인 면모를 드러내는 것을 망설이지 마라. 훌쩍 뛰어들어라. 마음껏 놀아라. 엎어져보라. 그리고 툭툭 털고 일어서라. 더 열심히 뛰놀아라. 먼지 투성이 얼굴로, 땀을 쩔쩔 흘리면서 집에 돌아가라. 따뜻한 물로 개운하게 샤워를 하라. 그리고 잠들어라.

어릴 때 당신은 바로 그렇게 놀면서 지냈다. 지금도 그렇게 할 수 있다. 다시 잘 잠들 수 있다.

31

너는 나에게 상처를 줄 수 없다

아침 뉴스 프로그램인 「투데이(Today)」를 보다가, 주인과 희생자 사이의 구분에 관한 재미있는 설명을 접하게 되었다. 진행자인 맷 라우어가 프로그램에 출연한 타이거 우즈의 아버지에게 이야기하는 장면이었다. 퍼지 조엘러가 공식 석상에서 내뱉은 발언 때문에 기분이 상했다는 사실을 인정하라며 말이다.

퍼지 조엘러는 프로 골프 선수다. 그는 젊은 유망주였던 흑인 골프 선수 타이거 우즈와의 경기에서 쓰디쓴 패배를 맛본 뒤, 다분히 조롱기 어린 인종 차별적인 발언을 남긴 바 있다.

그렇지만 「투데이」에 출연한 타이거 우즈의 아버지는 이런 공격의 희생자가 되는 것을 똑 부러지게 거부했다. 맷 라우어는 퍼지의 발언이 얼마나 상처가 되었는지 얘기해달라고 계속 유도했지만, 그는 상처받지 않았다고 답할 따름이었다. 그 발언은 조엘러의 문제일 뿐이지 자신의 문제가 아니라면서. 그 발언은 타이거 우즈의 아버지를 털끝만큼도 건드리지 못했다.

"그렇지만 아버님, 조엘러는 흑인 문화를 공격하지 않았습니까." 라우어가 말했다.

"아니, 그렇지 않아요. 흑인 문화는 무탈합니다. 퍼지 조엘러에게 문제가 있을 뿐이죠. 우리 흑인들은 멀쩡해요."

미디어에서 희생자를 찾아다니는 데 혈안이 된 사람들은 이런 반응에 대개 일종의 배신감을 느낀다. 희생자를 찾아 떠나는 보물사냥이 진정한 주인 앞에서 무릎을 꿇을 때 말이다. 희생양 이야기를 다룰 수 없을 때면 언짢은 기분마저 느낀다. 이런 대화가 오갈 때, 아마 맷 라우어는 순간적으로 안색이 나빠지고 식은땀을 흘리며 허둥댔을 것이다. 품위 있는 우즈 씨가 희생양이 되기를 당당히 거부하던 그 순간에 말이다.

텔레비전에서 극히 보기 드문 만족스러운 순간이었다. 누군가 희생자 역할을 거부하는 모습을 볼 때면 우리는 언제나 기쁨을 느낀다. 마치 엘리너 루스벨트의 다음과 같은 말을 들을 때 느끼는 쾌감처럼. "어느 누구도 저에게 열등감을 안겨줄 수는 없어요. 제가 허락하지 않는 한은 말이죠."

희생자가 툭하면 입버릇처럼 내뱉는 말은 바로 "상처받았다"는 것이다. 희생자들은 쉽게, 그리고 자주 상처받는다. 하루에도 몇 번씩 말이다.

희생자들은 생각지도 못한 각양각색의 방법으로 상처를 받는다. 출근길에 라디오에서 들은 얘기에 상처받기도 한다. 관리팀에서 보낸 이메일에 상처받을 수도 있다. 점심시간에 동료가 한 말에 상처를 받기도 한다. 또 배우자의 어떤 결정 때문에 상처를 받을 수도 있다.

그렇게 쉽게 상처받는 습관이 어떤 것인지 나는 잘 안다. 그리고 그런 습관이 스스로를 얼마나 갉아먹는지도 안다. 상처를 받는다는 것은 다른 사람들의 사나운 힘 앞에 굴복한다는 뜻이다. 온종일 나를 화나게 만들어도 괜찮다고 다른 사람들에게 허락하는 것과 같다. "그 말 완전 상처인걸"이라고 말할 때마다, 스스로 자신의 정신에 타격을 가한다는 사실조차 제대로 인식하지 못하기 일쑤다.

비슷한 상황이 벌어질 때 정신의 주인은 다른 습관을 보여준다. 주인은 이렇게 말한다. "너는 내게 상처를 입힐 수 없어."

누가 상처를 줘서 미안하다며 주인에게 사과한다 하더라도 주인은 결코 휘말리지 않는다.

"나는 너 때문에 상처 입은 적이 없어." 주인은 이렇게 말할 것이다. "너는 나한테 상처를 입힐 수가 없으니까. 나는 그러라고 허락한 적이 없거든."

그러면 상대방은 이렇게 말할 것이다. "아니, 이봐. 오늘 아침에 내가 너한테 상처 준 거 확실하잖아. 그래서 사과하고 싶어 이렇게 왔을 뿐이야. 내가 내뱉은 인종 차별적인 발언도 미안하다 말하고 싶었고 말이야."

"그건 하나도 상처가 되지 않았어." 주인이 말한다.

"그 인종 차별적인 모욕도?"

"전혀."

상대방이 아직도 완전히 이해하지 못하겠다는 눈치라면 주인은 이런 말을 덧붙일지도 모른다.

"정말로 아무런 상처도 주지 않았어. 왜냐하면 너는 내게 상처를 줄 수가 없으니까. 나는 너한테 그러라고 허락한 적이 없거든. 그뿐이야. 그렇지만 이렇게 말할 수는 있겠지. 너는 꽤나 공격적이야. 그리고 네가 인종 차별적인의 사고방식을 지닌 사람이라는 사실은 잘 확인했어. 그렇지만 그건 어디까지나 네 문제지, 나와는 관련이 없어. 나는 멀쩡해."

내 친구 제리 트레일러는 언젠가 미국을 가로지르는 장거리 달리기를 한 적이 있다. 캘리포니아에서 뉴욕에 이르는 코스였는데, 제리라면 충분히 할 수 있을 법한 모험이라고 여겼다. 제리는 수많은 마라톤 대회에 참가했고, 로키산맥의 해발 4,300미터짜리 파이크스 피크도 정복했으며, 비행기를 타고 하늘 높이 올라가 스카이다이빙에도 성공했으니까. 어릴 때 뇌성마비를 앓았다는 사실은 제리를 더욱 매력적으로 만들었다.

그렇지만 동시에 이 사실은 미디어에 선정적인 헤드라인을 선사하기에 적격이었다. 미국 횡단 달리기를 끝마쳤을 때, 『USA 투데이』지의 헤드라인은 이렇게 장식되었다. "뇌성마비의 희생자가 미국 횡단 달리기에 성공하다."

"희생자라고?" 나와 제리, 그리고 다른 사람들이 모여 회의하는 자리에서 제리는 신문의 헤드라인을 가리키며 말했다. "그보다는 승리자라는 말이 낫지 않나?"

남을 공격하는 습관을 버려라

———

다음번에 상처받았다는 생각이 들거든 그때 당신의 감정이 어떤지를 살펴보라. 그리고 다른 식으로 생각할 수 있는지를 한번 살펴보라. 물론 연습이 좀 필요하겠지만, 장담하건대 분명 해낼 수 있다. 책임은 공격적으로 굴었던 장본인에게 지우면 된다. 공격적인 행동을 접하면 두 발을 딛고 당당히 서서 희생자로 전락하는 일을 거부하라. 그 일이 당신을 연민이나 동정의 대상으로 만드는 것을 거부하라. 그런 동정일랑 공격적인 행동을 한 사람에게로 향하게끔 돌려라. 이를 감당해야 하는 사람은 당신이 아니라 바로 그 사람이다. 그리고 이런 말을 쉽게 내뱉는 자아를 새로이 발명하라. "아무도 내게 상처를 줄 수는 없어."

스스로를 재발명하는 길은 언제나 당신의 독립심과 본연의 힘으로 향한다. 스스로를 재발명하는 일이 아주 만족스러운 프로젝트인 까닭도 바로 이 때문이다. 재발명을 추구하는 작업은 점점 더 재밌어진다.

32

근거 있는 거절

막내 여동생인 신디는 내가 아는 사람들 가운데 단연코 독보적인 정신의 주인의식을 지니고 있다. 저서 『꿈을 이루어주는 101가지 특별한 선물』에서 나는 신디 이야기를 한 적이 있다. 어린 시절 신디의 영웅이 어째서 아멜리아 에어하트였는지, 신디가 어떻게 해서 그 위대한 비행사의 생애를 탐구하게 됐으며, 에어하트의 삶에서 크게 영감을 받아 비행 강습을 듣고, 소형비행기를 몰고 단독 비행에 나섰는지를 말이다.

"그때만큼 무서운 적은 한 번도 없었어." 신디가 말했다. "그 비행기를 타고 하늘 높은 곳으로 혼자 올라가려니까 입안이 완전히 바싹 말랐지 뭐야."

살아오면서 신디는 꾸준히 스스로를 재발명했다. 부드럽게, 또 독창적으로. 그녀는 언제나 정신을 향해 가는 여정 중에 있었고 그러는 동안 성격이 한 해 한 해 달라졌다. 새로운 면모를 더해갔기 때문이다.

비행 강습을 들은 다음, 그녀는 콜로라도주 덴버시에 있는 신학교에 진학했다. 그녀가 성장하고 변모하는 동안 가장 꾸준하게 보여준 것은 바로 약속을 중시하는 마음이다. 나 또한 신디를 통해 많은 것을 배웠다. 예를 들면 이렇다. 언젠가 신디가 영화에서 큰 비중을 차지하는 역할을 맡을 수 있는 기회를 거절했을 때, 나는 그 사실이 믿을 수 없을 만큼 놀라웠다. 그것은 상상했던 수준을 훌쩍 뛰어넘은 엄청난 주인의식을 보여준 사건이다.

신디가 영화에 출연할 지역 주민 엑스트라 역할을 제안받은 것은 바로 우피 골드버그가 애리조나주의 투손시에서 영화 「보이즈 온 더 사이드(Boys on the Side)」를 촬영할 때였다. 당시 티셔츠 회사 사장이었던 신디는 엑스트라 역을 맡겠노라고 재미 삼아 응했다.

짧은 면접과 사진 촬영을 끝마친 다음 신디는 다시 자신의 본업에 충실했다. 별 기대 없이 말이다. 그런데 면접을 마치자마자 거의 곧바로 영화 제작팀 측에서 신디에게 두 가지를 요청해왔다. 하나는 '인디고 소녀' 중 한 명의 대역을 맡아달라는 것이었고, 다른 하나는 우피 골드버그가 맡은 배역의 생일 파티 장면을 함께 촬영해달라는 것이었다. 신디는 그 얘기를 듣고 기뻐하면서, 촬영 시간이 얼마나 걸리는지 물었다. "하루 종일 촬영하는 거 한 번이면 충분해요. 그게 다예요"라는 대답이 돌아왔다. 신디는 영화 촬영장으로 가서 꼬박 하루를 보냈다. 맡은 장면을 촬영하고, 메이저 할리우드 영화에 출연해보는 경험을 마음껏 즐기면서 말이다.

"어떻게 영화가 티셔츠보다 중요하겠어?"

———

촬영을 마친 다음 날 신디는 티셔츠 사업에 복귀했다. 잠시 자리 비운 사이에 쌓인 일이 많았다. 회사에 갔더니, 부하 직원들이 모두들 들떠 있었다. 영화 제작팀에서 전화가 왔는데, 신디의 촬영분이 더 필요해졌으니 당장 촬영장으로 와달라고 했단다. 하지만 신디는 가지 않겠다고 했다. 그녀는 약속했던 시간은 딱 하루뿐이었으며, 자기 회사를 이용해주는 고객들과 한 약속과 주문을 처리하는 것이 우선순위라고 말했다. 다만 연락해준 점은 고맙다고 했다.

이 얘기를 듣고 나는 펄쩍 뛰었다.

"뭐어어어어라고 말했다고?" 수화기 너머로 나는 신디에게 소리쳤다. "싫다고 말했다고???? 우피 골드버그잖아. 그 우피 골드버그라고. 더 촬영할 수 있는 기회를, 분량이 늘어날 수 있는 기회를 발로 차버렸단 말이야? 도대체 무슨 생각이었던 거야?"

"사업을 돌봐야겠다는 생각이었지. 그리고 내가 한 약속과 내가 뱉은 말은 이미 지켰어. 감독이 처음에 요청한 하루 동안의 시간을 영화 촬영에 할애한 건 맞으니까." 신디는 아주 차분하게 말했다. "이건 그냥 티셔츠 쪼가리가 아니야. 고객들과의 약속을 지키는 문제야. 어떻게 영화 한 편이 그것보다 더 중요하겠어?"

"촬영팀에서 화를 내진 않고? 그 사람들 난리 나진 않았어?"

"아, 그럼!" 신디는 마구 웃기 시작했다. "아주 그냥 뚜껑이 열렸던 걸. 감독이 계속해서 전화를 걸고 또 걸더라고. 거절해서는 안 된다고 말이야. 한참 말하다가 감독이 이렇게 얘기했을 때는 정말 우스웠어. 감독이 그러더라고. '하지만 우피의 생일인걸요. 우피의 생일 파티에 와야 한단 말입니다.' 나는 이렇게 말했지. '감독님, 감독님도 알고 저도 아는 사실이지만, 그건 우피의 생일 파티가 아니에요. 그건 영화잖아요. 이게 영화라는 걸 당신도 알고 저도 알아요. 그러니까 부디, 제가 그냥 사업에 매진할 수 있게 해주세요.'"

주인에게는 약속만이 전부다.

약속한다는 것

___

약속과 맺는 관계에 대한 주인 자신의 설명은 아주 강력하고도 단순하다. "나는 약속을 직접 만들어내죠. 그건 내 거예요. 나는 약속을 창조할 수도 파괴할 수도 있어요."

희생자는 헌신과 약속을 그렇게 다루지 않는다. 희생자의 시각에서 약속이란 그저 기분에 불과하다. 왔다가도 흘러가는 것이다. 마치 배에 가스가 차듯이 말이다.

"아내한테 예전만큼 헌신적인 마음이 들지 않아." 희생자는 이렇게 말할 것이다. "이 직업에 예전처럼 헌신적인 마음이 생기지 않아."

그러나 헌신과 약속은 단순한 기분의 문제가 아니다. 부드러우면서도 단호한 내면의 결정이다. 그리고 우리가 하는 모든 약속이 곧 결정이라는 사실을 깨달을 때 그런 결정을 존중할 수 있다. 이런 결심을 매일매일 되새기자. 약속은 우리를 평온하게 만들어준다.

재발명은 미친 듯이 자신을 혹사할 때가 아니라 평온한 리듬을 찾을 때 생겨난다. 마치 우리 존재의 가장 평온한 중심을 찾는 것과 같다. 고요하고 부드럽게 결정을 내릴 때 새로운 당신이 탄생한다.

당신이 맺는 관계를 약속으로 여긴다면, 그 관계가 내면에서 생겨난 조용한 결정이라면, 이 결정을 번복할 필요도 없을 것이다. 그저 매일 아침, 그 결정을 되확인하는 것으로 충분하다.

33

바람이 분다, 그래도 연은 뜬다

일단 자신을 재발명하기 시작하면 의욕을 드높이는 오만 가지 방법을 알아낼 것이다. 순수한 의욕과 영감이 솟구치게 하는 것이야말로 가장 큰 에너지를 얻을 수 있는 방법이다. 소설가 블라디미르 나보코프는 이런 상태를 다음처럼 표현했다. "당신은 강력한 마법에 휩싸여 내면에서 뭔가 부활하는 느낌을 받으면서 전율할 것이다. 마치 놀라운 약을 마시고 죽은 사람이 갑자기 살아나는 것처럼 강렬하다."

반면 희생자는 전혀 정반대의 에너지를 받는다. 희생자는 좌절감을 느낀다. 이런 좌절감은 희생자가 인생을 바라볼 때 사용하는 언어 속에서 자연스레 생겨난다.

"인생은 불공평해." 희생자는 이렇게 말한다. "인생은 내 손안에 들어 있지 않아. 인생이 나를 휘두르지." 이런 말도 한다. "난 태어나고 싶다고 부탁한 적이 없어. 아무도 나더러 태어나고 싶은지 의견을 물은 적이 없다고."

좋지 않은 일이나 실망스러운 일이 벌어지면 희생자는 이런 말로 설명을 대신한다. "사는 게 원래 그렇지, 뭐!" "인생이 그런 거지. 4월에 한껏 상승세를 달리다가도, 5월이 되면 순식간에 추락하고 마는 게 인생사니까."

희생자는 대개 아주 비극적이고 실망스러운 일들을 가리킬 때 '인생'이라는 말을 쓴다. 인생에 대해 생각과 이야기를 거듭하다 보면, 희생자는 피로감에 빠지고 의욕이 한풀 꺾인다. 인생은 희생자를 우울하게 만드는 주제다.

월요일 아침에 희생자가 한쪽 팔에 붕대를 감은 채 출근했다고 가정하자. 무슨 일이 있었는지를 물어보면 그는 이렇게 답할 것이다. "지붕에 있는 에어컨 좀 손보다가 떨어지고 말았어. 뭐……, 사는 게 원래 이런 거니까 어쩔 수 없지. 나쁜 일이 이것만 있는 건 아니잖아. 살다 보면 숱하게 많이 벌어진다고. 그렇지 않아? 망할 일 다음에 또 망할 일이 벌어지는 거, 그게 인생이라고!"

그렇다! 하지만 어디까지나 그렇게 말하기 때문에 그런 결과가 나왔을 확률이 높다. 또한 희생자의 말에는 다른 사람의 기분을 맞춰주고자 하는 배려가 거의 없다. 이 때문에 다른 사람들을 화나게 만드는 경우가 많다. 그리고 나면 희생자는 뒤에서 험담을 늘어놓으며 복수하려고 한다. 다른 사람들의 기대에 부응하는 삶을 누리는 희생자란 없다.

작가 크리슈나무르티는 이렇게 말했다. "사람들이 타인에 대해 험담을 하는 이유는 스스로의 생각과 행동에 충분히 관심을 기울이지 않기 때문이에요. 그래서 공연히 딴 데로 한눈을 파는 겁니다."

반면에 주인은 다른 사람들의 생각에 크게 사로잡히지 않는다. 주인은 다른 사람들을 두려워하지 않는다. 그래서 주인에게는 다른 사람들과 즐거운 시간을 보낼 자유의 여지가 훨씬 크다.

심지어 주인 위에 군림하려고 하는 하룻강아지 같은 희생자를 만났을 때조차 주인은 상처를 입지 않는다. 희생자의 생각과는 무관하게 주인은 자신의 삶에 착실히 뿌리내리고 있기 때문이다.

주인은 모든 사람들을 일종의 스승으로 여긴다. 장기적인 시각으로 바라본다면 모든 경험은 가르침과 성장을 줄 수 있는 가능성을 안고 있다. "비관적인 사람들에게서도 뭔가 배울 점이 있어요. 끔찍한 경험에서도 교훈을 얻을 만한 면이 분명히 존재하죠."

멋진 에너지를 뿜어내는 「당신은 배우죠(You Learn)」라는 노래를 통해서 가수 앨러니스 모리셋은 정신의 주인의식을 그려낸다.

> 한껏 슬퍼하고 나서 당신은 배워요.
> 숨이 막힐 지경에 이르고 당신은 배우죠.
> 한바탕 웃어넘긴 뒤에 당신은 배워요.
> 한 가지 선택을 한 다음에 당신은 배우죠.
> 기도를 올리고 당신은 배워요.
> 모르는 걸 물어보며 당신은 배우죠.
> 그렇게 살아가고 그렇게 배워가요.

그러나 희생자는 결코 배우는 법이 없는 것처럼 보인다. 뭔가 문제가 생기고 삐거덕거릴 때면 이렇게 말할 뿐이다. "왜 나한테는 항상 이런 일만 일어나지?"

희생자들이 상처를 많이 받는 이유는 바로 이 때문이다. 평소 낮은 수준의 정신적 에너지를 품고 살아가기에, 다른 사람에게 반응할 때도 심사숙고하기보다는 감정적으로 되받아칠 때가 많다. 희생자는 다른 사람들의 언행을 인격적인 모욕으로 받아들일 때가 많다. 그래서 쉽게 상처받는다. 그렇게 부정적인 생각이 들 때마다 이들은 사다리에서 끌어내려져 감정적인 단계에 머문다. 악순환이다.

그와 반대로, 주인에게는 다른 사람들의 무례한 언행이 일종의 도전과 같다. 이 도전은 주인이 더 높이 올라갈 기회다. 주인은 마치 연처럼 바람에 맞서 높이 올라간다. NBA에서 보낸 마지막 시절을 두고 마이클 조던이 한 말을 곱씹어보라.

> **내게 도전할 것. 나를 의심할 것. 나를 존경하지 말 것. 나는 이제 늙었다고 얘기할 것. 나는 더 이상 훨훨 날아다닐 수 없다고 얘기할 것. 당신들이 내게 이렇게 도전해주길 바란다.**

당신은 자신을 다시 발명할 수 있다. 살아가면서 마주치는 모든 일을 배움의 기회로 삼는 그런 사람으로 말이다. 하나하나가 전부 소중한 도전이다. 다음과 같이 생각해볼 수도 있다. "나는 삶을 자유자재로 활용한다.""인생은 순전한 기회의 장이다."

그렇게 되면 아침에 일어나자마자 당신은 삶을 반갑게 맞이할 것이다. (잊지 마시길. '정신[spirit]'이라는 말의 어원은 '호흡'이라는 사실을.)

새롭게 시작하는 또 다른 하루를 감사히 여기면서 당신은 이 하루가 인생의 축소판이라는 사실을 깨달을 것이다. "나는 아침 해가 떠오를 때 태어나고 오늘 밤 잠이 들 때 죽겠구나"라면서. 그리고 철학자 세네카의 말이 기쁘게 들릴 것이다. "매일매일을 하나의 인생으로 여겨라." 철학자나 다름없는 농구 코치 존 우든의 명언에도 주목하자. "매일매일을 당신의 명작으로 만들어라."

나는 더 이상 호구로 살지 않기로 했다

~~~~~~~~~~~~~~~~~~~~~~~~~~~~~~~~~~~

4장

더 이상의 호구 흑역사는
없다

"비관주의는 아주 한심한 것이라, 한 번 웃는 것만으로도 넘겨버릴 수 있다.
이것이 바로 우리가 지닌 엄청난 힘의 원천이다."
– 콜린 윌슨

34

뭐라도 해라

정말로 당신은 자신을 재발명할 수 있다. 실은 어린 시절에도 이미 했었다. 지금도 얼마든지 다시 할 수 있다. 당신은 평생 이런 말을 들어오며 지냈을 것이다. "너 자신이 되어라!" 하지만 그것이야말로 최악의 일이다. 두려움에 가득 찬 다른 사람들이 당신을 고정불변의 성격 안에 꽁꽁 가두기 위해 벌인 전 세계적인 음모 공작일 뿐이다.

어린아이일 때 정신은 본능적으로 감지하고 있었다. 어떻게 해야 자기 자신이 되는지를 도무지 알 수 없다고 말이다. 그 조언이 엉터리라는 사실을 당신은 벌써 알고 있었다. 단 하나의 자아라는 건 없으니까 말이다! 어린 시절 당신은 언제나 새로운 자신을 만들어냈다. 재미 삼아서 말이다. 어린 시절에는 언제나 에너지가 넘치기 때문이다. 태어나는 순간 당신은 '찬란한 구름을 따라' 세상에 들어섰다. 자신의 정신을 만났으며, 온 우주에 영향을 떨칠 때 행복이 찾아온다는 걸 깨달았다. 그게 당신이 누리던 재미였다.

친구를 만나러 놀이터를 가로질러 달려갈 때면 기뻐 소리쳤다. 바

닷가에 가면 얼음장처럼 차가운 파도가 부서져내리는 틈에서 행복하게 뛰놀았다. 해변의 젖은 모래를 깊이 파서 모래성을 만들기도 했다. 길에서 만난 어린 새를 구해주기도 했다. 밤이 되면 이런저런 의상을 만들고 분장을 하면서 언제든 자신이 되고 싶은 모습으로 변신했다.

당신은 백설공주였다. 당신은 슈퍼맨이었다. 방 안을 날아다니면서 스스로 만들어낸 꿈속으로 풍덩 빠져들었다. 아침에 일어나면 집 앞에 세워둔 자전거를 타고 달렸다. 아직 세상은 잠들어 있었다. 그럴 때면 핸들에서 손을 떼고 자전거를 탔다.

그리고 지금도 다시 그렇게 할 수 있다.

어쩌면 당신은 이렇게 생각할지 모른다. 이제는 이미 다 커버렸다고. 아무리 해봐야 인생이 크게 달라질 것 같지도 않다고. 그렇지만 아무것이든 시작해볼 수 있다. 일단 한번 해보고 난 다음에야 그것이 어떤 결과에 이르는지를 알 수 있을 것이다. 높은 곳에 날아올랐을 때만 전체의 모습을 볼 수 있다.

부모님이 당신을 어떻게 대했는지 안다. 그럴 때 머릿속에 어떤 그림을 떠올렸는지도 안다. 이제껏 뭔가 잘못된 것이 있었다면, 그건 부모님의 문제가 아니다. 당신이 문제다. 당신의 성격 때문에 지금의 행복을 박탈당하고 있다면 문제는 바로 당신이다.

이건 아주 좋은 소식이다. 당신이 문제라면 해결책 또한 당신이니까. 그러니 자신에게 불을 붙여 열정을 태워라. 당신의 자아를 불태워 없애버림으로써 말이다.

이렇게 글을 쓰는 까닭은 나의 삶을 당신에게 불어넣어주기 위해서다. 이것이 '영감을 주다(inspire)'라는 말의 본래 뜻이다. 내가 할 수 있는 일은 당신도 할 수 있다. 내가 성공을 거둔 까닭은 수없이 많이 실패했기 때문이다. 무기력하게 잃는 것은 장렬히 전사하는 것과는 다르다.

이 사실들을 굳게 믿어라. 사람들은 변화한다. 사람들은 행복해진다. 연습만 하면 얼마든지 행복에 통달할 수 있다.

결코 날아오를 수 없으리라는 헛소리 따위는 믿지 않는다. 당신은 날 수 있다. 원한다면 어느 누구든 사랑할 수 있다는 것은 하나의 수학 법칙이다. 그리고 인생의 모든 것은 수학적이다.

지금 겪고 있는 슬픔은 사실 피로감에 불과하다. 문제는 그 감정이 익숙하고, 안정감을 주며, 마치 집처럼 편안하다는 사실이다. 슬픔이 가르쳐줄 수 있는 것이라곤 과거 속에 갇혀 사는 일뿐이다. 그건 당신의 발목을 붙잡고 자아의 사다리 아래쪽으로 끌어내리는 부정적인 피드백의 순환 고리다. 역설적인 것은 바로 이 점이다. 피로가 생기는 이유는 피로하다고 느끼고 생각하기 때문이다. 권태감은 머물러 멈춰 있는 데서 생겨난다. (역설은 모순과 다르다. 이 역설만 이해하면 앞으로 계속 즐겁게 지낼 수 있다.)

미국의 토머스 제퍼슨 전 대통령은 이와 같은 역설을 다르게 표현한 바 있다. 토머스 제퍼슨은 이 역설을 깨우쳤을 때 소리쳤다. "더 많이 할수록 더 많이 할 수 있게 된다!"

여기가 추운 건가, 아니면 당신이 차가운 건가? 만약 당신이 차가운 거라면 빛을 조금 덜어 가시라. 그리고 그 빛을 당신 안에서 타오르게 하라. 마음속의 돋보기를 이용해서 이 빛을 큰 불로 키워라. 그리고 낡은 자아를 태워 재로 만들어버려라. 과거에 당신이 연기하던 그 까다로운 자아를 말이다.

당신은 춤을 출 수도 있다. 장거리 달리기 선수들처럼 온 지구를 쏘다니며 춤을 출 수도 있다. 얼마든지 할 수 있다는 사실을 스스로도 이미 안다.

내가 할 수 있는 것이라면 당신은 훨씬 더 잘 해낼 수 있다. 아주 부드럽고 손쉽게 변화를 시작할 수 있다.

방법은 다음과 같다. 무얼 하고 싶은 기분이 드는지 묻는 대신에 이런 질문을 던져라. "필요한 일이 뭐지?" 믿거나 말거나 그렇게 필요한 일을 시작함으로써, 행동을 개시함으로써, 즐거운 재발명은 시작될 것이다. 사람들이 진정 자신이 원하는 모습으로 재탄생하는 데 열을 올리지 못하는 까닭은 어떤 순간에 열심히 사는 게 아니기 때문이다. 사람들은 시간을 허비하고 있다. 자기 기분이 제대로 된 것인지 고민하면서 말이다. 자신의 감정이 전하려는 메시지가 무엇인지, 자신은 왜 행복하지 않은지 궁리하느라 시간을 낭비하는 것이다.

행복은 행동을 하느라 바쁜 사람들에게 찾아온다. 행복은 당신의 행동을 뒤따라서 찾아온다. 어떤 일에 앞서 미리 느낄 수 있는 게 아니다.

당신이 할 일은 아침에 일어나서 스스로에게 묻는 것이다. 어떤 미래를 만들어나가고 싶은지를. 그리고 가장 중요한 질문을 던져야 한다. "무슨 일을 해야 하지?"

어떤 일을 해야 하는지 당신은 알게 될 것이다. 그것은 절대로 풀지 못하는 수수께끼가 아니다. 당신이 발명해낼 미래는 당신을 기다리고 있다. 그러기 위해 바쁘게 열심히 살아야 한다. 그리고 필요한 일이 있다면 당장 하라. 꼭이다. 이미 알고 있듯이 필요는 발명의 어머니다. 발명을 낳는 것은 꿈이라든지, 느낌이라든지, 자존감이라든지, 자신감이라든지, 신뢰라든지, 사랑이라든지, 뭐 그런 것이 아니다. 필요한 일을 하는 것. 그게 답이다. 그 일을 엉망으로 해보라. 느릿느릿하게 해보라. 두려움에 떨며 해보라. 어떤 방식으로든 해보라. 그저 하기만 하면 된다.

35

자아가 강할수록 성공은 멀어진다

대부분의 사람들은 자신을 재발명하려면 상당한 수준의 자아를 쌓아올려야 한다고 믿는다. 최고 자리에 올라서서 명성을 유지하는 법을 배워야 한다고 믿는다. 수수하고 내향적인 성격을 딛고 일어서서 마음껏 활개를 치면서 온 세계를 누벼야 한다고 믿는다.

내가 겪은 것은 이것과 정반대였다. 자아가 비대해질수록 새로운 존재 방식을 배우기가 점점 더 어려워진다. 자신이 어떤 사람이라는 것을 확고히 못 박은 사람들에게는 새로운 것을 배우는 일이 자아를 위협하는 것처럼 받아들여지기 때문이다.

과장된 크기의 자아는 다른 사람들을 불편하게 한다. 거대한 자아는 위협적이고 불안함을 유발한다. 공감대를 만들기도 어렵고, 신임을 사기도 어렵다.

그럼에도 수많은 자기계발서가 사람들을 이 방향으로 이끈다. 자아를 크고 굳건하게 만들라고 한다. 그렇게 하면 지극히도 경쟁적인 세상 속에서 더욱 강하게 자기주장을 펼 수 있다면서 말이다.

내가 직접 보고 또 겪은 최고의 재발명은 자아를 쌓아올리지 않은 사람들에게서 일어났다. 실제로 그들은 자아를 더욱 축소하고 다듬는다. 이 작업은 창조적인 파괴다. 더하는 대신에 빼는 일이다. 고정된 성격을 깎아내버리는 것이다. 마치 찰흙을 깎아내는 조각가처럼 말이다.

부정적이며 자신을 무겁게 짓누르는 생각으로는 어떤 것이 있는가? 그런 것들일랑 잘라내버리자. 고정불변의 성격이라는 것을 믿기라도 하는가? 그 믿음도 어서 보내버리자. 자신을 활짝 열어젖히자. 자아를 버린다고 해서 당신이 더 작아지는 게 아니다(우리가 대개 두려워하는 것과는 다르다). 오히려 당신은 더 넓어진다. 존재하는지조차 몰랐던 모든 종류의 기회와 가능성을 향해 자신을 열어 보이는 일이기 때문이다.

스스로를 어떻게 생각하는지 질문하기 시작하면 당신이 안고 있다고 착각했던 한계들이 하나둘 떨어져 나간다. 이 작업을 꾸준히 이어가다 보면 당신이 어떤 사람인지 물었을 때 이렇게 답할지도 모른다. "저는 활짝 열려 있어요!" 안전하게 지내려면 꼭 붙들고 있어야 한다고 생각했던 두려움은 아무 쓸모가 없다. 이것이 스스로를 재발명하는 일이다.

스스로에 대한 믿음이 점점 줄어들수록 당신의 직관력을 점점 더 열린 태도로 대하게 된다. 직관력을 발휘하려면 열린 공간이 필요하다. 거대한 믿음 덩어리에 매달린 고정된 성격 앞에서는 직관력의 길이 막힐 수밖에 없다.

한편, 자아를 굳건히 만들수록 다른 사람들의 말에 귀 기울이기가 점점 더 어려워진다. 만들어진 이미지를 붙들고 유지하는 데 온 정신이 팔려 있기 때문이다. 거대한 자아는 언제나 강한 인상을 남기려고 애쓴다. 이런 점이 사람들을 떠나가게 만든다.

내 담당 코치인 스티브 하디슨은 어느 누구에 대해서도 우월감을 느끼지 않는다. 겸손함이 그의 무기였다. 홈리스와 이야기를 나눌 때면 그는 억만장자 사업가와 이야기를 나누는 것만큼이나 행복해했다. 자신이 인생 상담 코치로서 어마어마한 힘을 지녔는 사실을 알고 있긴 하지만, 그는 그렇다 할지라도 결코 어느 누구보다 자신이 더 나은 것은 아니라고 늘 입버릇처럼 얘기했다. 그의 능수능란한 코칭이 어떻게 먹혀들었는지 물어보면 이렇게 답할 뿐이었다. "상대방이 말하면 내가 듣고, 그런 다음에 내가 말하고 상대방은 듣는 거죠." 이렇게 간단할 수가!

그가 가르쳐준 또 하나의 사실은 이거다. 세계는 연극 무대며, 우리는 원하는 어느 배역이건 연기할 수 있다는 사실. 스스로를 넘어서기만 한다면 말이다. 어떤 도전거리와 직면했을 때나 해낼 수 없을 것 같은 일과 마주쳤을 때, 그는 이렇게 물었다. "자, 이때 당신은 어떤 사람이 되어야 하죠?" 그 일을 하기 위해서 말이다. 그래서 그와 함께한 지 몇 년이 흐르는 동안 나는 선택의 자유란 언제나 넓게 열려 있으며, 성공적인 인생이라는 것은 꾸준히, 그리고 자연스러운 재발명을 거듭하는 것이라는 사실을 깨달았다.

그렇게 시간이 지나고 나 스스로도 여러 고객을 상대하면서, 누구나 재발명을 해낼 수 있다는 사실을 알게 되었다. 누구든지 지금 당장 재발명할 수 있다. 그러지 않으면 같은 자리에 영원히 못 박혀 있는 길뿐이다. 다른 선택지가 없다는 사실을 알면 사람들은 재발명하는 방법을 배우는 일에 큰 관심을 쏟기 시작한다.

창조성을 발휘하라

내가 인생 상담 코치 업무를 한다는 사실을 아는 사람들 중에는 "저도 인생 상담 코치가 필요할까요? 필요한지 아닌지를 어떻게 알 수 있죠?"라고 묻는 사람이 아주 많다. 인생 상담 코치가 필요한 사람은 아무도 없다. 이것은 필요의 문제다. 즉, 원하고 원하지 않고의 문제다. 관계는 자신의 욕망에서 생겨나야만 한다.

인생 코칭은 치료법이 아니다. 이 책이 어떤 치료법을 알려주는 게 아니듯이 말이다. 이것은 창조성에 관한 일이다. 아주 단순화하자면 이렇게 설명할 수 있다. 치료는 당신의 과거를 치유하는 일이고, 코칭은 당신의 미래를 창조하는 일이라고. 코칭은 의료적인 작업과는 다르다. 코칭은 주로 스포츠 세계와 주로 예술 세계에서 이뤄지는 일이다. 보컬 코치, 사투리 코치, 하키 코치가 있듯이 인생 상담 코치가 있는 것이다.

내가 인생 상담 코치를 만난 것은 이미 상당한 수준의 치료를 진행한 뒤였다. 과거를 떠나보낼 준비가 된 상태였다. 마치 가을이 되면 나무가 죽은 나뭇잎들을 낙엽으로 떨궈내듯이. 낙엽은 알록달록하고 예쁘지만 완전히 죽어서 생명이 다한 존재다. 나는 미래를 만들어나가고 싶었다. 스스로를 다시 발명하고 싶었다. 내게 코칭은 미래로 가는 티켓이었다.

코칭은 원하는 어떤 방식으로든 가능하다. 책을 통해서든 칩거를 통해서든 온라인 세미나를 통해서든 방법은 많다. 재발명을 원하는 마음만 있으면 충분하다. 그리고 우리 모두가 스스로를 발명하기 위해 태어났다는 사실을 깨닫고자 하는 마음만 있으면 충분하다. 우리 안에 잠들어 있는 (누구나 지닌) 창조성을 스스로의 삶을 위해 사용하지 않을 이유는 없다. 우리의 미래와 우리가 직접 만든 '자신'이 곧 예술품이 될 수 있다.

36

마음속으로 들어가기

나는 사회생활 초반의 상당한 시간을 친구들을 만들고, 사람들에게 영향을 끼치는 일에 매진하며 보냈다. 그것이 성공 비결이라고 들어왔기 때문이다. 방법의 결점은 미처 몰랐다.

그리고 마침내 그 결함을 알아냈다. 사람들을 내 편으로 만들고 또 사람들에게 영향을 주려던 시도들은 무의식중에 나를 특별한 사람이라고 생각하게끔 만들었다. 이건 마치 다른 사람들을 다른 별에서 온 외계인처럼 대한 것이나 마찬가지였다.

'어떻게 하면 저 사람들의 사고방식을 파악할 수 있을까?' '어떻게 저 사람들을 내 편으로 끌어들일 수 있지?' 이런 질문은 생판 처음 보는 별에 막 도착했을 때나 던질 법한 질문들이다.

이런 방식으로 사회생활을 해나가는 것은 다른 사람들에게 도움을 주기보다 다른 사람들의 비위를 맞추는 데 초점이 있었다. 그래서 아첨하고 공작을 펼치는 데 열을 올렸다. 사람들과 공감대를 형성하기 어려웠고 사람들과 나 사이에 거리감이 생겨났다. 다른 사람들이라는 존재는 내게 단순히 기회를 열어주는 표적으로만 여겨졌다. 진짜 사람 말고 그냥 표적 말이다. 서바이벌 게임을 하다 보면 만나는 표적처럼.

그렇지만 서서히 깨달았다. 정말로 성공하는 회사나 사람들은 그런 식으로 사람을 대하지 않는다는 사실을 말이다. 성공하는 이들은 친절하고 공감에 능했으며 도움을 주는 일에 후했다. 사람의 마음을 곧바로 파고드는 법을 알았다. 심도 있는 서비스라고 일컬어지는 이것은 사업을 성공으로 이끌고 사람들에게 만족감을 안겨줬다.

그래서 나는 방향을 완전히 틀었다. "어떻게 하면 이 사람에게서 존경심을 살 수 있을까?"라고 묻는 대신에 이런 질문을 던져보았다. "어떻게 하면 이 사람에게 도움이 될 수 있을까?" "바로 지금 내가 이 사람을 도울 수 있는 일이 있다면 무엇일까?"

이는 주의를 기울이는 방식을 재발명하는 것이었다. 내게 필요한 것이 아니라 다른 사람들의 필요가 무엇인지에 초점을 맞추는 일이었다. 남들에게 좋은 일만 하는 호구라는 허망한 기분이 아니라 즐거움과 만족감이 점차 커져갔다. 그와 함께 사업이 번창하 고객 목록이 늘어간 것은 물론이다. 스스로를 넘어서는 방법이었다. 그렇게 내 세계를 벗어나 고객의 세계 안으로 확실하게 들어갈 수 있었다. 이 편이 훨씬 모험으로 가득한 삶이 아니겠는가! 내 세계 안에만 틀어박혀 있는 대신 매일같이 다른 세계 속으로 여행을 떠나는 것 말이다.

스스로를 브랜딩한다는 것

내 고객 레베카가 전화를 걸었다. 자기가 참석할 예정인 상공회의소 모임이 보면 자꾸만 걱정이 된다고 했다. 레베카의 직업은 비즈니스 컨설턴트인데, 사람들 만나는 자리를 불편하게 느끼곤 했다. 밖에 나가서 사람들을 만나고 다니는 일이 사업에 도움이 된다는 사실은 알지만 말이다.

"자기소개를 어떻게 하면 좋을까요?" 그녀는 물었다. "제가 하는 일을 어떻게 설명하면 좋죠? 저는 이런 거에 정말 약하거든요."

우리는 조금 다른 방식으로 접근해보기로 했다. 이 행사가 그녀와 무관한 일이라고 상상해보게 했다. 그녀가 사람들 눈에 띄지 않더라도 상관이 없다고. 순전히 호기심으로 이 행사에 참석한다면 어떨까? 또 이게 다른 사람의 일이라면 어떠할까?

레베카는 내 말을 재빠르게 이해했다. 그리고 만약에 다른 사람이 될 수 있다면 (가장 좋아하는 텔레비전 프로그램의 등장인물인) 탐정 제시카 플레처의 모습으로 나타나서 사람들에게 여러 가지 가벼운 질문을 던져볼 거라고 말했다. 그런 식이라면 자기를 홍보할 방법을 생각할 필요도 없을 테고, 어떻게 처신할지를 고민하지 않아도 되며, 그저 호기심을 품고 가는 것만으로도 충분할 터였다.

모임에 다녀온 그녀는 탐정 노릇이 마음에 쏙 들었으며 그 자리가 아주 좋았다고 말했다. 완벽한 재발명이었다. 사람들은 레베카와 교감을 나누었으며, 레베카가 자신들의 인생과 일에 대해 기울이는 엄청난 관심과 흥미에 기뻐했다고 한다. 그런 교감 덕분에 레베카는 이 모임을 계기로 수많은 관계를 새로이 맺었다.

　많은 사람들은 이렇게 생각한다. 드높은 자신감을 계속 뽐내면서 자신을 홍보하고, 또 쉴 새 없이 입을 놀리면서 스스로를 브랜딩해야 한다고 말이다. 하지만 이렇게 생각하는 사람들은 결국 상대의 이야기를 잘 들어주는 깊이 있고 창의력 넘치는 사람으로 거듭나기 위한 가능성을 놓치는 것이다.

37

직업을 게임처럼 여겨라

별로 도움도 안 되고 성공을 안겨주지도 못하는 성격 속에 내가 그토록 오랫동안 갇혀 있었던 까닭은, 성격이란 고정되고 바꿀 수 없는 것이라 생각했기 때문이다. 또 성격이야말로 그 모든 문제의 원인이라고 여겼다. 고정된 성격을 어떻게 재발명할 수 있느냐고?

나는 성격을 심각하게 받아들이지 않기로 결심했다.

그러자 진정한 재발명이 일어나기 시작했다. 나는 아주 운 좋게도 믿음직한 인생 코치이자 사업 코치인 스티브 하디슨을 만날 수 있었다. 그는 성격이 변하지 않는다는 얘기는 환상일 뿐이라는 점을 간파하고 있었고, 나는 마치 게임을 즐기듯 사업을 운영해나갈 수 있다. 생존을 위한 죽느냐 사느냐의 투쟁처럼 여기지 않고 말이다.

더 이상 거절을 두려워하지 않게 되었다. 사람들이 내 서비스를 이용하지 않겠다고 결정하면 이를 단순히 하나의 정보로 받아들였다. 나는 사람들과 함께 즐기며 게임을 해나갔다. 사람들에게 겁먹을 일은 없었다. 그리고 그 어느 때보다 승승장구하면서 사업을 성공적인 궤도에 올리며 지낸 지도 몇 년, 내 방법을 고객들에게도 똑같이 가르쳐주었다. 너무 심각하게 굴지 말고, 자기가 하는 모든 일에 게임 같은 요소를 더해보는 것. 그러자 고객들의 성취 또한 점점 나아졌다.

우리는 사실상 전혀 맞지 않는 이야기들을 철석같이 믿으며 자란다. 이를테면 어떤 일에 진지하게 임하는 것이 그 일을 해낼 가능성을 더 높여준다는 식의 이야기 말이다. 이건 생판 거짓말이다!

부모님이나 선생님, 또는 다른 어른들은 이렇게 말했다. 이제 농땡이 좀 그만 피우고, 진지하게 철 좀 들라고 말이다. 그래서 우리는 그것이 목표를 성취할 수 있는 방법이라고 믿으며 자라난다. 그래서 어른이 되고 나서도 뭔가 동기 부여가 필요할 때면 계속해서 같은 방법을 따른다. 진지해지는 것 말이다!

이젠 정말로 진지하게 공부해야 할 때라고 스스로에게 말한다. 그렇게 압박을 가하고 나면, 공부하는 대신 파티장으로 도망친다. 이런 사고방식에는 그 어떤 역동성도 없다. 점점 더 진지한 생각을 품을수록 마음은 점점 더 무거워지고 열정은 차갑게 식어간다. 그렇게 무겁고 차가운 마음으로는 결과물을 내기도 어렵고 대단한 것을 해낼 만한 열정을 잃어버리고 만다.

시인인 랠프 왈도 에머슨은 이런 말을 남긴 것으로 유명하다. "열정 없이 생겨난 위대한 것은 아무것도 없다." 사실이다! 열정은 재미와 연관된다. 무거움이나 심각함과 연관되는 게 아니라 말이다.

예전에는 묵직한 짐처럼 느껴졌던 작업을 게임으로 전환하는 일은 새로운 에너지와 창의력을 이끌어낸다. 작업의 양과 질을 개선하는 것은 물론이다.

인생을 완전히 뒤바꾸는 이와 같은 통찰력을 처음 접할 때 사람들이 거부반응을 일으키는 이유는 게임하는 것을 시시하고 하찮게 여기기 때문이다. 하지만 내 경험상 (그리고 내 고객들의 경험이 점점 더 많이) 게임을 할 때면 엄청난 몰입력과 집중력이 발휘된다. 스포츠 경기 관람을 즐기는 인구가 그렇게 많은 까닭 역시 빼어난 기지와 열정을 발휘하며 활동하는 사람들의 모습을 보는 것이 흥미진진해서일 것이다.

"정말 심각하게 재밌어요"
———

마커스는 일하러 가는 것을 몹시 무서워하고 또 실패를 두려워하던 영업사원이었다. 그는 인생을 아주 진지하게 받아들였다. 몇 번의 대화를 나누며 자신이 품었던 생각이 얼마나 무거웠는지를 깨닫고 나자, 드디어 그는 완전히 다른 태도를 취하기로 마음을 활짝 열었다.

과거의 일을 돌이켜보면서 그는 '현실 세계'에 있을 때보다 컴퓨터 게임 세상 속에서 다른 게이머들과 상호작용을 하며 경기를 할 때 자신이 더 살아 있고 또 창의적이었다는 사실을 떠올렸다. '게임을 하는 마커스'와 '일하는 마커스' 사이에 근본적인 차이가 있음을 깨달았다. 그래서 '일하는 마커스'를 재발명하겠다고 생각했다.

영업을 하고 판촉 활동을 벌이는 날이 되면 그는 점수를 체크하기 시작했다. 사무실에 있는 커다란 점수판에 자기가 건 영업 전화 횟수를 기록하고, 지난주에 자신이 기록한 점수를 넘어서기 위해 경쟁했다. 애정 어린 경쟁을 위해서 사무실의 다른 영업사원들이 그 리스트에 참여하기도 했다. 그는 모든 종류의 활동을 기록해나갔으며, 원할 때면 언제든 '나만의 최고 점수'를 꼽아보기도 했다. 성과에 따른 수당이 늘어나는 것이 눈에 보이자 게임은 훨씬 더 재밌어졌다. 이에 자극을 받아 최고 자리에 오른 영업사원들이 쓴 책을 읽었다. 영업 기술을 연마하고, 더 좋은 성과를 내기 위해서였다. 일은 게임이 되었다. 더 이상 고된 노동이 아니었다.

"정말 엄청나게 재밌어요." 요즘 어떻게 지내는지 물어보자 그가 말했다. 이제 그는 한 부서의 영업사원들을 총괄하면서, 사기를 높이고 영업이라는 게임을 즐기는 법을 가르치고 있다. 마커스가 일하는 사무실에 찾아가봤더니, 점수판과 순위표, 경기 우승자들의 사진이 걸려 있고, 즐거운 놀이 분위기가 감돌았다. 직장생활을 심각하게 받아들이지 않으면 놀라운 성과를 낼 수 있다.

38

성공이 먼저일까,
행복이 먼저일까?

나는 영업사원들을 대상으로 수많은 교육을 진행했다. 영업팀과 함께 일하면서 영업 심리에 관한 세미나와 워크숍을 열었고, 의사소통 기술, 시간 관리 기술 등을 가르치기도 했다. 그 일을 하면서, 나는 놀라운 사실 하나를 발견했다. 행복을 통해 영업의 성공을 예측할 수 있다는 것이었다. 팀에서 가장 행복한 영업사원들은 판매 실적도 가장 높이 내는 사람들이었다.

주변 동료들은 내 발견을 대부분 비웃었다. 동료들의 말은 이러했다. 성공적인 영업사원은 행복할 수밖에 없다고. 그렇게 많은 성과급을 받으면, 당연히 행복하지 않겠느냐고 물었다.

그러나 그것은 정반대의 해석이었다. 영업팀 매니저나 최고경영자 등과 우수한 실적을 내는 영업사원들에 대해 이야기를 이어갈수록, 그 사원들이 입사할 때부터 매우 행복도가 이미 높은 사람들이라는 사실을 알게 되었다. 어떤 문제에 맞닥뜨렸을 때도 그 사원들은 낙관적이고 즐거운 시각을 유지했다. 그래서 누구든 이들과 어울리는 걸 좋아했다. 그러니 행복은 얼마든지 전염될 수 있다.

나중에 얻은 또 다른 깨달음이 있는데, 내가 교육을 담당했던 영업팀에서 관찰한 사실은 새로이 부상하는 긍정심리학이라는 분야에서 여러 심리학자들이 연구하고, 실험하고, 보고한 내용과 일치했다. 나는 심리학자 마틴 셀리그먼과 바버라 프레드릭슨처럼 그 분야의 선구자들이 쓴 책을 읽어보았다. 가장 힘이 되어준 것은 셀리그먼 박사의 연구 결과였는데(『학습된 낙관주의Learned Optimism』라는 책에 나와 있다), 바로 낙관주의도 학습될 수 있다는 내용이었다. 우리는 평생을 비관자로 살아갈 수도 있지만, 올바른 학습과 동기 부여만 있다면 완전히 낙관론자로 거듭날 수도 있다.

그러니 다시 한번 확신하게 된 셈이다. 스스로를 재발명하는 일은 허울 좋은 몽상이나 나이브한 뉴에이지 스타일의 도전 과제와는 다르다고. 이는 어느 누구나 품고 있는, 모든 사람들을 위한 현실적이며 진정한 가능성이다.

39

돈 때문에 걱정이라면

나는 살아오는 내내 대부분의 시간을 돈에 대한 (그리고 언제나 돈이 부족하다는 사실에 대한) 엄청난 두려움에 시달리며 보냈다. 그래서 스스로를 재발명한다는 생각 같은 걸 할 겨를이 전혀 없었다.

그렇지만 사람들에게 깊이 있고 창의력 넘치는 도움을 줌으로써 재산이 쌓인다는 사실을 깨달으면서 모든 것이 바뀌었다. 나는 돈에 관한 낡은 생각을 모두 떨쳐버렸다. 그리고 과거의 일들이 내가 책임감 있으며 경제적인 여유가 있는 성인으로 거듭나는 일을 가로막았다는 사실도 알게 되었다. 내가 생각하는 나의 모습에 더 이상 신경 쓰지 않기로 했다. 마찬가지로 내 결점도 더 이상 생각하지 않았다. 그 대신 관심의 초점을 다른 사람들에게로 옮기고, 내가 어떻게 도움이 될 수 있을지를 고민하기 시작했다.

예전에는 매일이 실패한 영업 전화로 가득 넘쳐났다. 거절에 대처하는 법을 배워야겠다고 생각했다. 수없이 거절당하며 지냈기 때문이다! 그 모든 거절을 개인적이고 인격적인 것으로 받아들였다. 돈을 버는 건 나 개인의 문제라고 여겼다. 그리고 내가 과연 성공을 거두고 경제적인 안정을 누릴 만한 가치가 있는지 언제나 의심했다.

그런데 '가치가 있다'는 말 대신 '도움이 된다'는 말을 사용한 뒤로 세상이 온통 뒤바뀌었다. 앞으로 고객이 될 만한 사람들과 교류할 때면 그 사람이나 그 사람의 회사에 어떻게 도움이 될 수 있을지를 생각하기 시작했다. 나 자신에게서 초점을 거두고 상대방에게 집중했다. 그 사람의 세상 속으로 들어가서 그 사람들이 문제를 해결할 수 있게끔 도와주었다. 그러고 나면 사람들은 더 중요한 계약과 더 나은 보수로 보답해주곤 했다. 나에 대한 관심을 줄여나갈수록 돈 걱정은 점점 더 빠르게 옛일로 변해갔다.

재발명이 벌어지고 있다는 깨달았다. 다만 아주 희한하고 예상치 못한 방식으로 말이다. 어떤 성격의 사람에서 다른 성격의 사람으로 바뀌고 있는 게 아니었다. 고정불변의 성격이라는 것을 통째로 내던져버리고, 그 자리를 행동으로 채워나갔다. 더 많이 듣고, 더 많이 공감하고, 더 많은 호기심을 품고, 더 많이 행동했다.

나 자신이 사라지는 것과 동시에 금전적인 두려움이 사라지는 모습을 보는 건 재미있었다. 나는 생각을 완전히 비운 상태로 일터에 나갔다. 마치 응급 의료진이 사고 현장에 백지 상태로 가는 것처럼 말이다. 그 장소에 도착하기 전까지는 어떤 일이 필요한지 모르니까. 그처럼 나는 성격을 신경 쓰지 않았고 지나간 일에 얽매이지도 않았으며, 여타 고정불변의 것이라 여겨지는 일에 연연하지 않았다.

사람들은 내가 바뀌고 있다고 말했다. 사람들은 내가 스스로를 재발명했다고 생각했다. 그리고 겉으로 보면 그 말이 맞았다. 두려움에 시달리는 빈털터리던 예전의 나는 더 이상 없었다. 다만 사람들에게 설명하기 어려웠던 점 하나는 이 새로운 자아가 사실은 자아가 전혀 아니라는 거였다. 형태가 고정되어 있는 게 아니었다. 행동만이 전부 였다. 재미라는 동력으로 굴러가고, 자유분방하게 흘러가는 활동이 었다.

40

꿈을 현실로 만드는 법

살아오는 동안 나는 동기 부여 강사들이 몹시 마음에 들지 않았다. 솔직히 말하면, 예전의 나를 알던 친구들은 내가 동기 부여 강사가 됐다는 소식을 듣고 엄청난 충격을 받았을 정도다.

장기적으로 보면 다른 사람을 통해 동기를 부여받는 데는 한계가 있다는 걸 우리 모두 알고 있다. 동기라는 것은 내면에서 생겨나야 한다. 그러지 않으면 아무 소용이 없다.

이것이 내가 동기 부여 강사들을 맘에 들어 하지 않았던 까닭이다. 강사들은 내게 동기를 부여해줄 수 없다. 단지 일시적인 자극을 주는 데 그칠 뿐이다. 강사들은 장애를 극복한 운동선수들의 이야기를 들려주며 나를 감정적으로 자극하려고 한다. 그리고 그들이 의도하던 감정을 내게 안겨줬다는 판단이 들 때면 그 즉시 내 삶에서 빠져나가 영영 멀어진다. 그 뒤로는 아무리 애써봐도 그 순간에 느낀 감정을 되찾아올 수 없다.

직접 활용할 수 있는 도구를 쥐여주는 대신 강사들은 크고 요란스러운 감정의 극치에 나를 이르게 하고는 "정말 멋진 강연이었어!"라는 인상만을 남겨준다. 그런 동기 부여 강사들은 사람들에게 전도하기 위해 무대 위를 경중경중 활보하는 전도사들 같았다. 자신들 스스로도 한 번도 꿈꿔본 적이 없는 영웅적인 일을 해내는 한 번도 만나보지 못한 사람들의 이야기를 들려줄 때면 그들은 감격하며 격앙된 목소리를 뱉어내곤 했다. 그런 강연 대부분은 마치 낡은 『리더스 다이제스트』에서 본 생판 남의 이야기를 그대로 암기해서 들려주는 것만 같았다. 그런 동기 부여 전문가들을 만나는 건 결코 썩 유쾌한 경험이 아니었다. 그 사람들은 장의사처럼 똑 떨어지는 옷을 차려입고, 무대에 오르기 전에 각성제 주사라도 맞은 양 연단을 훨훨 날아다니면서 얘기를 늘어놓았다.

마음의 달인으로 거듭나기
———

어느 날, 나는 전혀 다른 종류의 동기 부여 전문가를 만났다. 그의 관심은 온통 사람의 생각에 쏠려 있었다. 정서적이고 감정적인 문제에 초점을 두지 않았다. 그의 모토는 이러했다. 마음이 작용하는 내적 원리를 사람들에게 가르쳐서, 사람들이 말하자면 영원한 마음의 '달인'이 되게끔 만든다는 것이었다. 그는 이런 목적에서 회사를 설립했다. 그리고 회사 이름을 '마음 달인 협회(Mind Masters Institute)'라고 지었다.

그 이름을 처음 들었을 때 나는 냉소적으로 웃을 수밖에 없었다.

"거기서 무슨 일을 하시나요?" 나는 물었다. "마음의 힘으로 숟가락을 구부리는 초능력이라도 가르치시는 건가요?"

그런데 이렇게 조롱해도 그는 굴하지 않았다. 그는 웃음을 지으며 차분하게 설명해주었다. 우리는 마음을 능수능란하게 다룰 수 있으며, 일단 그 방법을 터득하고 나면 원하는 어떤 일이든 해낼 수 있다고 말이다. 아주 진지하게 말했다. 쓸데없이 목소리를 높이거나 열변을 토하지 않았고, 지나친 동정심이나 감정을 드러내지도 않았다. 생각에 관해 교육할 뿐이었다. 다른 사람들이 죄다 무엇을 생각해야 하는지를 설명하는 데 열을 올리는 동안, 그 사람은 어떻게 생각해야 하는지를 들려주었다.

그의 이름은 데니스 디턴이다. 디턴의 강연은 영업 실적이 별로였던 자동차 영업사원들을 대상으로 하는 자리에서 처음으로 들었다. 당시 나는 대리점 광고 업무를 담당했는데, 영업 담당 매니저가 동기 부여 전문가를 섭외해달라는 부탁을 해왔다. 모든 사원이 참석하는 회사 조회 시간에 강연을 듣고, 점점 나빠지는 판매 실적을 회복하고 싶다고 말이다.

어떤 사람을 섭외해야 좋을지 전혀 감이 잡히지 않았다. 나는 동기 부여 전문가들을 혐오했으니 말이다. 그러다가 드디어 친구가 추천한 디턴 박사에게 연락을 했다. 말하자면 그의 강연을 들어보지도 않은 채 섭외를 한 셈이었으며, 따라서 기대하는 것도 거의 없었다.

그런데 디턴 박사의 강연 내용은 이전까지 들어왔던 강연들과는 완전히 달랐다. 그의 관심사는 오로지 하나였다. 마음과 두뇌 사이의 상호작용이었다. 그는 열정적으로 설명했다. 그러나 청중의 반응을 억지로 유도하지 않았다. 그는 사람들의 생체 컴퓨터가 어떻게 작동하는지 알려줌으로써 흥미를 느끼게 만들었다. 그저 한순간의 구경거리를 제공하기보다는 언제든 유용하게 써먹을 수 있는 방법을 성실하게 강의했다.

디턴의 강연을 들은 뒤로 영업사원들이 그해 가장 높은 영업 실적을 냈을 뿐만 아니라, 나 또한 인생 전체가 뒤바뀐 것을 느낄 수 있었다. 디턴이 강연을 마치고 회사를 떠날 때 나는 마음속으로 다짐했다. 언젠가 그와 함께 일하리라고 말이다. 일을 함께하고 싶었다. 마음에 대해 교육하는 일 말이다. 왠지 모르겠지만 나는 알고 있었던 것이다. 그런 교육을 하는 방법을 알고 싶다고 생각한다면 그 방법을 배울 수 있으리라고 말이다.

성공의 비결은 실패죠

내가 드디어 디턴과 맺은 파트너십이 흥미로운 이유 중 하나는 우리가 전혀 다른 정반대의 사람이었기 때문이다. 디턴은 살아오는 내내 성공을 거둔 사람이었다. 스포츠 분야에서든, 학계에서든, 뭐든 간에 말이다.

그와 반대로 나라는 사람은 결코 성공한 적이 없었다. 우리가 거둔 성과는 달랐지만, 디턴과 나는 만나자마자 서로가 마음에 들었다. 그는 자기가 아는 모든 것을 가르쳐주었다. 일을 가르쳐줄 때 그는 이기적으로 구는 구석이 전혀 없었다. 그의 트레이드마크라 할 수 있는 '목표를 현실로 만들기 위한 비전 엔지니어링' 과정을 배우자마자 그 과정을 내 삶에 곧바로 적용했다.

그 과정은 두뇌의 작동 원리에 기초해서 만들어진 것이어서 실제로 효과를 나타냈다. 감정적인 동력은 필요치 않았다. 감정에 호소하지 않는 냉정하고 논리적인 내용이었다. 마음과 두뇌가 상호작용하는 방식을 다룸으로써, 미래에 대한 비전을 현실로 만들어주는 과정이었다. 아주 명료했으며 효과적이기까지 했다.

디턴의 체계를 활용하면서 나는 목표를 세우고 또 달성했다. 보통 때와는 달리 아주 **빠른** 속도로 말이다. 인생 전체가 한결 나아졌다. 두려워하는 대상을 떠올리는 데 하루 종일 두뇌를 혹사하는 대신, 머릿속으로 내가 정말로 원하는 것을 그리는 법을 디턴은 알려주었다.

청중도 나와의 공감대를 형성해나갔다. 예전에 내 삶이 얼마나 엉망이었는지 솔직히 얘기해주자, 사람들은 고통을 진정으로 이해했다. 대부분의 청중은 이를 알아봐주었다. 내가 고전하고 실패하던 문제가 뭐였는지를 설명하기는 어렵지 않았다. 그리고 그런 내게 비전 엔지니어링이 효과가 있었다면 누구에게나 효과가 있으리라는 사실을 청중은 깨달았다.

사람들은 곧 데니스 디턴과 내 강연을 차례로 듣는 걸 즐거워하게 되었다. 평생을 승리자로만 살아온 그의 얘기와 뒤늦게 꽃을 피우는 내 관점을 모두 접하는 것은 재밌는 일이었다. 우리가 알려주는 원칙들이 정말로 효과가 있는지 의심하던 사람들도 내 이야기를 들으면 이렇게 생각하게 되었다. "그래, 저 사람이 했다면 나도 충분히 할 수 있겠네. 나는 저 지경으로 바닥을 친 적은 없으니까 말이야."

나는 인간 쓰레기였다

———

정말이지 나는 혼란에 휩싸인 실패자였다. 아무것도 되는 일이 없었다. 전부 시시콜콜 얘기하지는 않겠지만 실패자였던 것만은 분명한 사실이다. 이 말은 있는 그대로 믿어도 좋다. 지금도 여전히 과거에 표류하던 내 모습이 잔해가 되어 떠밀려와서, 이 잔해를 좀 치워달라고 애원할 정도다. 달가운 손님은 아니지만 그래도 예전의 치부를 되새기게 하는 좋은 계기이기도 하다. 한때 내 모습이었던 산산조각 난 '타이태닉'의 잔해를 하나하나 주워 들면서, 그렇게 낮은 수준에 머물면서 혼란에 휩싸여 살아가기란 얼마나 쉬웠는지를 돌이켜보게 된다.

당신의 인생사는 나를 전혀 놀라게 만들지 않을 것이다. 내게 상처를 입힐 일도 없다. 나에게 충격을 안겨줄 수도 없을 것이다. 당신이 과거의 나만큼 어마어마한 나락으로 떨어져 있었다면 애초에 이 책을 집중해서 읽을 수조차 없었을 것이다. 책을 손에 들거나 책의 내용을 이해하는 것은 완전히 불가능했을 것이다. 그러니 이 책을 읽고 있는 당신은 예전의 나에 견주면 벌써 한참을 앞서 있는 셈이다.

더 낮은 위치에 놓여 있을수록 재발명이라는 프로젝트에 돌입했을 때 더 큰 즐거움을 얻을 것이다. 내가 이 책에 써둔 말들 하나하나는, 멈추지 않고 계속 걸어갈수록 스스로를 원하는 대로 만들어갈 수 있다는 사실을 당신에게 이해시키겠다는 목표의 일환이다. 당신은 자신을 완전히 다시 디자인할 수 있다. 이것은 당신에게 잘못된 점이 있어서가 전혀 아니다. 그보다는 재발명이 주는 순수한 기쁨을 누리기 위해서다. 그만한 기쁨은 세상 어디에도 없달까.

실제로 내가 성과를 거둔 것은 나에게 문제가 있다는 생각을 완전히 폐기한 뒤부터였다. 내가 정신으로 가는 길을 다시 찾은 것은 이 방법을 통해서였다. 나는 마음을 편하게 먹고 생각을 명료하게 떠올리고자 노력했다. 터무니없을 정도로 단순하게 들리겠지만, 진정한 희생자는 이렇게 하지 않는다는 것을 나는 발견했다. 희생자는 편하게 마음을 먹는 법이 없다. 희생자는 지나간 일을 곱씹고 쓸데없이 여러 생각에 빠지며 걱정에 시달린다. 그리고 우울한 기분에 젖어든다. 그런 다음 화가 치밀고, 그러고 나서 자기연민의 단계로 접어든다. 이런 식의 악순환이 이어진다. 부정적인 회로가 계속해서 돌아간다.

워크숍에 참석한 어떤 여성이 이렇게 얘기한 적이 있다. "자기연민은 마치 벌레 같아요. 뇌 속에 침투해서 자리를 차지하고는 거기서 알까지 낳는다니까요."

내가 마침내 도달한 생각은 이런 것이다. 만약에 내가 온종일 생각하는 것이 정말로 곧 내 모습이 된다면 어떨까? 그렇다면 나는 어떤 생각을 하고 싶을까? 과거에 내가 생각하던 것이 지금 내 모습이 된 것이라는 이 사실을 알았더라면 나는 어떤 생각을 했을까? 그것이 변화의 길을 향해 내딛은 첫걸음이었다. 당신도 이렇게 첫걸음을 내디딜 수 있다. 지금 어디에 서 있든지 말이다.

철학자 플라톤이 누누이 하던 얘기가 있다. 단지 우리가 귀담아듣지 않았을 뿐이다. "생각이란 정신이 스스로에게 하는 말이다." 희생자들은 이 말이 차라리 사실이 아니기를 바랄 것이다. 희생자는 이런 예를 들고 싶을 것이다. 빈센트 반 고흐의 말처럼 그는 이 잔인한 세상을 살아가기에는 너무 아름다운 존재라고 말이다. 그러나 사실은 정반대다. 그와 같은 희생자가 받아들이기에는 세상이 지나치게 아름다웠다. 예외적으로 그림을 통해서만 그는 세상을 받아들였던 것이다.

고흐의 개인사를 보면 그는 평생 희생자로 살아왔다고 할 수 있다. 그는 아주 그럴싸한 희생자의 성격을 만들어냈다. 그래서 「별이 빛나는 밤」 같은 그림에 등장하는 아름다움과 진실이 그를 미치광이로 몰아갔다고 말이다. 여기에는 너무나 큰 모순이 있다.

그는 자신의 우울증이 마치 그림과 같은 하나의 창조물이라는 것을 알고 있었다. 다만 우울증을 어떻게 다뤄야 할지 몰랐을 뿐이다. 고흐는 자신이 겪는 우울증을 그림으로 그려낼 수는 있었지만, 그 우울증에 대해 생각해볼 수는 없었다. 그리고 마침내는 우울감에 가득 찬 그의 자화상이 승리를 거두었을 뿐이다.

내 정신을 지켜내려면 정신이 스스로 말할 수 있게끔 만들어줘야 했다. 그래서 나는 정신을 두 개로 나누어야 했다. 관찰자와 사색가로 말이다. 그리고 내가 생각하는 내용을 관찰하는 연습을 해나간다면 어떤 일이 벌어지는지 지켜보기 시작했다.

"마음은 곧 악기며 도구다." 동기 부여 전문가 에크하르트 톨레는 이렇게 말했다. "마음은 과제를 수행하는 데 사용하라고 있는 것이다. 그리고 그 과제를 완수하면 마음을 도로 내려놓아라. 이 말을 하고 싶다. 대부분의 사람들이 하는 생각의 80~90퍼센트는 했던 생각을 또 하는 쓸데없는 내용일 뿐만 아니라 상당히 해로울 때도 있다고 말이다. 마음을 관찰해보면 이 말이 사실이라는 걸 알 수 있을 것이다. 그런 생각은 생명력을 어마어마하게 낭비한다."

내 안에 있는 관찰자는 바로 정신이다. 그런데 과거에서 온 오래된 목소리가 내 머릿속을 점령할 때면, 이 관찰자는 가만히 숨을 죽인다. 그 오래된 목소리들은 선생님, 동료, 형제자매, 그리고 부모님의 목소리다. 이들이 던진 수치스러운 비난조의 말들이 머릿속을 맴돈다. 이것이야말로 내 정신의 목소리라고 주장하며 말이다! 그런 생각이 어디가 잘못되었는지 잠시 물러서서 낱낱이 파헤쳐보기도 전에, 나는 성급하게 그런 비난조의 목소리가 자신의 소리라고 여기곤 했다.

"너 그거 꼭 해야 돼!" 어떤 목소리는 말한다. "그렇게 이기적인 행동은 당장 그만둬! 제정신이 박힌 사람이라면 그러고도 남았을 거야!" 하지만 결국 나는 그 목소리를 따르지 않았다. 수치감을 안겨주고 평가를 일삼는 목소리는 그다지 의욕을 불어넣지 못하기 때문이다. 단지 좀 귀찮을 뿐이었다.

우리 모두의 내면에는 더 깊은 곳에 자리 잡은 강력한 목소리가 있다. 그리고 마침내 그 목소리가 반격하기 시작한다. "나한테 이래라저래라 시키지 마." 왠지는 몰라도 그 목소리가 마음에 든다. 그건 우리 안에 있는 저항의 목소리다. 다른 사람들의 판단에 구애받지 않는 우리의 일부분이다. 그건 우리 안에 있는 가장 위대한 부분이다. 그리고 우리는 그 목소리를 더욱 크게 만드는 법을 배우고 싶다. 그 목소리가 또렷해질수록 더더욱 자유로워지기 때문이다.

과거에서 들려오는 부정적인 목소리를 매일매일 조금씩 더 작아지게끔 만들 수 있다. 진정한 당신, 즉 정신의 목소리가 드디어 완전히 삶을 통솔하고, 또 재발명과 행복을 향한 길 위로 당신을 이끌어 줄 때까지 말이다. 재발명은 간단히 말해 곧 성장이다. 우리는 성장할 때 행복을 느낀다.

41

행복을 찾는 이기주의자?

    고비를 맞이했을 때 들려오는 강력한 목소리는 행복을 향한 여정에서 당신을 안내해준다. 당신이 그 여정의 가치를 깨닫기만 한다면, 행복의 가치를 깨닫기만 한다면 말이다.

    꽤 많은 사람들이 행복을 추구하는 일에 혼란을 겪어왔다. '이기적으로' 군다는 소리를 하도 많이 들은 탓에 자신의 행복을 부적절한 행동과 동일시해왔기 때문이다. 그러나 우리의 행복을 가꾸고 강인하게 만드는 일은 결코 이기적인 행동이 아니다. 특히 우리의 행복이 다른 이들에게 얼마나 큰 이익을 가져다주는지 따져보면 알 수 있다.

    예를 들어보겠다. 부모가 아이에게 줄 수 있는 가장 큰 선물은 바로 스스로 행복한 부모가 되는 것이다. 아내가 남편에게 줄 수 있는 최고의 선물도 그녀 자신의 개인적인 행복이다. 그녀가 느끼는 기쁨이 남편에게는 가장 흐뭇한 일이기 때문이다. 만약 아내가 우울감에 빠져서 툭하면 짜증을 내고 애정결핍에 시달리며 남편을 감정적으로 대한다면, 결혼생활을 이어가기가 힘들 것이다. 남편에게 그런 아내가 선물처럼 여겨지기는 불가능할 것이며, 그 반대의 경우도 마찬가지다.

대중음악 속에 표현되는 '사랑의 고통' 가운데 상당수는 애정 욕구가 완전히 채워지지 않는 데서 오는 괴로움이다. "사랑은 상처를 주죠……"라는 노래 가사는 사실은 사람 얘기가 아니다. 그런 가사는 이렇게 바꿔야 맞을 것이다. "의존하는 일은 상처를 주죠……" (히트곡이 없는 무명 가수라면 굳이 그럴 필요 없을지 모르지만 말이다.)

주인의식과 개인의 창조력을 다룬 훌륭한 소설 『아틀라스*Atlas Shrugged*』에서 작가인 아인 랜드는 아주 훌륭한 예시를 보여준다. 개인의 행복이 지닌 저력과, 경건한 척 위선을 떠는 공상적인 박애주의자로 거듭난 불행한 사람들이 불러일으킨 폐해에 대해서 말이다. 아래 글은 『아틀라스』에서 일부 발췌한 내용으로, 심리학자 너새니얼 브랜든이 최근에 펴낸 명작 『의식의 기술*The Art of Consciousness*』에서 따왔다.

자신의 행복이 아닌 다른 사람들의 행복을 위해 희생하는 것이 어째서 도덕적인가? 즐거움이 하나의 가치라고 한다면 타인이 이를 누리는 것은 도덕적인 반면 자신이 그것을 누리는 일은 어째서 부도덕적이라고 평가하는가? 당신이 욕망하는 것은 어째서 부도덕하고, 다른 사람들이 욕망에 충실한 것은 어째서 도덕적인가? 어떤 가치를 만들어내고 지키는 것이 왜 부도덕하고, 반대로 그런 가치를 놓아버리는 것은 왜 도덕적이라는 평가를 받는가? 당신이 어떤 가치를 추구하는 일이 도덕적이지 못한 것이라면 다른 사람들이 그 가치를 받아들이는 일은 어째서 도덕적인가? 당신이 그 가치를 내줄 때 비로소 당신이 이타적이며 고결한 사람이 되는 것이라면 그런 당신에게서 가치를 받는 다른 사람들은 이기적이고 추악한 사람이 되는 것 아닌가? 미덕이이란 본래 죄를 짓는 일에서 생겨나는 것인가?

행복한 사람들은 다른 이들에게 줄 것이 더 많다. 이들은 에너지가 더욱 넘치며 인생을 훨씬 더 제대로 살아간다. 행복한 사람은 어떤 종류의 주는 일에도 힘을 실어주는 정신을 지니고 있다.

분노에 찬 사람, 우울한 사람, 그리고 의무감에 시달려서 누군가를 '돕는' 사람은 자신이 주는 '선물'을 분노로 더럽힌다. 그런 도움은 진정한 도움이 아니다. 의무감에서 비롯된 행동일 뿐이다. 다른 사람의 기대에 맞춰서 살고자 하는 노력에 불과하다. 희생자의 일상은 이렇게 흘러간다.

희생자는 정신적인 피로감과 슬픔을 수동적으로 바라보기만 한다. 자기가 할 수 있는 일은 아무것도 없다고 생각한다. 깨어날 때를 기다리고만 있는 두뇌의 또 다른 일부가 있다는 사실을 이해하지 못한다. 스위치가 켜지기를, 빛이 비치기를 기다리는 또 다른 목소리, 이는 바로 정신의 목소리다.

모든 재발명에는 태초의 자유로운 목소리를 길러내는 일이 필요하다. 스스로를 재발명하는 일은 나쁜 것에서 좋은 것으로 움직이는 것이 아니다. 이는 희생자에서 주인으로 바뀌는 일이다. 당신의 행복은 스스로의 책임이다. 행복도 하나의 피조물이다. 그러니 지금 당장 행복을 만드는 일에 착수하라.

42

하다 보면 힘이 생길 것이다

어느 어린 소설가가 스스로 동기를 부여하기가 어렵다는 고민거리를 메일로 보내왔다. 내 저서 『꿈을 이루어주는 101가지 특별한 선물』을 읽고 있지만 솔직히 말해서 여전히 해결책을 모르겠다고 고백한 것이다.

"스스로에 대한 신뢰를 잃었어요." 그가 말했다. "그리고 신뢰를 잃고 나니 글을 쓸 수가 없어요. 의욕이 생기질 않아요. 당신이라면 이럴 때 어떻게 하나요?"

나는 이렇게 말했다. 그 사고방식은 완전히 거꾸로 된 것 같다고 말이다. 신뢰가 가장 먼저 올 필요는 없다. 신뢰는 나중에 찾아온다. 그리고 솔직히 말해서 신뢰가 항상 필요한 것도 아니다. 그냥 쓰면 된다. 꼭 써야 한다면 끔찍한 글을 써도 괜찮다. 중요한 건 뭐가 되었든 쓰는 일이다. 글 쓰는 일에 관한 신뢰 따위는 잊어버려라. 그건 힘든 일이 아니다. 신뢰란 글을 쓴 뒤에 찾아오는 여운과도 같다. 글을 쓰기 전에 구비해야 할 준비물이 아닌 것이다.

신뢰를 잃었을 때, 자신감이 없을 때, 용기가 없을 때면 희생자는는 소극적인 태도를 취한다. 그리고 이렇게 말한다. 그걸 할 만한 힘이 없다고 말이다.

그렇지만 주인은 알고 있다. 신뢰와 용기는 그 모든 일을 끝마치고 나서 돌이켜 성찰할 때 생겨난다는 걸 말이다. 가장 먼저 오는 것은 행동이다. 행동할 용기보다 앞서는 것은 바로 행동 그 자체다. 신뢰와 용기는 행동에 대한 보상이다. 행동의 필수조건이 아니다. 뭔가를 해낼 수 있는 힘은 그 일을 하는 도중에 생겨난다. 미리 나타나지 않는다.

"일단 행동하라." 시인 랠프 월도 에머슨은 말했다. "그러고 나면 힘이 생길 것이다."

나는 반대로 살고 있었다

나는 힘을 찾아 헤매는 과정을 아주 잘 알고 있다. 힘이 생길 때까지 기다리느라 인생의 대부분을 낭비했기 때문이다. 또는 신뢰가 생겨날 때까지 기다리거나, 용기를 기다린다든지 하면서. 행동할 수 있으려면 힘이며 신뢰, 용기 따위가 먼저 생겨나야 한다고 생각했다. 그러니까 내게 배짱이 생기려면 말이다. 그러나 이 생각은 완전히 정반대였다. 깨우침을 얻고 진리의 빛을 접하지 못했더라면 여전히 내게 신념이 찾아올 날만 목이 빠져라 기다리며 지냈을 것이다.

영국의 작가 길버트 키스 체스터턴은 이렇게 말했다. "할 만한 가치가 있는 일이라면 그 일을 엉망진창으로 하더라도 의미가 있다."
행동 그 자체가 용기의 원천이다. 행동하는 것은 그 행동을 망설이게
한 두려움을 씻어내준다.

언젠가 나는 코치인 스티븐 하디슨에게 이런 말을 한 적이 있다.
나는 감탄하며 말했다. "당신은 다른 사람들이 하기 두려워하는 일
들을 할 수 있군요." 그 말은 사실이라고 하디슨은 대답했다. 하지만
뒤이어 말했다. "내가 이런 일들을 할 수 있는 이유는 딱 하나죠. 그
일들을 했기 때문입니다. 그 일을 하는 것, 그게 제가 그 일을 하는 비
법이에요."

여러 기업의 영업사원들을 상대로 몇 년 동안 일해오면서, 나는
한 가지를 알게 되었다. 영업사원들에게 가장 큰 동기 부여가 되는
요소가 있다는 사실을 말이다. 그것은 엄청난 의욕을 불러일으켜서,
영업사원에게 걷잡을 수 없는 자신감과 에너지를 불어넣어준다. 그
게 무엇일까? 바로 영업해서 판매하는 일 그 자체다.

판매를 하고 나면 영업사원은 그 어느 때보다도 자신감이 솟고 힘
이 넘친다. 안타깝게도 사람들은 그 에너지를 판매 성과를 축하하는
데 낭비하는 경향이 있다. 그들이 그토록 두려워하는 판매에 도전하
는 데 그 에너지를 얼마든지 사용할 수 있는데 말이다.

"어떻게 하면 더 많이 판매하겠다는 의욕을 불러일으킬 수 있죠?"
영업사원은 이렇게 질문한다. "판매를 하면 됩니다." 나는 이렇게 대
답한다.

"하지만 저는 판매를 하기에는 너무 의욕이 바닥에 떨어져 있어
요. 판매할 수 있으려면 판매가 하고 싶어져야 할 텐데, 어떻게 해야

의욕을 높일 수 있죠?"

"지금 당장 영업에 들어가세요. 그러면 원할 때면 언제든 의욕이 바로 생겨날 겁니다."

그 영업사원에게는 마치 앞뒤가 맞지 않는 엉뚱한 소리처럼 들렸을 것이다. 그래서 나는 종종 운동에 빗대어 설명하곤 한다. 운동을 예시로 들어 설명하면 우리는 이 역동을 좀 더 친숙하게 받아들인다.

"아침에 조깅을 해야겠다는 의욕을 만들려면 어떻게 해야 할까요? 그건 아침에 조깅을 함으로써 가능합니다."

"그렇지만 만약 조깅하고 싶은 기분이 안 생기면 어떡하죠?"

"조깅하고 싶은 기분이 들지 않는 건, 당신이 아직 조깅을 하지 않아서 그런 거예요. 만약 조깅을 하는 중이라면 얼마 지나지 않아 조깅하고 싶은 기분이 들 겁니다."

두려움을 극복하는 일은 우리가 두려워하는 것을 함으로써 가능해진다. 행동은 두려움을 물리친다. 마치 가위바위보에서 가위가 보를 이기듯이 말이다. 그리고 보는 바위를 이기며, 다시 바위는 가위를 이긴다. 이것이 인생의 순환 고리다. 그런데 이 순환은 스스로 시작하는 수밖에 없다. 순환이 알아서 저절로 생겨나지는 않는다.

행동이 꼭 완벽할 필요도 전혀 없다. 일을 계속하는 데 필요한 힘은 그 일이 스스로 만들어낼 것이다. 마치 뒤에서 밀면서 차를 움직이기 시작하는 것처럼 말이다. 움직이면서 시작하는 거다.

용기는 거기에 새로운 활력을 불어넣는다. 일단 행동에 들어가면 점점 더 몰입할 수 있을 것이다. 행동에 앞서 너무 많은 두려움과 걱정을 품는 것은 이 흐름을 멈추게 할 뿐이다.

어린아이였을 때 당신은 이 사실을 이미 알고 있었다. 직관적으로 깨달았다. 두려움 따위는 뒷주머니에 구겨 넣고 폴짝 뛰어내렸다. 어떤가, 기억이 날 것 같은가? 언젠가는 그렇게 해서 두발자전거에 처음으로 올라타 운전했다. 또 언젠가는 높은 공중에서 다이빙을 해 깊은 물속으로 뛰어들었다. 점프를 하려면 뭐가 필요한지 따위는 걱정하지 않았다. 그냥 발을 굴렀다.

어쩌다 보니 어른이 되자 스스로에게 이렇게 되새기게 되었다. 두려워하는 일은 할 수 없다고 말이다. 행동을 두려워하는 건 행동을 할 수 없는 것과 마찬가지라고 말이다. 그렇지만 그냥 행동하는 것을 조금만 연습하면 알 수 있다. 그런 생각은 잘못된 가정이었다는 사실을. 행동은 용기를 낳는다. 용기를 얻는 데 다른 길은 없다.

혼자서 어디로든 향해라. 그리고 스프링 공책을 펴고 앉아라. (영화감독 쿠엔틴 타란티노는 이렇게 말한다. 스프링 공책이야말로 우리가 살면서 만날 수 있는 가장 고차원적인 발명품이라고 말이다. 어디로든 가져갈 수 있으며, 전기나 배터리도 필요 없고, 그 위에 무엇이든 쓸 수 있기 때문이라나.) 만약 아무런 두려움도 없다면 인생에서 하고 싶은 일 10가지가 무엇인지 써보아라. 그리고 그중 하나를 골라서 해보라.

그 한 가지는 생각만 해도 두려움에 사로잡히는 일일지 모른다. 하지만 괜찮다. 그 일을 떠올리지 마라. 그걸 떠올리는 일 자체가 바로 당신을 두렵게 만든다. 그냥 그 일을 당장 행동에 옮기면 된다. 아무 생각 없이 말이다.

용감한 사람들도 모두 두려움을 안고 있다. 그렇지만 개의치 않고 행동할 뿐이다. 기쁨과 두려움이 뒤엉킨 비명을 내지르면서 말이다.

마치 영화 「내일을 향해 쏴라」에 등장하는 두 갱스터, 버치와 선댄스가 높은 절벽에서 뛰어내려 물속으로 풍덩 빠져들듯이 말이다.

그렇게 물 밑으로 내려갈 때 알 것이다. 즐거운 흥분이 차오른다는 사실을. 무언가를 정복하려고 행동에 나설 때 당신은 두려움을 느낄 것이다. 그리고 행동을 계속하다 보면 두려움은 서서히 사라질 것이다. 마치 한 손에 가득했던 소금이 강물에 들어가면 녹아 없어지듯이. 그러고 나서 남는 것은 순수한 기쁨이다. 이전의 당신과 다른 사람이 되는 기쁨이다. 그것이 재발명이다.

'당신'이라면 하지 않았을 행동을 하면서 당신을 다시 발명하는 것이다. 그렇게 하면서 깨달을 것이다. 고정되고 결코 변하지 않는 '당신'은 결코 없다는 사실을 말이다.

43
—

백 살까지 사는 법

수녀원에서 뭔가 희한한 일이 벌어지고 있다! 수녀원에 있는 수녀들은 평균수명보다도 더 오래 살고 있던 것이다. 훨씬 더 오래 말이다. 여성들의 평균수명은 70대 중반이었다. 그런데 수녀원에서 생활하는 수녀들은 평균적으로 그보다 20년을 더 살았다. 100살을 넘긴 수녀들도 있고 말이다!

문제의 그 수녀원은 미네소타주 맨케이토시에 있는 노트르담 수녀원이었다. UCLA의 뇌과학 연구자들은 이곳 수녀들에게 장수의 비밀을 푸는 중요한 열쇠가 있다고 생각했다. 뇌의 작동 원리가 말이다. 이 수녀원의 수녀원장은 오랫동안 '게으른 정신에 악마가 깃든다'고 믿어왔다. 그래서 이곳 수녀들은 정신을 결코 나태하게 내버려둔 적이 없다.

이들은 체스, 바둑, 단어 만들기 게임인 스크래블 등 머리를 쓰는 게임을 하며 지냈다. 세미나를 열고 워크숍을 진행했다. 국민의 대변자인 국회의원들에게 편지를 쓰기도 했다. 이 수녀들은 왕성한 정신적 활동을 유지했으며, 해를 거듭할수록 두뇌 활동은 계속해서 더 활발해졌다.

그 결과, 이들은 오래 살게 된 것이다. 수녀들은 꾸준히 생명을 이어갔다. 도전거리가 생기면 뇌 안에서 무언가가 벌어진다. 문제를 해결하기 위해 애쓰고 그 과정을 즐기면서, 인간의 두뇌 속에서는 자신에게 이로운 일이 벌어지는 것이다.

문제를 해결해나가는 두뇌에서는 신경세포의 수상돌기(이는 세포에 있는 가지 모양의 조직이다)가 자라난다. 그리고 수상돌기가 자라면 지구상에서 건강하고 활발한 생명 활동을 펼치는 시간도 함께 늘어난다. UCLA의 뇌과학 연구자들에 따르면 말이다.

두뇌가 어떤 일을 할 때는 신체도 함께 활력을 유지한다. 또한 두뇌가 어떤 문제를 해결하는 데 뛰어들면 신체의 생명이 연장된다. 이런 측면 때문에 배우자가 사망하고 나면 뒤이어 세상을 뜨는 노년층이 많은 것이다. 대개 노인 부부들에게 배우자란 지적 자극을 주는 유일한 원천, 정신을 위한 문젯거리를 던져주는 유일한 존재이기 때문이다. 그러므로 곧잘 얘기하는 '배우자와의 사이에서 겪는 문제'란 사실 생명을 연장해주는 요소인 셈이다. 모든 문제들은 크나큰 선물이다. 우리가 그것을 잘 품고 다룬다면 말이다.

왜 호구는 일찍 죽을까

여기서 희생자가 겪는 아이러니가 하나 있다. 희생자는 문제를 요리조리 피해 다님으로써 생명을 연장하려고 애쓴다는 점이다. 문제를 회피하지 않고 해결하는 것이 곧 길고 행복한 삶의 원천임에도도, 여전히 희생자는 '귀찮은 일이 없는' 상황을 찾기 위해 하루 종일을 허비한다. 그가 무엇보다 우선시하는 것은 안전함이다. 희생자는 편안한 삶을 추구한다. 군이 고민하고 싶어 하지 않는다.

특히 정신적이고 지적으로 장애물이 없는 쉬운 삶을 보내고 싶어 한다. 많은 희생자는 이렇게 말한다. 고등학교 또는 대학교를 졸업하면서, 또 마지막으로 머물렀던 다른 어떤 교육기관을 떠나면서 "평생이 책을 다시 펴볼 일은 없겠구나!"라고 말이다. 책장을 신나게 덮어버리고, 짓궂은 눈웃음을 지으며 아무 생각도 없는 편안한 생활을 향해 뛰쳐나간다. 정신적인 도전 따위는 이미 다 지나간 일이다. 희생자는 이제 남은 인생을 소파에 파묻혀 텔레비전를 보면서 지낼 수 있기를 바란다. 가장 좋아하는 풋볼팀의 경기 중계라도 보면서 말이다. 시트콤 「사인필드(Seinfield)」의 등장인물들이 인생사의 문제들에 통쾌한 해결책을 들려주기를 고대하면서 말이다. 그리고 뉴스나 토크쇼 진행자들이 나와서, 그들 특유의 세련되고 냉소적인 태도로 사람들은 결코 대단한 변화를 만들어낼 수 없다고 설명해주기를 바란다. 희생자가 질색하면서 피하는 것, 즉 문제야말로 사실은 더 기나긴 수명을 위한 핵심 열쇠다. 문제를 다루는 법만 배운다면, 문제를 즐기는 법을 배운다면 말이다.

앞서 살펴보았듯이 덴마크는 세계에서 가장 '편하게 살 수 있는' 복지국가다. 국민들에게 생길 수 있는 모든 문제를 정부가 앞장서서 해결할 준비가 되어 있기 때문이다. 동시에 덴마크는 세계에서 가장 높은 자살률을 보여주는 국가다.

우리 집 침실 액자에는 소설가 윌리엄 존 로크가 남긴 말이 걸려 있다. 매일 아침, 하루를 시작할 때마다 되새기기 위해서 침실에 걸어둔 것이다.

살면서 겪는 불행의 절반은
문제에 곧장 뛰어들기를 두려워하는 사람들이
만들어낸 것이라고 나는 믿는다

당신이 그동안 회피해온 것은 무엇인지 찾아보라. 의견을 조율해야 하는 채권자인가? 사과해야 할 친척인가? 마음을 터놓고 한번 허심탄회하게 이야기를 나누고 싶었던 직장 동료인가? 그렇담 당장 실행에 옮기라. 곧바로 뛰어들라! 「내일을 향해 쏴라」에 등장하는 버치와 선댄스처럼 깊은 강물 속으로 뛰어들라. 그렇게 행동을 감행하는 기쁨을 느끼고 나면 내일은 또 다른 일에 곧바로 뛰어들겠다고 맹세하라. 오래 지나지 않아 당신은 자신이 발명해내는 삶을 즐기고 또 존중하게 될 것이다.

44

모든 해결책에는 문제가 있다

'문제'가 지닌 문제는 바로 그 말 자체에 있다. '문제'라는 말이 우리 머릿속에 부정적인 이미지를 연상케 하는 까닭에 그 말을 들었을 때 자동으로 튀어나오는 우리 반응은 '그건 생각해보고 싶지 않은걸'이다. 그래서 우리는 컨설턴트에게 도움을 요청한다. 상담사를 부르거나 심리치료사를 찾아간다.

컨설턴트들이 문제를 해결하는 데 그토록 능한 이유는 딱 하나다. 이들은 우리의 문제를 사실을 즐겁게 받아들이기 때문이다. 이를 즐기기 때문에 컨설턴트들은 열정을 품고 창의력을 발휘해서 문제에 접근한다.

항상 최고 자리에 머물러 있는 정치 컨설턴트인 조 슈메이트와 함께 작업하는 멋진 기회가 내게 온 적이 있다. 그는 아주 명석했다. 그가 참여하는 모든 정치 캠페인에서 강조한 가치는 바로 창의적인 사고방식이었다.

다른 정치인들은 정치 캠페인에서 다루는 문제들에 감정적으로 반응했지만 조 슈메이트만큼은 감정적으로 얽히지 않았다. 그는 두뇌 역할을 맡아 상상력을 발휘하고 또한 이를 바탕으로 컨설팅을 해주었다.

그는 언젠가 이렇게 말했다. "컨설턴트의 일이란 그런 거죠. 고객의 손목시계를 잠시 빌려서 지금이 몇 시인지 알려주는 일이라고나 할까요."

나는 이 농담에 곱씹을 만한 점이 있다고 생각했다. 고객이 자기 스스로 몇 시인지 확인하지 못하는 이유는 그가 생각을 하지 않기 때문이다. 생각을 하지 않고 느끼기 때문이다. 자기 손목에 찬 손목시계를 확인하기에 고객은 너무나 감정적이다. 머릿속에서 아무 생각을 하지 못한다. 문제에 얽매여 있는 탓이다.

오늘날 우리 사회가 겪는 진짜 문제는 '문제'라는 말 그 자체다. 수십 년간 우리는 그 말을 둘러싸고 너무나 큰 두려움과 혐오감을 조장해왔다. 그래서 이제는 문제를 긍정적이고 주도적이고 창의적으로 생각하는 것조차 어려울 지경이다.

'문제'라는 말에는 너무나 부정적인 무게가 부과되었다. 그래서 요즘은 문제를 인생이 완전히 엉망진창이 된 사람들을 설명하는 데 사용하게 되었다.

"존은 요즘 어떻게 지내?" 내가 이렇게 묻는다고 치자.

"영 별로야." 당신이 이렇게 대답한다.

"아, 그래?"

"응, 문제가 좀 많거든."

"안됐다. 그 사람 정말 괜찮은 사람이었는데."

'문제'라는 말을 암적인 존재로 취급함으로써 우리는 성장하고 스스로의 그릇을 넓힐 기회를 가로막고 있다. 인생의 가장 큰 기쁨 하나를 스스로 빼앗아간 것이다. 문제를 해결하는 기쁨 말이다.

문제는 언제나 재미있다

문제를 해결하는 것은 엄청난 즐거움이다. 그러니 회사들은 당장 그 재미있는 것을 업무용 컴퓨터에서 모조리 삭제해버리는 편이 좋을 것이다. 대부분의 회사들은 업무용 컴퓨터에서 게임을 할 수 없게끔 만들어두었다. 게임은 중독성이 아주 강해서, 컴퓨터에 게임이 깔려 있다 하면 일은 뒷전이기 때문이다.

그렇지만 게임은 사실 문제가 변장을 한 모습이다! 우리는 '슈퍼마리오' 게임에서는 다음 레벨로 넘어가기 위해 문제를 해결하며 그 과정을 즐긴다. 문제라는 말 대신에 게임이라는 말로 부르기 때문이다. 비디오 게임 '미스트(Myst)'도 사람들이 즐겨 하는 게임이다. 게임 스토리와 다를 바 없는 우리 인생의 여정보다, 그 게임을 훨씬 즐긴다. '미스트'는 게임이라고 생각하기 때문이다.

몇 년 전 사무실 컴퓨터에는 '테트리스'와 '솔리테어' 게임이 있었는데, 그 게임들에 너무나 몰두하게 된 나머지 급기야는 두 게임 모두 삭제해야만 했다. 그런데 앞서 말했듯이 게임은 문제가 변장을 한 형태다. 단지 재미있고 긍정적인 말로 포장되어 있을 뿐이다. 게임을 플레이한다고 말이다.

사람들은 가판대에 놓인 십자말풀이 퍼즐 책을 산다. 그런데 만약 그 책들에 '십자말풀이 문제'라는 제목이 달려 있다면 어떨까? 아무도 그 책을 사려 하지 않을 것이다. 쇼핑몰에 가면 온갖 종류의 비디오 게임이 모여 있는 오락실이 있다. 만약 거기에 '비디오 문제방'이라는 간판이 달려 있다면 아무도 가려 하지 않을 것이다.

명심해야 할 사실은 문제는 언제나 재미의 가능성을 품고 있다는 것이다. 문제라는 것은 언제나 변장을 한 모험일 뿐이니까 말이다. 두려움을 더하지 않는 한 문제는 어디까지나 모험으로 남아 있을 것이다. 문제를 자아의 사다리 아래로 잡아끌지 않는 한, 그 문제들을 쓸데없이 개인적으로 받아들이지 않는 한은 말이다.

한 가지 예를 들어보겠다. 우리는 다른 사람들 문제에 관한 얘기를 듣는 걸 왜 그렇게 좋아할까? 남의 불행을 좋아하기 때문이 아니다. 다만 우리가 문제를 푸는 것 자체를 즐기기 때문이다. 그게 전부다. 그리고 다른 사람들 문제일 때는 우리는 두려움을 품지 않는다. 그렇게 두려움을 걷어내고 나면 문제를 해결하는 일에 즐겁게 뛰어들 수 있다. 바로 그 때문에 우리는 풀리지 않는 미스터리라든지 가십거리, 컴퓨터 게임 등등을 좋아하는 것이다. 만약 친구가 찾아와서 자신의 문제를 털어놓으며 조언을 부탁한다면 나는 그 일련의 과정을 비밀스럽게 즐길 것이다. 물론 그 문제를 들으니 마음이 쓰이고 걱정된다고 말하긴 하겠지만.

그 어떤 문제도 생각을 이길 수 없다

———

볼테르는 이렇게 말했다. "그 어떤 문제도 지속적인 생각의 공격을 견뎌낼 수는 없다." 그 말이 맞다. 어떤 문제도 생각을 버텨낼 수 없다.

문제 해결에 관한 워크숍에서 볼테르의 말을 인용할 때면, 나는 이 말에 동의하지 않는 참가자가 있는지를 꼭 물어본다. 설득력 있는 반대 의견을 내놓은 사람은 지금까지 한 명도 없었다. 이 말의 전제가 참인지를 확인해본 사람이 아무도 없었기 때문이다! 참가자들은 어떤 문제를 지속적으로 생각한다는 게 무엇인지 알지 못했다. 문제를 맞닥뜨렸을 때 통상적으로 보이는 반응이란 '그 문제는 생각하고 싶지도 않아'였기 때문이다.

만약 지속적인 생각의 공격을 버텨낼 수 있는 문제가 있다면 그건 아마도 문젯거리가 아닐 것이다.

때로는 생각을 잠시 멈추고 산책하러 나가 바람을 쐬는 것이 문제를 훨씬 더 빨리 해결해주기도 한다. 마음이 차분하게 가라앉으면 직관력이 발휘되고 답이 떠오른다.

명심해두시길. 주인이 보여주는 태도는 이런 것이다. 만약 해결책이 없다면 문제 또한 없다. 해결책이 없는 것이라면 우리가 고민하는 대상은 바로 피할 수 없고 부정할 수 없는 인생의 진실일 뿐이다. 다만 우리가 그 진실을 아직 받아들이지 못했을 뿐. 모든 문제에는 해결책이 있다. 우리가 그 해결책을 아직 찾지 못했을 수도 있고 벌써 발견했을 수도 있지만 말이다. 그런 차이일 뿐이다. 그리고 모든 해결책에는 문제가 필요하다. 해결하는 것은 재미있는 일이지만, 그 재미를 누리기 위해서는 먼저 문제가 필요하다. 그러니 문제에는 아무런 잘못도 없지 않겠는가?

걱정과 생각은 다르다

어떤 사람이 희생자에게 "우리에게 문제가 생긴 것 같으니" 얘기 좀 나누자고 하면 희생자는 갑자기 가슴이 철렁 내려앉는 기분을 느낄 것이다. 심장이 걷잡을 수 없이 쿵쾅거리는 걸 느낄 것이다. 머릿속에는 더 이상 아무 생각이 들지 않는다. 이제 희생자는 걱정에 사로잡혔다.

걱정은 진정한 생각이 아니다. 걱정은 상상력을 오용한 결과물이다. 걱정은 생각인 척 흉내를 내지만, 걱정은 생각이 해내는 일을 결코 해낼 수 없다. '걱정해서' 해결책을 떠올린 사람은 아무도 없다. 해결책을 찾으려면 걱정보다 높은 수준으로 올라가야만 한다.

알베르트 아인슈타인은 이 점을 분명하게 파악했다. 그래서 이런 말을 남겼다. "우리가 마주치는 중요한 문제들은 우리가 그 문제를 만들어냈을 때와 똑같은 수준의 생각으로는 해결할 수 없다."

그래서 자신을 재발명하려면 걱정이라는 것을 과거의 유물로 만들어버릴 필요가 있다. 어떤 문제에 관심을 기울일 수는 있다. 그렇지만 어떤 문제를 걱정할 수는 없다. 무언가에 관심을 둘 때, 당신은 자신이 할 수 있는 행동을 당장 찾아보고 관심에서 비롯된 행동에 들어간다. 반면에 걱정은 당신을 수동적으로 만든다. 그리고 신경질적으로 만들기도 한다.

당신을 다시 발명하기 위해서는 문제가 필요하다. 문제는 이 거대한 토너먼트전에서 참여하는 게임과 같다. 그 토너먼트란 바로 춤, 인생이라는 춤이다. 게임 한 판을 클리어할 때마다 당신은 토너먼트에서 점점 더 높은 단계로 올라선다.

45

자아 찾기를 당장 멈춰라

재발명은 우리가 더 이상 자기 자신의 모습을 유지하려고 애쓰지 않을 때 찾아온다. 이때 즐거움도 함께 찾아온다. 우리는 성장하면서 행복을 느낀다.

그러니 정말로 기쁨을 느끼고 싶다면 익숙하지 않은 일들을 해야만 한다. 늘 하던 일만 해서는 즐거워지지 않는다. 어느 누구도 말이다. 예상치 못했던 일을 할 때 우리는 즐겁다. 이 기쁨은 자신을 확장하는 데서 생겨난다. 그리고 예전의 자신과는 다른 자신으로 거듭날 때 느끼는 기쁨이다.

오프라 윈프리의 운동 트레이너 밥 그린은 이렇게 말했다. "처음 오프라를 만났을 때 저는 그녀가 기뻐하는 모습을 한 번도 볼 수 없었어요." 당시 오프라는 모든 사람이 꿈꾸는 부와 명성을 손에 넣었음에도 말이다.

어떤 식으로든 진정한 기쁨을 마지막으로 느낀 적이 언제인지 묻자 오프라 윈프리는 8년도 더 전으로 거슬러 올라가 기억을 끄집어냈다. 스티븐 스필버그 감독과 함께 영화 「컬러 퍼플(The Color Purple)」을 촬영하던 때라고 했다. (영화에서 오프라 윈프리는 무척 훌륭한 연기를 했다. 완전히 다른 인물이 되어서 말이다.)

그 이후로 그녀는 "몇 번 행복을 느끼기는 했지만 진정한 기쁨을 누린 적이 없다"고 했다. 사실 「컬러 퍼플」이 즐거운 추억이라는 점에서 오프라 윈프리는 운이 좋았다. 대부분의 사람들은 즐거움이라고 당당히 말할 수 있을 법한 기억을 끄집어내려면 어린 시절로 한참을 거슬러 올라가야 하기 때문이다.

오프라 윈프리와 밥 그린이 공동으로 집필한 『접점을 만들다*Make the Connection*』라는 책에서, 그린은 어떻게 해서 그녀가 다시 즐거운 순간들을 맞이했는지 설명했다. "내가 본 것 가운데 오프라가 가장 즐거워한 순간은 1994년 10월에 찾아왔다. 우리는 워싱턴에서 열린 해병대 마라톤 대회에서 2시간 넘게 달리고 있었다. 눈을 들자, 40킬로미터 지점 표지판이 보였다. 오프라가 완주할 수 있다는 확신이 든 순간이었다. 나는 그녀를 향해 고개를 돌렸고, 오프라의 눈에서는 눈물이 흘러내리고 있었다."

그녀는 놀라운 일을 해냈다. 그녀는 이전의 자기 자신이 아니었다. 성장한 것이다. 그 순간, 그린은 오프라 윈프리를 처음 만난 순간을 다시 떠올렸다. 처음 만났을 때 오프라의 몸무게는 100킬로그램이 넘었으며 그린과 제대로 눈을 마주치지도 못했다. 그때를 기점으로 오프라는 머나먼 여정을 달려온 것이다.

아이들만 아는 비밀

아이들은 기쁨을 느끼려면 어디로 가면 되는지 안다. 아이들은 한 번도 해본 적 없는 일을 끊임없이 시도한다. "보세요, 손을 놓고도 자전거를 탈 수 있어요!"라는 외침은 기쁨의 외침이다. 아이는 단순히 자전거를 타는 것만으로는 성에 차지 않았던 것이다. 그래서 아이는 핸들에서 손을 놓고 자전거 타는 일을 시도한다. 바로 그럴 때 짜릿함이 찾아온다. "해냈어요! 내가 해냈다고요!" 하는 것만큼 아이의 즐거운 외침은 없을 것이다.

어린아이에게 기쁨을 주는 것은 뭔가를 하는 일이다. 어른이 되면서 우리는 그 점을 잊어버리고 말았다. 행복은 무언가를 느끼는 데서 온다고 생각하게 된다. 그렇게 되면 다른 사람들이 우리에게 어떤 기분을 안겨줘야만 우리가 행복해질 수 있다고 생각하기 시작한다. 아주 나쁜 생각이다. 그렇게 되면 어릴 적 알고 있던 것을 잊어버리기 때문이다. 그렇게 우리는 정신과 단절된다.

다 큰 어른이 되면 우리는 심지어 기쁨을 우리 인생 바깥으로 몰아내버린다. '아무런 귀찮은 일이 없는' 상태를 끊임없이 찾아다니느라, 언제나 안전지대를 갈구하느라, '안전함'을 끊임없이 찾아다니느라 말이다. 도전할 만한 대상이나 우리를 성장하게 만드는 대상 대신에 안전함을 찾는 것은 영영 변화하지 못하는 성격 안에 틀어박혀 평생을 살겠다는 말과도 같다.

"보세요, 어머니. 하나도 즐겁지 않아요!"

오늘 뭐 하지?

———

희생자는 끊임없이 동굴에 처박히거나 틀에 박힌 생활을 하려고 한다. 바로 안락함의 동굴이다. 그런 동굴과 무덤 사이의 거리는 겨우 몇 미터 차이라는 사실을 우리는 간과하곤 한다.

그런 한편 우리가 안락함의 동굴 안에 갇혀 있을 때도 정신은 우리 안을 이리저리 맴돈다. 마치 밖으로 나가 마음껏 달리고 싶어 안달이 난 강아지처럼 말이다. 우리의 정신이 강아지처럼 흐느끼는 소리는 아주 서글프다. 우리는 대부분 그 슬픈 소리를 도저히 견디지 못한다. 그래서 음식이나 술, 담배, 아니면 텔레비전 등으로 그 소리를 덮어버린다. 아니면 이 모든 것을 한꺼번에 써버리거나!

그렇지만 정신의 흐느낌은 계속된다. 여전히 저 멀리서 들려오는 소리를 느낄 수 있다. 기억해내기에는 너무 슬프고 음침한 꿈에서 들려오는 것처럼 말이다. 언젠가는 깨달을 수도 있을 것이다. 구슬프게 낑낑거리던 그 어여쁜 강아지는 바로 정신이 들려주던 목소리라는 사실을. 우리 안에 있는 신이 자신의 모습을 마음껏 표출하고 싶어 애쓰고 있었다는 사실을 말이다.

대부분의 사람들은 계속해서 이런 질문을 던지는 데 익숙하다. '어떻게 하면 더 편하게 살 수 있지?' 이는 사람들의 머릿속을 하루 종일 맴도는 질문이다.

그러나 재발명하는 사람은 편안함 속에 안주할 수 없다. 재발명하면 당신은 완전히 달라지니까. 재발명은 당신이 기쁨을 만나러 가겠다는 약속이다. 어릴 때 하던 것처럼 말이다. 그러면 스스로에게 이런 질문을 던질 것이다. "오늘 할 수 있는 일은 뭐가 있지? 영광스러운 노력을 한껏 들일 수 있는 그런 일 말이야."

당신은 수많은 나날을 이런 말로 끝맺을 것이다. "꽤 힘들었지만, 정말 재밌었어."

46

모든 순간이 중요하다

두뇌에 입력하는 이미지와 소리는 절대로 사라지지 않는다. 이것들은 점점 더 깊이 축적되어서 영원히 우리에게 영향을 줄 것이다.

우리가 지구상에서 보내는 모든 순간은 중요하다. 60초짜리 텔레비전 광고를 보면서 흘려보내는 시간은 결코 다시 붙잡을 수 없는 60초다. 그 60초 동안 우리는 오랫동안 연락이 없던 친구에게 쓴 엽서를 부칠 수도 있다. 어쩌면 그 엽서는 아주 중요한 소식이 될지 모르고 말이다.

나는 지금 텔레비전 앞에 앉아 있다. 볼 만한 영화가 있는지 살펴보는 중이다. 그중 한 편을 고르려고 한다. 마음껏 웃으면서 볼 수 있는 영화와 너무 끔찍해서 머리를 지끈거리게 만들 만한 영화 중에서 하나를 고른다. 이는 내 인생을 영원히 바꿔놓을 선택이다. 나는 별로 대수롭지 않은 척한다.

여러 통의 업무 전화를 돌리고 한숨을 돌리면서, 퇴근하기 전에 전화 한 통쯤 더 할 만한 시간이 남은 것을 확인한다. 오늘 할 일은 끝났다. 그러니 누구에게든 전화해도 좋다. 내 친구 중에는 언제나 나를 응원해주고 인생의 즐거운 면을 깨우쳐주는 친구가 있다. 그 친구에게 전화를 걸겠다는 결정은 내가 내리는 아주 중요한 결정 가운데 하나다.

웃음은 나를 치유해준다. 그리고 수명도 더욱 연장해준다. 저널리스트 노먼 커즌스가 웃음의 치유력을 다룬 책, 『질병의 해부학*Anatomy of an Illness*』은 이 사실을 확실히 증명해준다. 즉 웃음과 유머는 신체의 살아 있는 세포에 강력한 영향을 끼친다는 것이다. 우리는 세포라는 청중을 위해 열연을 펼친다.

우리에게 웃음을 주는 것들이 있다. 또 노래를 흥얼거리게 만드는 것들이 있다. 벌떡 일어서서 행복에 겨워 춤추게 만드는 것들이 있다. 그런 것들은 내가 살아가면서 가장 많이 의식하는 요소들이다. 나는 그런 요소들을 언제나 내 곁에 두고자 하며, 어떻게 하면 그것들을 더 많이 얻을 수 있는지 알고 싶다. "그렇지!"라고 소리치게 만드는 음악들이 있다. 출근길에 이런 음악을 들으면 나도 모르게 박수가 나온다. 그건 내 손끝이 원하는 음악이다.

정신에 영양분을 공급해주는 것들에 관심을 기울이고 싶다. 정신이 아주 중요하고 소중한 것이 되었으면 좋겠다. 그래서 정신의 활동이 조금이라도 활발해지면 쉽게 눈치채고 싶고, 또 나중에도 얼마든지 참고하게끔 그 변화를 기록하고 또 기억하고 싶다. 스스로를 재발명할 수 있는 유일한 방법은 바로 정신과의 연결고리를 만들고, 정신이 내 안에서부터 마음껏 뻗어나갈 수 있게 노력하는 일이라는 것을 잘 이해하고 싶다.

리모콘은 당신 손에 있다

———

영화 「제리 맥과이어」에서 폴 매카트니의 첫 솔로 앨범인 「매카트니」에 실린 오래된 곡들이 배경음악으로 등장하는 것을 보며 내 정신이 고취되는 것을 느꼈다. 곡의 제목은 「맘마 미스 아메리카(Momma Miss America)」였다. 이 곡에는 날것의 에너지와 아름다움이 깃들어 있으며, 고맙게도 존 레넌 이후에 폴 매카트니가 쓰던 우울하고 어리석은 가사들과는 전혀 달랐다. 그 영화를 본 뒤 나는 사운드트랙이 수록된 시디를 구입했으며, 대규모 세미나 도중 휴식 시간에 바로 그 매카트니의 곡을 틀어두었다. 그리고 그 곡이 400명의 마음을 고무하는 것을 보았다. 마치 영화를 보던 내가 그러했듯이 말이다. 나는 기뻐하면서 주의를 집중했다. 그 노래에는 정신을 자극하는무언가가 있었다. 나는 그게 정확히 어떤 것인지를 잘 기억해두고 싶었다.

내가 경험한 바로는 저녁시간대 뉴스가 정신을 단연코 가장 빠르게 말살한다. 특히 전국구 방송보다는 지역 방송의 저녁 뉴스가 더욱 강력하다. 아주 큰 차이는 없지만 말이다. 지역 방송이 더 별로인 까닭은, 요즘에는 저널리스트가 아닌 모델들이 앵커로 서기 때문이다. 그러니 지적인 차원에서 차이가 생긴다고나 할까. 그리고 한술 더 떠서, 지역 뉴스 앵커들은 서로 성의 없는 농담 따 먹기만 주고받는다. 그 꼴을 보고 있노라면 세계관이 뒤흔들릴 지경이다. 한심한 농담 사이사이로는 가장 역겹고 또 정신을 말살하는 종류의 소식들을 전해준다. 그들의 목표는 분명 우리가 숨도 제대로 못 쉴 만큼 두려움에 질리게 만드는 일일 것이다. 사람들이 질겁할 만한 선정적인 뉴스는 시청률을 높이는 데 한몫을 톡톡히 한다.

그러니 애리조나대학교의 앤드루 웨일 박사가 자신의 환자들에게 '뉴스 멀리하기' 처방을 내린 다음 얻어낸 결과는 그리 놀랄 일도 아닐 것이다. 저녁 뉴스를 보지 않고 3주 동안 지내게 한 결과, 환자들의 신체적인 증상이 실제로 눈에 띄게 나아졌다. 수면의 질도 올라갔고, 그 덕분에 건강도 되찾았으며, 세포들도 더욱 에너지가 넘쳤다. 폭력과 잔인함으로 점철된 그로테스크한 이미지 때문에 밤새도록 악몽에 시달리는 일도 줄어들었다.

희생자들은 매일 저녁이면 입을 헤벌쭉 벌린 채 이른바 '뉴스'라고 불리는 것에 속아 넘어간다. 그리고 세계는 점점 더 나쁜 방향으로 흘러간다는 잘못된 결론을 내린다. 두려움은 점점 증폭되며 어딘가로 숨고 싶은 마음도 자꾸만 커진다.

9·11테러라는 끔찍한 사건이 벌어졌음에도 불구하고 전반적인 항공 안전 수준이 꾸준히 높아지는 것은 반박의 여지가 없는 사실이다. 비행기를 타고 여행하는 일도 점점 더 안전해지고 있다. 하지만 희생자들은 여행을 점점 더 두려워한다. 몇 주 전에 벌어진 비행기 추락 사고 장면을, 바다에서 희생자들과 비행기의 잔해를 수습하는 모습을 계속해서 보고 또 보기 때문이다. 매일 저녁이면 새로운 사고 유가족의 인터뷰를 시청하며, 또 기장과 승무원들의 모습이 잘 담긴 녹화 수준과 음질이 더 좋은 블랙박스 자료가 발견될 때마다 뉴스를 접한다.

의식의 가장 낮은 수준에 호소할수록 시청률이 올라간다는 사실을 방송국들은 알아냈다. 그런데 이는 이해하기 어렵지 않다. 우리는 대개 피곤할 때 텔레비전을 보기 때문이다. ("지금 완전 에너지가 넘치는데? 당장 텔레비전 틀자!"고 소리치는 경우는 아주 드물 테니까 말이다.)

존경받는 저널리스트 헌터 S. 톰슨 박사조차 이런 이야기를 남겼을 정도다. "텔레비전 업계는 잔인하고 공허한 돈의 전장과도 같다. 거짓말로 가득한 그곳에서는 포주와 날강도들이 자유로이 활보하고, 좋은 사람들은 개 같은 죽음을 맞이한다." 이 말은 텔레비전의 속성을 잘 드러내준다.

톰슨 박사가 내린 결론을 읽자 몇 년 전 텔레비전에서 봤던 인상 깊은 인터뷰가 떠올랐다. 감옥에서 범죄자 찰스 맨슨과 한 인터뷰였다. 때는 변호사인 제랄도 리베라가 폭로적인 성격을 띤, 제목조차 절묘한 자서전 『나를 폭로한다*Exposing Myself*』를 발간한 무렵이었다. 그리고 토크쇼 진행자는 제랄도 리베라가 평생 동안 저질러온 온갖 종류의 성적인 '정복'을 떠벌리듯이 말하고 있었다. 그 책에서 리베라는 연쇄 살인범 맨슨이 영화배우 샤론 테이트를 살해한 죄목으로 유죄 판결을 선고받은 직후에 그와 했던 유명한 인터뷰도 이야기하고 있다.

맨슨이 텔레비전에 나오고 싶어 한 까닭은 리베라와 리베라의 책은 자신과 무관하다고 못박고 싶었기 때문이다. 그는 리베라가 자서전에서 자신과의 관계를 지나치게 과장했다고 말했다. 그리고 사람들이 자신을 리베라와 친한 사이였다고 생각하지 않기를 바란다고 말했다.

나는 잠시 생각해봤다. 찰스 맨슨은 여러 건의 살인사건으로 유죄를 선고받은 악명 높은 범죄자였다. 그런 그가 자신의 범죄보다는 리베라와의 친분을 더욱 염려했다. 자신이 저지른 여러 살인은 어떤 식으로든 설명할 수 있고 또 노력해서 죄과를 씻을 수 있는 것이었다. 이에 비해 제랄도 리베라와 결부되는 일은 결코 그럴 수 없었다.

보고 듣는 것들에 대해서 내면의 책임감을 느껴라. 보고, 읽고, 듣는 것이 정신에 지대한 영향을 끼친다는 사실을 점점 더 확실히 깨달을 것이다. 텔레비전을 틀고 뉴스를 접했을 때 불행한 기분이 든다면 확실히 알게 될 것이다. 무엇을 볼지 스스로 선택함으로써 자신을 불행하게 만들었다는 사실을 말이다. 뉴스는 당신을 불행하게 만들 수 없다. 전원 버튼을 다루는 것은 당신이다. 모두 당신에게 달렸다. 머지않아 당신은 전원 버튼을 다루는 힘을 되찾을 것이다. 그러고 나면 자신의 마음을 다루는 법도 완전히 장악하게 될 것이다. 마음을 어떻게 다루는지에 따라 어떤 사람으로 재발명될지가 판가름난다.

47

낙천주의자들은 노답이다?

브로드웨이 뮤지컬 「남태평양(South Pacific)」에서 유명한 곡은 '비현실적인 낙관론자'에 관한 노래다. 이 낙천주의자는 '하염없이 미성숙하고 하룻강아지 같은 …… 마치 희망이라는 이름의 약물에서 헤어나지 못하는' 인물이다.

이런 노랫말은 사회가 낙관주의를 그다지 높이 쳐주지 않는다는 사실을 반영한다. 우리는 낙관주의를 그다지 현실적이지 못한 나이브한 관점이라고 생각한다. 낙천주의자를 떠올릴 때면 우리 머릿속에는 행복한 바보라든가 얼굴에 웃음이 만연한 멍청이의 모습이 그려진다.

또는 얼빠지고 행복한 모습을 연기하는 백치미 넘치는 금발 여인을 생각하기도 한다. 바비 인형의 모습도 떠오른다. 현실을 직시하길 거부하는 극단적인 낙천주의자를 떠올린다. 마냥 상냥한 이웃 아저씨 이미지의 대표 격인 프레드 로저스, 우스꽝스러운 분위기로 유명한 리처드 시먼스가 연상된다. 또는 머지않아 좋은 날이 올 거라고 언제나 호언장담하면서 실제로는 온 가족을 빚의 구렁텅이로 몰아넣는 대책 없는 사람이 떠오르기도 한다. 그렇지만 이런 생각을 떠올리는 건 잘못되었다. 낙관주의는 결코 약하지 않다. 낙관주의는 강력하다. 여기 증거가 있다.

마틴 셀리그먼 박사가 20년 동안 진행한 연구는 낙관주의가 현실적이며 효과적이라는 사실을 입증하는 중대한 결과를 보여주었다. 낙관론자는 비관론자에 견주어 훨씬 더 마음이 강인했다. 낙관론자는 언제나 여러 가능성을 검토한 다음에 선택을 내리는 반면 비관론자는 그런 가능성들을 거의 고려하지 않기 때문이다. 실제로 비관론자가 보여주는 특징은 생각을 시작하자마자 그만두고는 패배감이라는 피로한 감정에 안주하는 것이었다.

『낙관적인 아이*The Optimist Child*』라는 책에서 셀리그먼 박사는 50만 명 이상을 대상으로 진행하여 과학적으로 입증된 실험 결과를 소개하고 있다. "낙관적인 사람들과 비교했을 때, 비관적인 사람들이 지닌 나쁜 점은 다음 세 가지다. 첫째, 이들은 더 자주 우울감에 빠진다. 둘째, 학교나 직장 또는 여가의 영역에서 훨씬 낮은 성과를 낸다. 자신의 재능보다 훨씬 낮은 수준으로 말이다. 셋째, 그들의 신체 건강은 낙관론자들보다 나쁘다. 그러므로 비관론적인 세계관을 취하는 것은 한편으로는 교양을 드러내는 표식일 수는 있지만 그 대가가 매우 값비싸다고 말할 수 있다."

또 셀리그먼 박사의 연구는 낡은 통념을 극적으로 뒤집었다. 유전과 환경을 통해 변치 않는 영속적인 성격이 형성된다는 낡은 통념 말이다. 소아마비 백신을 개발한 조너스 소크 박사는 셀리그먼 박사에게 인생을 다시 한번만 살아보고 싶다고 이야기한 적이 있다. 소크 박사는 이렇게 말했다. "만약 제가 요즘 태어난 젊은 과학자였더라면 여전히 면역 분야를 연구했을 거예요. 하지만 아이들에게 물리적인 면역 조치를 취하는 게 아니라 당신이 하는 것처럼 면역력을 키워줬을 거예요. 심리적인 면역력을 길러줬겠죠."

기분이 어떤지 그만 물어보라

심리치료사 앨런 로이 맥기니스 역시 낙관주의의 원천은 우리의 성격이 아닌 생각에 있다고 본다. "우리에게 수많은 문제를 불러일으키는 것은 바로 우리 자신의 생각이죠." 맥기니스는 『낙관주의의 힘 *The Power of Optimism*』에서 말한다. "심리치료사들은 환자들에게 '그 일이 당신에게 어떤 기분을 느끼게 했나요?' 같은 질문을 던지는 걸 그만둬야 해요. 그 대신 이렇게 물어봐야 합니다. '어떤 생각이 그 기분을 만들어냈을까요?'"

우리는 자신의 생각을 완벽하게 통제할 수 있다. 물론 그렇게 통제하기가 어렵게 느껴질 때가 많지만 말이다. 희생자들은 자신의 생각과 감정에 너무 가까이 다가가 있어서, 어떤 통제력도 행사하지 못한다. 그래서 희생자는 통제력을 상실했다는 생각에 빠진다. 그렇게 통제력을 잃었다는 기분을 느끼면서 부정적인 기분을 외부 환경 탓이라 착각한다. 마치 사람들이 그토록 오랫동안 지구가 평평하다고 여겼던 것처럼 말이다.

내면의 지렛대로 막강한 힘을 발휘할 수 있는지 없는지는 자신이 낙관적인 사고방식을 훈련할 것인지 비관적인 사고방식을 훈련할 것인지에 달려 있다.

고대 수학자 아르키메데스는 이렇게 말했다. "나에게 충분히 큰 지렛대를 준다면 지구 전체를 들어올릴 수 있다." 그 말은 맞다. 만약 충분히 긴 지렛대가 있다면 그는 한 손으로 얼마든지 지구 전체의 축을 뒤흔들었을 것이다. 머릿속에서 떠올리는 말, 그리고 대화할 때 사용하는 말이야말로 우리가 그토록 찾아 헤매던 지렛대다.

낙관론과 비관론 사이의 차이를 보여주는 가장 유명한 예화는 물컵이 반이나 차 있는지, 반이나 비어 있는지 묻는 이야기이다. 내가 사막 한가운데서 목이 말라 죽어가고 있다고 하자. 그리고 당신이 다가와 물이 반쯤 든 컵을 내민다. 내가 낙관론자라면 이렇게 말할 것이다. "물이라니, 고마워요!" 내가 비관론자라면 이렇게 말할 것이다. "나머지 물 반 컵은 어디 있어요?"

그렇다면 그 컵에는 실제로 물이 절반만큼 차 있었을까, 비어 있었을까? 이는 무엇이 참인가의 문제가 아니다. 둘 다 똑같이 참이기 때문이다. 이는 어떤 관점이 더욱 유용한가의 문제다.

물컵이 반이나 차 있다고 말할 때, 내 몸의 모든 세포가 그 말을 듣는다. 이 세포들은 내가 하는 모든 생각과 말에 반응한다. 내가 "가득 차 있다"는 말을 사용할 때 세포들은 훨씬 만족스러우며 또 생물학적으로 고마움을 표현한다.

낙천적으로 사는 것이 삶에 더욱 유익하다. 낙천적인 것이 훨씬 강하며 더 높은 수준의 에너지로 우리를 이끈다.

우울증에게 답하다

———

만일 비어 있는 물컵의 절반을 두고 불평한다면 그 말들과 함께 내 생명력도 사그라든다. 내가 실망하면 그런 실망감은 내 에너지를 조금씩 갉아먹는다. 이렇게 악순환이 시작되며, 이런 악순환은 언제나 정신과 몸 모두에 고루 영향을 끼친다.

맥기니스 박사는 자신의 책에서 다음과 같은 연구 결과를 인용한다. 낙천적인 사람들은 더 높은 학업성취도를 보이고, 건강 상태도 훨씬 좋으며, 더 많은 돈을 벌고, 길고 행복한 결혼생활을 하며, 자식들과 유대 관계가 돈독하고, 심지어 더 오래 사는 것으로 밝혀졌다.

낙천주의자가 비관주의자와 가장 중요한 차이는 바로 이것이다. 낙천주의자는 자신의 선택을 자각한다. 사물을 바라보는 데는 두 가지 방법이 있다. 밝은 면을 보는 것과 어두운 면을 보는 것이다. 그 선택지를 인지하면 그 결과도 장악하게 된다. 만약 이 선택지를 알지 못하면 덫에 걸린 희생자가 된다.

우울증처럼 나쁜 일에도 선택의 여지는 얼마든지 있다. 『프로작에 답하기 *Talking Back to Prozac*』라는 책을 쓴 정신과 의사 피터 브레긴은 환자들이 보여주는 어두운 우울증 증상에서도 한 줄기 빛을 본다. "우울증의 깊이는 환자들의 내면에서 타오르는 열정의 불길을 반영합니다. 저는 이렇게 설명하곤 하죠. '당신이 겪는 고통의 강도는 당신의 생명력의 강도를 보여줍니다. 그 생명력을 창조적으로 활용하는 법을 익힌다면 얼마나 알찬 인생을 살 수 있을지 상상해보세요.'"

오늘부터 어떤 상황을 인식하고 묘사하는 당신의 습관적인 사고방식은 어떤 것인지를 살펴보라. 당신이 비관적인 사고방식을 취했다는 것을 깨닫거든 그것이 절대 고쳐지지 않을 성격이라면서 스스로를 비난하는 어리석은 짓은 하지 마시길. 그저 그 사실을 흥미롭게 받아들이면 된다. 그리고 실험을 해보는 거다. 스스로에게 물어보자. "이 상황에서 좋은 점이 어떤 걸까? 이 일이 나를 어떻게 더 강인하게 만들 수 있을까?"

　살면서 맞닥뜨리는 일들을 이와 같이 바라보면 마음속에서 새로운 즐거움을 만나기 시작할 것이다. 당신의 마음은 당신이 원하는 모습을 만들어내기 위해 존재한다는 점을 깨닫게 될 것이다.

48

얼마나 아름다운지는 상관없다

인간의 정신이란 마치 캠프파이어의 불씨와 같아서 매일매일 새로 불을 피워야 한다. 정신과의 차이점이라고 한다면 캠프파이어는 관찰하고 이해하기가 훨씬 쉽다는 것이다. 한 걸음 물러서서 바라볼 수 있기 때문이다. 하룻밤 캠핑을 하고 이튿날 아침 텐트에서 나와 보면 전날 밤의 캠프파이어가 안겨준 만족감이 사라졌다는 걸 깨닫는다. 그렇다고 우리가 그렇게 사라져버린 캠프파이어를 저주하지는 않는다. 밤에 또다시 불을 피워야 하다니 인생이 정말 불공평하다고 생각하지도 않는다.

그렇지만 우리는 정신을 캠프파이어처럼 단순하게 파악하지 못한다. 정신 앞에 서면 머리가 혼란스러워진다. 날이면 날마다 정신을 새롭게 일깨워야 하다니 세상이 뭔가 단단히 잘못된 모양이라고 생각한다. 그 사실에서 축복을 발견하지 못한다. 정신이 불씨와 다를 바 없다는 것을 모르기 때문이다.

캠프파이어를 매번 다시 피워야 한다는 사실은 아주 좋다. 이를 통해 불을 통제하고 조절하기 때문이다. 원할 때면 언제든 불을 피울 수도 있고, 아니면 물을 끼얹어 꺼뜨릴 수도 있다. 그리고 그와 같은 통제력을 인간의 정신에도 행사할 수 있다는 사실을 깨달으면 사는 법을 터득하게 된다. 영원히 행복하게 지낼 것이라는 얘기를 하는 게 아니다. 다만 어떻게 하면 행복해지는가를 항상 알고 지낼 수 있다는 얘기다.

행복해지는 법을 알고 있다는 사실은 모든 '불행한' 경험을 일시적이며 하찮은 것으로 만들 것이다. 이제는 불행이 하나도 대수롭지 않게 여겨질 것이다. 불행은 '피곤함'과 다를 바 없이 잠깐 찾아왔다가 곧 사라지고 말 기분이니까 말이다.

일단 정신에 시동이 걸리고 강인해지기 시작하면 정신은 점점 더 불길처럼 거세진다. 앞에 있는 모든 것을 집어삼키며, 모든 것을 자기 방식으로 뒤바꿔놓기 때문이다. 숲에 번지는 산불을 본 적 있을 것이다. 인간의 정신에서도 그와 같은 모습을 볼 수 있다. 정말로 탄력받은 리더들이 의욕에 차서 열정에 불타오를 때면, 강력한 열정이 순식간에 퍼져서 주변 사람들 모두 그 감정을 느낄 수 있다. 불씨가 퍼지는 것이다.

리더십의 정의를 내려달라는 질문을 받았을 때 영국의 버나드 로몽고메리 장군은 이렇게 말했다. "리더에게는 전염성이 강한 낙관주의가 필수적이죠. 리더가 거쳐야 할 마지막 관문은 회의를 마치고 그가 자리를 떴을 때 나머지 사람들에게 어떤 기분이 드는지를 보는 거예요. 기분이 고무되고 자신감이 넘쳤나요?"

정신이 진정 활활 타오를 때면 그 정신은 모든 대상과 사람들의 기분을 고취하고 자신감을 불어넣는다. 이 모두는 하나의 발명이다. 에디슨이 발명한 전구가 실제 사물이었듯이, 허위의 감각이 아닌, 실제의 감각에 기초를 두고 있다. 스스로 발명한 정신으로 충만한 사람이란 손에 잡히는 전구처럼 현실적인 것이다. 그리고 에디슨의 전구만큼이나 아주 손쉽게 켤 수 있다.

사적인 자리와 공적인 자리에서 하는 모든 대화와 모임을 마치고 나면 스스로에게 물어보라. 방금 만난 사람이 기분이 고조되어서 나갔는지 아니면 처져서 나갔는지를 말이다. 당신을 만난 결과 상대방은 자아의 사다리를 더 높이 올라갔는가 아니면 내려갔는가? 이런 질문을 습관화하면 당신은 그에 맞게 대화를 이끌어갈 것이다. 사람들은 당신과 함께 보내는 시간을 고대할 테고 말이다. 사람들은 당신의 정신에서 양분을 받아 생명력을 얻을 것이다.

이 대목을 쓸 때 누가 작자 미상의 인용문을 내게 보내왔다. 그 사람은 이 글귀가 최근 내 세미나에서 받은 느낌을 잘 표현했다는 말과 함께, 이런 인용문을 보내주었다. "스스로에 관한 진실을 믿을 수 있게 해주십시오. 그것이 얼마나 아름다운지는 상관하지 말고요."

49

당신을 호구로 만든 건
당신이었다

　살아가는 동안 우리는 행복을 가져다주고 따스한 불을 피워줄 사람들을 찾아 헤맨다. 그래서 그런 이들을 찾고 또 찾아다니며, 이런 노래를 읊조리곤 한다. "이리 와, 내 사랑. 내 마음에 불을 질러줘."

　하지만 그런 노력은 헛수고나 다름없다. 불은 바깥에서 생겨나지 않는다. 불은 우리 내면에서만 타오를 수 있다. 우리는 너무 일찌감치 바깥으로 나가 도움을 갈구했던 것이다. 외로움의 감옥을 부수고 다시 내면으로 들어오는 법을 배워야 한다. 우리의 내면은 감옥이 아니라 에너지 발전소이기 때문이다. 스위치가 켜지는 곳은 우리 내면이다. 에너지를 만들어내는 원자가 분해되는 곳도 바로 여기다.

　행복을 찾기 위해서는 자기 자신에게서 한참 멀리 떨어져 있는 무언가를 '깨부수고 나아가야' 한다고 믿었던 것은 완전히 실수다. 더 멀리 나아갈수록 더 좋다는 착각! 그러한 돌파구를 만들고자 하는 염원은 짐 모리슨과 도어스의 노래에도 등장한다.

　조지 월의 책 『나무를 꺾는 바람 *The Leveling Wind*』에는 도어스에 관한 인상 깊은 이야기가 등장한다. "짐 모리슨의 짧고 초라한 삶과 그의 삶이 오늘날까지 남기는 특유의 여운은 온화하고 합리적이며 부르주아적인 사회 안에서 가벼운 수준의 전염병처럼 흥망성쇠를 거듭하는, 그러나 결코 사라지는 법이 없는 어떠한 열망을 드러낸다. 이는 (도어스의 노랫말처럼) '저 반대편에 있는 돌파구를 뚫고 나가고 싶다는' 희미한—아주 희미한—열망을 드러낸다. 무엇을 뚫겠다는 건가? 어디로 향하겠다는 건가? 그런 것은 묻지 마라. 도어스는 그렇게 하지 않았다. 도어스와 같은 사람들은 '사소한 디테일에는 큰 관심이 없다.'"

그러나 내 생각에 우리는 그 사소한 디테일이 무엇인지 알고 있다.

결코 머릿속을 떠나지 않는 도어스의 시적인 음악들은—나도 여전히 이 음악들을 즐겨 듣는다—행복은 분명 저 바깥 어딘가에 있다는 믿음을 표현한다. 무지개 너머 저 어딘가에 말이다. 그곳에 가면 우리를 위한 땅이 기다리고 있을 것이다. 어딘가에는.

도어스의 노래처럼 슬프면서도 아름다운 노래들은 말하자면 "언젠가 왕자님이 찾아와줄 거야"라는 식의 꿈이 변형된 형태다. 우리를 정신으로 이끌어줄 누군가를 향한 열망 말이다. 우리는 끊임없이 마법과도 같은 장소를, 삶이 우리를 위해서 흘러가는 그런 곳을 꿈꾼다. 하지만 천국은 저 별 너머에 있거나 언젠가의 미래에서 우리를 기다리는 게 아니다. 천국은 우리 안에 있다. 벌써 오래전에 가르침을 준 선생님의 모습으로 말이다. 천국이 우리 안에 없다고 생각하는 것은 아주 비극적인 환상이다. 이 환상 때문에 우리는 결코 우리를 구원해줄 수 없는 평범한 인간을 우상으로 떠받들면서 인생을 낭비

나는 더 이상 호구로 살지 않기로 했다

한다.

디팩 초프라는 이름이 알려지지 않은 고대 인도의 현자의 말을 소개한 바 있다. 그 말에는 이 비극적인 환상이 아주 완벽하게 표현되어 있다. "모든 고통은 딱 하나의 미신 때문에 생겨난다. 너는 네가 세상 속에서 살아간다고 믿지만, 사실은 세상이 네 안에서 살아가는 것이다."

그렇다면 세상이 어떻게 우리 안에서 살아가고 있는지를 인식할 수가 있을까? 명료하고 확실하게 말이다.

도어스(The Doors)라는 그룹명은 시인 윌리엄 블레이크가 쓴 구절인 '인식의 문'이라는 말에서 따온 것이다. 그러나 도어스는 블레이크가 남긴 또 다른 유명한 말을 이해하지 못한 게 분명하다. 블레이크는 이렇게 말했다. "인식의 문을 완전히 닦아낸다면, 모든 것이 있는 그대로의 모습으로 인간 앞에 드러날 것이다. 무한한 모습으로 말이다."

문은 한 발짝 앞에 있다

인식의 문은 자신의 마음속에 있다. 저기 어디 바깥에 있는 게 아니다. 그 문을 닦아내는 것은 우리 내면의 과업이다.

당신은 추악한 희생자의 생각을 하나하나 인식할 수 있다. 스스로에게 하는 이야기를 들을 수 있으며, 또 아무 이유 없이 냉소적으로 굴 때면 그런 자신을 인지할 수도 있다. 피로감과 비관주의 사이의 관계를 살펴볼 수도 있고, 당신의 에너지를 끌어 올리는 법을 배울 수도 있다.

"다른 이들에게서 보고 싶은 변화가 있다면, 너 자신이 그 변화가 되어라"는 간디의 격언 속에 담긴 지혜를 당신은 몸소 체험할 수 있다. 하나하나 깨닫게 될 것이다. 다른 사람을 바꿈으로써 자신이 행복해지려고 애쓰고 있었다는 사실을. 그리고 그런 어리석은 생각 대신 훨씬 영양가 있고 창조적인 생각을 할 수 있다. 인식을 흐리게 만드는 모든 것을 씻어내는 법을 배울 수 있다. 그동안 삶이 지닌 무한한 가능성을 보지 못하게 가로막아왔던 것들을 말이다. 마음만 먹는다면 당신은 놀라운 사람을 발명해낼 수 있다.

50
—

숨은 사랑 찾기

작가 콜린 윌슨은 끊임없이 성격을 변화하고 확장하면서 자신을 재발명하는 것을 '정신의 변신'이라고 일컫는다. 윌슨은 『인간 위대함의 해부학*Anatomy of Human Greatness*』이라는 책에서 이렇게 말한다. "정신의 변신이라는 활동을 반복하는 일을 거부하는 것은 모든 위대한 예술가들이 발전을 멈추는 원인이다."

피카소처럼 말이다. 그는 후기작들에서 미성숙한 수준으로 퇴행하는 모습을 보여주었다. 엘비스 프레슬리처럼 말이다. 그는 정신을 향한 여정을 수포로 되돌려버렸다. 딜런 토머스처럼 말이다. 그는 알코올이 제공하는 안락한 자궁 안으로 기어들어갔다. 커트 코베인처럼 말이다. 산송장이나 다름없던 그는 자살을 통해 헤로인과 한판 싸움을 붙으려 했다. 그런 죽음은 산송장으로 보내는 시간을 영원으로 늘린 것에 지나지 않았지만 말이다.

생기를 잃은 인간의 성격이라는 가면 뒤에는 자신을 표현하고 또 행복해지고자 안달이 난 생명력이 숨어 있다. 이는 아이들이 삶에 대해 품는 자연스러운 사랑과 같다.

에이미 탠이 쓴 박력 있는 소설 『조이 럭 클럽 *The Joy Luck Club*』은 실존하는 여성들의 이야기에 바탕을 둔 작품이다. 에이미 어머니의 친구들은 매달 모여 함께 마작을 했다. '조이 럭 클럽'이란 그 모임의 이름이었다. 이 여인들은 삶에 즐거움과 흥밋거리가 필요하다는 것을 알았다. 그리고 그런 즐거움을 만들어내는 책임은 그들 자신에게 있다는 것을 알았다. 그래서 재미있고 도저히 예측 불가능한 게임을 일상 속에 집어넣음으로써 즐거움을 만들어냈다. 즐거움과 행운을 스스로 탄생시켰다.

10대 시절을 보내면서 우리는 의식하지 못하는 사이 생기 없는 가면을 만들어 쓴다. 그 가면은 부끄러움이 만들어낸 것이다. 그것이 실제 부끄러움이든 상상 속에서 떠올린 부끄러움이든 간에 말이다. 그리고 우리는 그 가면을 성격이라고 일컫는다.

이 가면은 어릴 때 품고 있던 삶에 대한 사랑을 감춰버린다. 그 사랑이야말로 우리의 전부였는데, 이제는 그걸 감추고 꽁꽁 덮어서 신선한 공기가 통하지 못하게 만들어버렸다. 성격에는 재미와 활력이 없다. 우리는 그저 그 안으로 기어들어가 죽음에 이를 뿐이다.

이 죽음의 가면에서 벗어날 수 있는 자유는 열정과 즐거움 속에 있다. 정신으로 충만한 자기-창조 안에 그 열쇠가 있다. 어떤 계획이나 목적, 또는 이길 만한 가치가 있는 게임을—즉 잃어버렸던 삶의 열정을 찾을 수 있는 게임을—통해서 의욕을 얻은 그러한 자기-창조 말이다.

끝을 모르고 확장해나가는 자기-발명의 가능성을 자각해나간다면 우리는 자신을 표현할 길을 모색하게 될 것이다. 매번 우리를 놀라게 만드는, 그러나 아직 결코 완전히 자각하거나 익숙해지지 않은 그런 자신을. 마치 「컬러 퍼플」을 촬영하던 당시의 오프라나 빗속에서 마라톤을 하던 오프라의 모습처럼 말이다.

내 친구 케이트는 자신을 재발명하는 좋은 예다. 케이트를 처음 만났을 때 그녀는 두려워하는 일이 아주 많았다. 여러 사람이 모인 자리에서 말을 하고 주장을 내세우는 일마저 말이다. 보통 사람들은 그런 것도 자기 성격의 일부이겠거니 하고 말았을 것이다. "나는 사람들 앞에 서면 수줍음을 잘 타서." 이렇게들 말할 것이다. 자신의 약점에만 얽매여 말이다. 그러나 케이트는 성격을 얼마든지 깨부술 수 있다는 사실을 깨닫자마자 그 작업을 적극 추진해나갔다.

오늘날 그녀는 뛰어난 즉흥 연설로 데일 카네기상을 받은 수상자가 되었다. 보통 사람들은 자신이 두려워하는 일을 배우는 데 절대로 뛰어들지 못했을 것이다. 기회가 생길 때마다 케이트는 자신을 더 높은 방향으로 발명하기 위해 전력을 다했다. 요즘 그녀는 매일같이 헬스클럽에 나가 운동을 한다. 신체적인 측면에서 "자신이 어떤 사람인지"가 마음에 들지 않는다는 단순한 이유 때문이라고 한다. 그렇게 해서 그녀는 자신의 모습을 바꿔버렸다. 우리가 얼마든지 이런 일들을 해낼 수 있다는 것은 현대인의 삶에서 엄청난 비밀처럼 취급되었다.

반드시 거창할 필요는 없다. 때로는 사소할수록 더 좋다. 여기저기서 만들어내는 자그마한 성격의 변화는 우리 안에 끊임없는 성장 의욕을 불러일으킨다. 그리고 의욕은 열정으로 이어진다.

랠프 왈도 에머슨이 "열정 없이 생겨난 위대한 것은 아무것도 없다" 고 한 말은 예술품에만 국한된 것이 아니다. 그는 개개인의 삶에 대해 이야기한 것이다. 어린 시절에 경험한 열정을 다시 만나지 않는다면 어느 누구도 위대한 삶을 꾸려나갈 수 없다.

그리고 누구든 그런 열정을 만날 수 있다. 또 언제든 가능하다. 나이와는 아무 상관 없다. (사실 사람들은 나이 드는 것을 방패 삼아서 이런 노력을 피하려는 핑계로 써먹는다.) 주변 환경과도 전혀 관련이 없다. 다른 사람들에게 달린 일도 아니다. 정신은 이미 우리 안에 있다. 그것은 가면 너머에 숨어 있는 사랑이다.

51

호구들의 비밀 무기

슬픈 인생에 맞서 싸우는 전투에서 사용할 가장 강력한 무기를 오늘 당장 손에 넣겠다고 다짐하라. 그 무기의 이름은 바로 '연습'이다. 놀랍게도 이 사실은 전 세계 인구의 90퍼센트에 이르는 사람들에게는 전혀 알려지지 않은 비밀인 모양이다! 이 무기를 당장 집어 들라. 그리고 어느 누구보다도 우위에 서는 일이 어떤 기분인지를 마음껏 느껴보라.

아카데미상 수상자인 앤서니 홉킨스는 '필요 이상의 리허설'을 통해 이 비밀을 활용한다. 영화 「닉슨」을 준비할 때, 이 영화는 그의 배우 인생에서 가장 큰 도전이었는데, 실제 촬영에 들어가기에 앞서 모든 장면을 100번도 더 넘게 연습했다고 한다.

이와 마찬가지로 '필요 이상으로 만반의 준비를 갖추는' 훌륭한 영업사원들도 있다. 이 영업사원들은 영업차 만나는 고객들의 사업을 샅샅이 파악하고 가기 때문에 첫 미팅을 마치자마자 고객들이 이 영업사원들을 사업 파트너로 삼고 싶어 할 정도다. 그러니 영업이 쉬워지는 것은 당연한 일이다. 영업사원과 고객 사이에 공유되는 열정에 밀려 영업 판매는 뒷전일 정도다.

전설적인 법정 변호사로 회자되는 게리 스펜스는 사람들의 마음을 휘어잡는 목소리를 어떻게 연마했는지 들려준 바 있다. 그는 매일 아침 일터로 가는 자가용 안에서 노래를 부르고 큰 소리로 연습하며 목소리를 가다듬었다고 한다. 차 안에서 우렁찬 목소리를 내면서 스펜스는 다양한 감정을 표현하는 법을 연습했다. 그래서 그가 법정에서 말할 때면 그곳에 있던 모든 사람들이 자세를 고쳐 앉고 경청했다. 그와 반대로 만약 상대방 측 변호사는 시종일관 단조롭고 따분한 목소리로 말했다면 그건 분명 연습의 비밀을 몰랐기 때문이리라. 어쩌면 그 변호사는 나약한 목소리는 그저 자기 성격의 일부일 뿐이라고 생각했을지도 모른다. 그래서 어쩌면 상대편 변호사인 스펜스가 '재능'을 타고났다고 생각했을 것이다.

그 재능은 사실 다름 아닌 연습이다.

샌프란시스코 포티나이너스 풋볼팀의 연습이 끝났을 때, 그중 한 선수만 경기장에 남았다. 그는 예비 쿼터백 선수 한 명에게 부탁을 했다. 경기장에 남아 자신에게 공 좀 패스해줄 수 있겠느냐고 말이다. 그렇게 홀로 연습한 선수는 바로 제리 라이스였다. 언제나 최고의 패스 리시버로 명성을 날린 선수였다. 프로 풋볼팀의 어느 누구보다도 더 많이 연습함으로써 제리는 매번 경기장에 들어설 때마다 자신이 비밀스러운 고지를 차지하고 있다는 기쁨을 누렸다. 연습이라는 비밀이야말로 높은 자신감과 자존감에 이르는 가장 빠른 지름길이다.

아주 작은 반복의 힘

여러 해 전, 반항적이고 너저분한 차림새의 히피 비트족이었던 학생 시절, 나는 애리조나주 투손에 있는 '애시 앨리(Ash Alley)'라는 작은 커피숍에서 곧잘 시간을 때우며 놀았다. 가끔 그곳에 노래하러 오는 무명의 포크 가수가 있는데, 나는 그 가수의 노랫소리를 아주 좋아했다. 어느 날 밤, 관객 가운데 한 명이 노래를 하나 요청했지만 그녀는 신청곡을 거절했다. 아는 노래였음에도 말이다. 그녀는 이렇게 얘기했다. 어떤 곡을 200번 넘게 연습해서 완전히 자기 것으로 만들기 전에는 절대로 그 곡을 관객 앞에서 공연하지 않는다고 말이다. 그 가수의 이름은 주디 콜린스였다. 그 순간 나는 그 매력적인 의례 속에 담긴 그녀의 주인의식을 발견했다. 그녀가 강조한 것이 바로 연습이라는 점을 깨닫기에는 당시 내가 너무 겉멋이 들어 있었지만 말이다.

잭 트와이먼은 특이한 습관이 있는 NBA 스타였다. 연습이 잡힌 날이면 그는 한참 먼저 도착해서 정확히 200번의 슈팅 연습을 한 다음에야 본연습에 들어갔다. 스포츠 기자들은 그를 경기장을 누비는 가장 훌륭한 '순수 슈팅 선수'라고 칭하곤 했다. 이때 '순수'라는 표현은 잭에게서 '자연스럽게' 뽑아져나오는 부드럽고 정확한 슈팅을 설명하기 위한 말이었다. 마치 슈팅을 위해 태어난 사람과도 같은 자연스러움이었다. 기자들은 잭의 비밀을 몰랐다. 그의 슈팅은 연습을 통해서 순수하고 자연스럽게 거듭난 것이었다.

어린 소년 시절, 나는 뮤지컬 「피터 팬」에 마음을 온통 빼앗겼다. 어른이 되지 않겠다는 피터 팬의 당당한 주장에 나를 동일시했기 때문이 아닐까 싶다. 그러던 어느 날, 어머니는 메리 마틴에 관한 신문 기사를 내게 큰 소리로 읽어주었다. 메리 마틴은 뮤지컬 「피터 팬」의 브로드웨이 공연에 섰던 여자 배우였다. 뮤지컬에서 비중 있는 역할을 맡았던 그녀는 복싱 글로브를 끼고 샌드백을 두들기면서 온 힘을 다해 노래 연습을 했다. 그렇게 해서 놀라우리만치 힘찬 보컬을 만들어나갔다. 샌드백을 쉴 새 없이 때리면서 노래 부르는 일이 가능해지고 나자, 무대 위에서 노래 부르는 것쯤은 식은 죽 먹기가 되었다.

공연장에 마이크가 도입되기 전이었던 시절, 메리 마틴은 공연장 전체를 가득 채우는 목소리로 명성이 높았다. 비평가들은 이렇게 묻곤 했다. "어떻게 해서 이렇게 작은 체구의 여인이 그토록 거대한 목소리를 타고난 것인가?" 그건 타고난 게 아니다. 연습의 결과다. 인간의 정신 안에는 그 어떤 유전자도 들어 있지 않다.

신은 살아 있다. 마법이 펼쳐지고 있다.

나는 이를 마음속에 속삭이고자 한다.

나는 이를 마음속에 품고 웃어넘기고자 한다.

이 시간이 다할 때까지 내 마음을 내주고자 한다.

그러나 마법은 세계를 훑으며 나아가고,

마음은 곧 육신을 타고 흐르는 마법이다.

육신은 곧 시계 위에서 춤추는 마법이다.

그리고 시간은 곧 신이 임하는 마법의 순간이다.

- 레너드 코언, 「아름다운 패자(Beautiful Losers)」 중에서

추천 도서 목록

데일 도튼, 『자네, 일은 재미있나?(The Max Strategy)』, 성안당, 2017

윌리엄 글래서, 『선택이론(Choice Theory)』, 한국심리상담연구소, 2017

제이슨 골드버그, 『Prison Break』, 2016

트레이시 고스, 『변형리더십(The Last Word In Power)』, 빅서스, 1997

바이런 케이티·스티븐 미첼, 『네 가지 질문(Loving What Is)』, 침묵의향기, 2013

마이클 닐, 『The Inside-Out Revolution』

마틴 셀리그먼, 『마틴 셀리그먼의 낙관성 학습(Learned Optimism)』, 물푸레, 2012

셰리 웰시, 『Slowing Down』

콜린 윌슨, 『The Essential Colin Wilson』

콜린 윌슨, 『Frankenstein's Castle』

콜린 윌슨, 『Beyond the Occult』

나는 더 이상 호구로 살지 않기로 했다

초판 1쇄 발행 | 2019년 5월 21일

지은이 | 스티브 챈들러
옮긴이 | 장한라

펴낸이 | 이상영
교정교열 | 눈씨
마케팅 | 푸른나래
디자인 | 호기심고양이

펴낸곳 | 별글
블로그 | blog.naver.com/starrybook
등록 | 제 2014-000001호
주소 | 경기도 고양시 덕양구 고양대로 1393, 2층 3C호(성사동)
전화 | 070-7655-5949   팩스 | 070-7614-3657

ISBN 979-11-89998-04-2 03190

이 도서의 국립중앙도서관 출판예정도서목록(CIP)은 서지정보유통지원시스템 홈페이지
(http://seoji.nl.go.kr)와 국가자료 공동목록시스템(http://www.nl.go.kr/kolisnet)에서
이용하실 수 있습니다. (CIP제어번호 : CIP2019013638)

별글은 독자 여러분의 책에 대한 아이디어와 원고 투고를 기다리고 있습니다.
책 출간을 원하시는 분은 이메일 starrybook@naver.com으로 간단한 개요와 취지, 연락처 등을
보내주세요.